致　谢

　　此书的写作花费了"几百年"的时间。当然，这种说法也许太夸张，但其肯定比应当耗费的时间长得多。与许多其他人的第一本著作一样，为追求幻想的（当然也是必然的）完美，此书几易其稿，甚至推倒重来。而今终于形成这并不完美的版本，此时两种情绪占据我的心头：首先是困惑——这就是我要的吗？到底为何花这么长时间写这本书呢？其次是解脱——我终于可以给所有关于此书进展情况的友善询问一个答案："完成了。"简言之，我又可以重返聚会了。

　　写本书耗时这么长的后果之一就是，致谢读起来有点像是"我的相识者"名单。首先，我要感谢所有对此书研究有直接帮助的人——不论是帮助我回溯广告流变、搜集报纸文章，或是与我分享关于少女文学和少年杂志看法的朋友们。特别感谢 Elena Herdieckerhoff, Kamy Naficy, Karin Keisecke, Jennie Middleton, Rachel Lille, Samantha Reay, Jessica Pring Ellis, Matt Torney, Deborah Finding, Naureen Khan 以及 Danielle Bikhazi，他们的实践和智慧为此书做出了无法估量的贡献。

　　另外，有几位朋友阅读了此书的部分或全部手稿，我要感谢他们深刻敏锐的评论，特别是我写作组里的几位曼妙女子：Rachel Falmagne, Lesley Hoggart, Ann Phoenix, Bruna Seu 和 Merl Storr，在布鲁姆兹伯里的酒吧和咖啡馆里，她们不仅将建设性批评变成积极的体验，而且给我提供了不同的学术视野和令人愉快的智慧源泉。Angela McRobbie 阅读并评论了全部手稿，她的反馈和鼓励正如她自己的著作那样总是富于思想性和启发性，对此我深表感激。Sylvia Chant 充沛的精力和生活情趣让她总是乐于求知，我要感谢她对本项目的无尽激情和对本书章节的恰当评析，彼时她正飞行于哥斯达黎加、墨西哥、赞比亚和菲律宾之间。还要感谢 Sadie Wearing, Dee Amy-Chinn, Christina Scharff, Paul Stenner, Dimitris Papadopoulos，他们对本书章节的评论使我受益良多。

　　除了感谢这些阅读评论过本书章节的慷慨之士外，如果不向迄今为止在我学术生涯中给我帮助、支持和启发的诸多人士表达感激之情，我的致谢就是不完整的。知识分子著作尽管有其偏狭性，却总是个集合体，因此不可能对每个激发我新观点、异思维的人致谢。尽管如此，我仍然要特别感谢以下诸人：Michael Billig，Margaret Wetherell，Stuart Hall，Jonathan Potter，Steve Woolgar 以及 Valerie Walkerdine。谢谢你们！

伦敦政治经济学院有着令人鼓舞的工作环境，它有很棒的图书馆，许多杰出的国际学者每周甚至每天都会在此奉上演讲、研讨的盛宴，于此，我获益匪浅。还要感谢选我的"性别与传媒"硕士课程的那帮天资聪颖、趣味横生的学生们，他们中有许多人本身就是传媒人，所有人都在积极寻求着这个世界的改变。很幸运，在伦敦政治经济学院性别研究所和我之前工作过的金·史密斯社会学系，我有许多优秀的同事们，其中特别要指出的是，Clare Hemmings，Diane Perrons，Karen Throsby，Elisabeth Kelan 以及 Caroline Ramozonoglu，感谢他们的智慧滋养与精诚合作。

Polity 出版社非常棒，我要感谢 Gill Motley 和 Andrea Drugan，与他们一起工作真是乐事，他们以无比的幽默宽容了我比英国铁路服务更甚的拖沓，权当我在角逐"史上最拖拉学术出版"非官方奖。感谢 Andrea 有这样的"疯"念头，而不是起诉我。

还要特别提及两位，他们非常重要，尽管他们对本书的贡献是无形的。在过去三年里，Gabrielle Bikhazi 一直充满爱心地精心照顾 Katarina，为我节约了很多时间用于此书写作。Gaby，你是个很特别的人，希望你知道我有多感激你。另一"幕后"支持来自性别研究所非凡的组织者 Hazel Johnstone 主任。谢谢你，Hazel，你给予我的帮助和善意是无以言表的。

最后，我要感谢我亲爱的朋友，我在伦敦（以及诺丁汉）收养的"家人们"，Andy Pratt，Bruna Seu，Wilma Mangabeina，Paulo Wrobel，Ann Phoenix，Chris Phipps，Sylvia Chant，Veronica Forwood，谢谢你们所有的一切——热爱生命，宽容精神，幽默感；无论艰难或顺遂，总是支持我；还有我们共同分享的那些所有精彩的谈话、可口的美食和红酒，希望我们以后还能继续分享。

本书献给我的母亲 Janet Gill，并纪念我的父亲 Michael Gill。他们的爱与关怀，他们的仁慈和对社会正义的热忱，恰如照亮我人生的明灯。本书也献给 Thomas 和 Katarina，我爱你们！

目 录

引　言

　　这是一本关于当代西方社会传媒中的性别表现的书。它写于飞速变化的背景之上：性别关系的变化，传媒技术、规章制度、内容、归属、控制及其全球化的转变以及赋予性别表现以意义的理论方法"革命"等。《性别与传媒》旨在定格，摁下暂停键，或点击刷新键，探索今日传媒如何建构女性气质、男性气质和性别关系，思考需要用什么样的理论观念和文化政治来研究这些变化。

　　本书源于笔者对当今传媒中极度矛盾的性别建构的兴趣："女孩权力"的自信表情与对厌食症和身体畸形流行的报道并行不悖；图画小报关于强奸的报道与艳舞俱乐部和色情电话广告密密地排在一起；小伙杂志宣布"性战争"结束，然而却复兴选美比赛，新的反讽型性别歧视竞相出现；既存在通过新的理想男性身体想象影响男人的规范道德恐慌，又存在对公共空间中女性身体的性欲化问题毫不在意的现象。在任何地方，女性主义观念看起来都已成为一种常识，但女性主义仍在遭受更加严厉的排斥。

　　一些评论者看到了传媒对女性主义强力反挫的证据（法路迪，1992）。比如，杰曼尼·格雷尔（1999）就指出，当今的流行文化较 30 年前明显减少了女性主义色彩。艾曼达·维利汉认为，我们已进入"性别歧视复兴"的时代，"从老套的到直白的抵制"都正在"被重新发现出来以对付女性生活中的文化变迁"（2000：11）；相反，另外一些人则认为，传媒正逐渐受到女性主义的影响，或者确切地说，正在变得女性主义。大卫·冈特里特认为，"把妇女当作家庭主妇或低级工人的传统观念已经被不安分的成功'女孩权力'这一标志扫进了历史的垃圾堆"（2002：247），传媒提供了流行的女性主义，就像"一个无线电友将多层面的歌曲混合起来，有着最令人兴奋的节奏，却剔除了某些密实的东西"（2002：252）。同时，安吉拉·麦克罗比指出："现在，性政治通过我们的电视屏幕散发出巨大能量，从'新闻夜'到奥普拉，女性独立已成为当代常识。"（1999：126）

　　在我看来，这些争论都是真实的。一方面，女性主义观念通过一系列的媒体传播正逐渐被全世界承认，生气勃勃的女性电子杂志正如雨后春笋般遍布全球，而产生从抗击乳腺癌到"美女反对原子弹"的网络正是大量各类女性主义观念的聚集地；而另一方面，令人厌烦的性别歧视的先验模式仍然存在——比如，电视上仍然不见年长的女性，对黑人妇女的描写令人沮丧地狭隘——其新型代表也常常与人们所希望的相去甚远。例如，"色情时尚"兴起，厚脸皮的"小伙主义"兴盛，各期刊对不能跟上日益狭隘的外表叙述需要的女性施以刻薄的攻击。正是当代传媒中性别表现的矛盾性使得这一领域如此复杂而充满挑战。

除此两难的复杂图景以外，还有另外一个问题：与媒体一样，性别关系和女性主义观念本身也是变动不居的。不存在一个固定不变的女性主义视野可让人们据此对当代传媒中的性别关系进行恰当的评估。相反，女性主义观念总是发生着改变：或是根据不同的标准，或是根据新的或旧的绝对支持者，或是更新一代，或是产生新的理论观念，或是针对不同种类的斗争的经验。没有单个儿的女性主义，相反，却有大量各种各样的女性主义。如果性别的传媒表现发生改变，那么用于理解和批评他们的女性主义观念也会随之而变。同样地，性别关系也总在变动。的确，我们经常被告知，如果没有"性别震颤"，西方民主就什么也没有经历，我们为当代变迁骄傲不已。

《性别与传媒》尝试赋予这幅变动不居的图景以意义。本书的主要目的有三点：首先，试图分析身处当代西方社会的传媒及其纠缠不清的矛盾性之中的性别表现，并特别聚焦于近年来媒体的性别建构是如何变化以回应女性主义的批评以及更广泛的社会变迁的。为此，我将细致观察五种媒体，在这里可以清晰地看到不同文类的变化，包括新闻、广告、脱口秀、杂志、当代影视和平装本罗曼司。每种媒体所涉及的内容不仅仅涵盖表现女性，而且也包括其对男性气质的建构以及对当代性别关系的描述。对于传媒当中日益增多的男性身体的色情形象我们应该赋予其怎样的意义？我们将把什么罗曼司话语转化为年轻女性杂志中的性与主流话语？像《奥普拉》和《瑞奇》那样的脱口秀正在消除公共与私人之间的界限吗？如果存在的话，日渐增加的女性记者数量会对"新闻"有何影响？"少女文学"和"小伙文学"建构了哪些异性恋关系，他们与传统的罗曼司之间有何区别？这些只是其中的一部分问题。

其次，本书在以分析传媒表现的理论工具质询学者和活动家们最初研究性别的传媒表现时，就已运用媒体文本性别分析的一些关键术语。《性别与传媒》的内容研究可追溯到20世纪70年代以来充满生气、成果丰硕的女性主义传媒研究，并试图质疑当今传媒世界中的相关核心批评概念。例如，媒体领域中"客体化"这种提法的用处何在？毕竟在这个领域，妇女远不是被表现为消极的对象，而是越来越被描绘成积极的充满欲望的性别主体。在某个范围（如新闻）讲"女性化"意味着什么？"反挫""复兴的性别歧视""后女性主义"这些提法有助于赋予当代传媒性别表现以意义吗？当今传媒中到处肆虐的讽刺和玩世不恭又有多少被大众理解？

最后，《性别与传媒》对文化政治感兴趣，并试图追问什么样的政治与文化交融形式对于挑战性别的特殊结构是适合和有效的。在后现代时期，批评标准总是根据传媒产品而发生相应变化，在这里，许多以讽刺为伪饰的男性至上主义毫不费劲的抗议"这不是性别形象"，我们被告知说："这是个玩笑，是对'金发碧眼的白种哑女'原型的模仿！"早期的女性主义传媒活动家们把给广告形象贴标签或涂鸦的行为当作对妇女的不敬或将妇女的琐碎化；而在当今，广告业者追求的往往已经在广告本身中进行了隐含评价——无论是女性主义者还是因善用媒体而"符号疲劳"的消费者都已对消费者形象的无情轰炸厌倦至极。在这种语境下，人们对男人、女人，或女同、男同的传媒表现的关心或愤怒会怎样超越有效的政治标准？何种女性主义文化政治形式适合新的传媒时代？在此，我无法详细回应这些问题，而只有提供一些对当代传媒表现的分析，指出塑造女性形象的一些新途径——我希望让人注意到那些老套批评语言没能涉及的当今传媒中的性别问题，指出一种新型文化政治可能发展的新空间。

性别建构、传媒中性别分析的理论工具以及女性主义文化政治这三大主题，正是本书之生气所在。与此前的理论相比，本书侧重研究当今传媒中哪些是更新颖独特的性别表现方式，需要什么观念去阐释这些新现象，在当代传媒版图中什么样的文化介质可以对此有效地展开研究。

本书即从审视核心主题和性别与传媒研究启幕。第一章勾勒媒体文本中女性主义研究的各种理论和政治资源，考察受众研究转向。虽然本书局限于考察传媒中的性别建构，而非报告受众研究，但文本是多义的且可作多种阐释这一观念在此是分析的核心。不能过高评价文本决定论的隐含意义或其意义的隐含观念。本章还探讨在后解构主义和后现代主义影响下，作为第三世界黑人妇女批评的结果，女性主义视野发生了怎样的改变。最后部分思考有关传媒中性别表现的一些重要论争。

第二章更注重方法，聚焦并考察媒体文本中的性别分析所使用的主要工具，如内容分析、符号学及话语分析，并探讨其优劣短长；同时还包括后结构主义、后殖民主义和酷儿理论等理论观念，因为这些理论都已被用于传媒研究。以上两章形成了其余各章的基础，此后各章将详细考察前文所述的五个广阔领域。

第三章"广告与后女性主义"既审视已有广告中的性别研究，又对广告正在如何发生变化进行了新的分析。本章将讨论后女性主义广告中的几个主题，包括性别反转和性别报复的流行、赋权形象的发展、性活跃的年轻女性（女主角）及广告中"酷儿范"的发展。

第四章考察新闻与性别。本章的讨论设置在新闻从公共服务转变为被市场主导的产品这一背景之上，考察"娱乐信息节目"或"花边新闻"的兴起，思索这一转变中的性别之维。什么因素使得某事具有新闻价值？妇女是如何被呈现在新闻之中的？新闻正在被简化吗？新闻"女性主义化"意味着什么？关于性暴力报道的详细个案分析，为评估有关性别的新闻的延续和变化提供了机会。

电视脱口秀是第五章谈论的主题。本章区别了观众讨论节目、治疗类节目以及"垃圾"或对抗节目，思考脱口秀在今天是否已建立起了新的"公共空间"，使作为传统中重要的公共论争点政治体系变得黯然失色。本章还探讨脱口秀即新的"忏悔室"这一提法，考察脱口秀是否可以赋权给那些通常无法在主流电视中发言的边缘群体，让他们发声，使其反常信息得以清晰呈现。

第六章聚焦于杂志。本章描述了以女孩和妇女为目标受众的杂志近年来发生的转变，特别是采用女性主义理论，以名流为重点，将性欲化的身体提升为女性气质的关键所在。本章还详细考察了自20世纪90年代中期以来出现的"小伙杂志"，追问对此该作何理解——是对女性主义的一种回应，还是对"去性别化"的新型男性形象的反击，抑或是对新的阶层化和种族化了的男性气质的清晰呈现？

最后一章研究罗曼司。这一文类在面对重大的社会结构变迁以及正在进行的隐私变化中显现出非凡的顺应力。本章集中讨论《布里吉特·琼斯日记》①以及少女文学的兴起，考察性别、种族、性征的建构，追问当代流行的异性恋描写与早期罗曼司有何不同。这些文本很有趣，因为它们的结构既具有传统形式，又具有女性主义研究的性质。它们提供了异性恋的新版本吗？它们关于女性气质和男性气质的建构与哈利昆、米尔斯与布恩有何不同？它们为何是和怎样是独一无二的？身体又为何和怎样变得这样充满成见？本章还以流行电视剧《阿里·米克比尔》和《欲望都市》为范本进一步讨论新的后女性主义情感。

这种讨论在结论部分得以延续，结论提出了本书的两条线索——本书试图评估传媒中的性别表现正在发生变化的方式，而这些变化部分正是对女性主义的回应；结论一章还反过来质疑文化政治，根据本书所提供的讨论，追问当今需要什么样的文化政治环境介入才能研究和挑战传媒中的性别表现，以形成更加平等、开放、宽容和充满希望的性别关系。

———————————

① 又译《BJ单身日记》。

1. 性别与传媒

我们生活在一个按照性别、种族、人种、阶级、年龄、能力、性征以及地位来分层的世界，在这里，与这些类别相关的优劣特权呈不均分布。同时，这个世界越来越被传媒、信息和通信技术所充斥。在诸多方面，女性主义传媒研究在最近五十年已力图探索这两方面事实之间的关系。

让我们从这个假设开始：传媒的女性主义分析这一典型事件的动因在于，意欲去理解形象和文化建构如何与不平等、驯服和压迫相关。对此的研究有时是从细节上考察典型的文本实践，有时则强调受众与文本之间活跃而具有创造性的协商，有时突出传媒所提供的愉悦，而有时又强调其意识形态影响。另外，研究者会偶尔跑到"幕后"去观察特定的传媒产品或传媒产业的政治经济，这意味着有的传媒产品得到实现，而另外的甚至连梦都没梦到。总体而言，这项研究已成为一个令人振奋的生机勃勃的多彩领域。这个领域同时在理论研究和实践经验两方面着力，在伦理和政治语境中形成活力四射的分析，旨在创造一个更加公平的世界。

关于性别与传媒的研究成果非常丰硕。研究者们在将文化典型作为考察和论争的重要对象这一点上比较一致，但在其他方面却并非如此。因此，此领域就以大量不同的研究方法与视野为特征：各种方法论，各种理论视野，各种认识论基础，各种对权力的理解，各种表现与"现实"之间关系的观念化，以及对于传媒形象如何与身份和主体性的个人感受有关的各种理解等。关于如此种种的感受和讨论将会贯穿全书。第二章将详细论述这些异彩纷呈的方法途径，本章仅作个概览，以审视其中的一些核心主题和亟待解决的问题，考察性别与传媒研究如何并且为何发生变化。当然，这种审视只是我感兴趣的局部，其重点在于做好铺垫，以思考自 20 世纪 60 年代和 70 年代的性别与传媒早期研究以来，这些表现发生了怎样的变化，已有的批评语汇发生了怎样的转变以及现在何种女性主义文化批评是可能被主流接受的。

本章分为五部分。第一部分我将观察这样一些假设，它奠定了对早期传媒中女性表现进行女性主义研究的基础，凸显出本书的一些关键特征，包括与女性主义活动家群体之关系也根植其中以及对形象意义及变化可能性的确定之感。之后，本章将继续思考来自后结构主义、精神分析和解构主义的更为复杂的理论意义，还将考察"娱乐转向"那些。

本章第二部分考察受众研究的发展，将其作为对那些本身就有问题的把观者/读者/听者置于完全被动地位的把文本决定论的反动，审视受众研究的三种类别，重点在于阐释作为（英国的）传播技术的传媒、娱乐及其运用。此部分还指出了女性主义文化批评的两难困境：该呼吁尊重女性的愉悦还是该批评性别意识形态，该庆贺女性的选择还是规范其变动不居的代表性策略？女性主义知识分子与妇女群体之间是什么关系？

第三部分转向女性主义自身，讨论在过去几十年中，随着黑人女性批评、后结构主义理论以及知识界中男权主义利益增长和酷儿理论的出现，女性主义所发生的转变。

第四部分有关女性主义文化政治与行动主义，探讨对传媒表现的女性主义分析的不同方式，这被理解为源于对变化的需求。

最后的第五部分是本章的结论，提出关于分析和质疑传媒表述的当代批评语汇问题，主要讨论关于讽刺、客体化以及女性主义观念的团体化或商品化等问题，所有这些都将在本书中得到更详细的讨论。总之，本章试图凸显性别与传媒研究中的差异和论争，让读者感受到，随着传媒自身的变化，女性与传媒研究的政治、理论、批评视野也在发生变化。

1.1　传媒中的女性表达

1.1.1　20 世纪 70 年代及其他

那些在 20 世纪 60 年代晚期和 70 年代被卷入西方世界的女性主义创造、思想和活动大潮的人们面临着早期女性运动从未遇到的挑战：传媒主宰的世界。不同于他们的母亲和祖母，第二波女性主义者们每天都受到新闻、杂志、电台、电视、电影、广告中的女性表述和性别关系等信息的轰炸。因此，传媒成为女性主义研究、批评和介入的主要焦点也就毫不奇怪了。

早期女性主义传媒批评来源各不相同。在大学新出现的文化研究或传播研究学科中，工作和学习的女性开始越来越注意这些领域中与性别有关的"盲点"。虽然 20 世纪 60 至 70 年代的研究对传媒（特别是新闻）的意识形态性质有着浓厚兴趣，但其在很大程度上排斥对女性形象的质疑，并聚焦于示威游行报道和劳资纠纷这类话题。在这一时期，阶级和阶级冲突问题至高无上——这反映出早期马克思主义的影响——很少有关于性别、种族或性的研究（CCCS 妇女组织，1978）。大学里的女性站出来反对"男性作为标准"，因为在此标准下，女性往往被完全忽视，而男性则被当作整个人类的代表。

另一批评来自在新闻业或广播业工作的妇女，她们注意到女性缺少在媒体工作的机会。她们认为，有意思的虚构角色的缺乏、女性新闻读者的缺失以及高地位媒体中女性代表的缺少对于社会如何看待女性整体会产生深刻影响。像英国的"传媒女性"和"新闻从业者全国协会平等工作联谊会"这样的组织，在提升关于女性表述和改革运动等问题的认识上扮演了重要角色。

然而，在学术和传媒产业之外，其他女性群体愤怒于她们所看到的女性表述只是狭隘的屈尊俯就或者有损原型的人格。一些女性组织开始在欧洲、澳洲和美国及其他地方建立起来，其目的在于监督传媒描绘女性的方式，反对男性至上主义的广告，挑战对女性的"可耻"表现，如"世界小姐大赛"这类电视节目。

这一时期最明显的一件事就是学术、传媒、工人与活动家的议程之间高度一致和重叠。的确，美国关于广告中的女性表述最早和最为著名的研究之一出自全国妇女组织（National Orgnization of Women，简称"NOW"），该研究被发表于纽约《时代周刊》（Hennessee，1972）。该研究来自全美"普通妇女"对电视广告的分析和编码，其内容分析了长达 18 个月内播出的 12000 多个广告，该研究发现，有超过 1/3 的广告将女性表现为依赖男人的家庭主妇，近一半的妇女被描写成"持家者"；同时，研究还披露了许多女性被描写为"装饰物"、被描画成"无知"形象的例子。

这一时期的许多其他研究都运用了相同的内容分析策略。重要的是，内容分析包括特定类型形象案例的数量——如女性相对于男性的数量，广告或戏剧中女性待在厨房或卧室中的时间——以获得数量上的统计数据（参照第 2 章的进一步讨论内容）。这种方法的好处在于：速度快、花费低，能够产生高级的量化结果，并且如今天的研究所证明的，任何人经过少量训练都可以做到，且产生的数据很难被推翻，对于运动目的很有用。

不过，并非所有 20 世纪 70 年代的性别与传媒研究都建立在内容分析之上。一些研究者激烈批评这种分析的局限性——抨击其有问题的"现实主义"假设，仅仅依据表述的外显内容而先入为主，关注简单的形象——通常是老套的原型——而不是拓展意义的构成（寇维，1978；格利德黑尔，1978；巴尔，1980；加斗和威廉姆斯，1981）。在 70 年代的欧洲，出现了两种研究传统——

符号分析和意识形态分析。这两种研究并不依赖由表述与"现实"比较而来的力量，而是关注怎样运用文本来产生意义来再造权威性别意识形态（例如，麦克罗比，1977；威廉姆森，1978；温西普，1978）。

回望21世纪，所有研究工作都很重要，不仅建构起了女性主义传媒研究的基础，而且产生了超凡卓效的分析成果（以今天的学术标准来看）。1978年，在检视十多年来的研究时，盖耶·图其曼（1978）毫不含糊地将其论文命名为《大众传媒中女性的象征性灭绝》，论述女性是如何被"缺席""琐屑化"和"谴责"联合摧毁的。这种明确的估量并不罕见，研究往往伴随着对行动同样强劲的呼吁——这些是否表达了更多业界女性的需要，是为广告中的"积极形象"或"游击介入"而奋斗。在写到此时期的性别与传媒研究时，安吉拉·麦克罗比（1999）将其特征之一归纳为"愤怒的拒绝"。

1.1.2 传递之外：意义的不确定性

到20世纪80年代末，这种"愤怒的拒绝"很大程度上变得更加复杂和模棱两可。如迈亚·麦克唐纳（1995）所指出的，这种变化的原因之一在于，这一时期媒体内容发生了戏剧性的变化——那种媒体提供了人们所追求的相对固定的女性气质模板的说法让位于更复杂多层且碎片化的性别特征，传媒表述中出现了新的嬉闹形式，不同文类之间相互借用符号，形象建构中利益意识增强，这在数量上渐增的从电影而来的幽默节目，家庭影碟集，电影、广告和电视系列片幕后制作花絮等中都可以见到。总之，传媒产品被生产者和消费者所塑形，他们越来越"善用媒体"，熟悉文化批评术语，其中就包括女性主义（戈德曼，1992）。

与媒体内容变化相伴而来的，是传媒学者所运用理论语言的复杂变化。里斯本·凡·祖伦（1994）认为，内容分析、符号学和意识形态分析之间虽然存在显著差异，但是又都依赖于传媒的传递模式——媒体是社会控制的代言人，传递着关于女人和女性气质的原型和意识形态价值。这一观点由于知识图景中后结构主义的到来而遭到挑战并被瓦解，且随之产生的观点集合与德里达、福柯和拉康的著作有着松散的联系。这里无法详细探索这些思想家们的观点（不过，第二章会有更多的讨论），他们对女性主义传媒研究的影响主要可归纳为以下三个方面。

首先，这些著作重视现实主义批评标准，这在女性主义传媒研究中已付诸实行。对传媒内容存在偏见或歪曲的指摘有赖于"表现"和"现实"之间存在确定无疑的区别这一观念，在后结构主义术语中，是建立在直抵现实的纯粹之途前提下的，也是无法证实的。实际上，如查罗德·布莱斯顿（1987）所指出的，对更多性别现实表现的召唤总是意味着对其自身被描绘出来的现实版本的召唤。不仅如此，"更多女性主义者"形象可能被大量受众当作赢弱的宣传分子，因为这使她们不具有女人性或容易被当作其他更多原型的代表。在呈现于传媒中的女性几乎都是年轻、健壮和明显是异性恋且具有传统魅力的中产阶级白人女性的语境中，与其说是在传媒中去召唤一个镜厅，毋宁说是现实召唤的重新阐述以试图创造更多样化的女性典型（麦克唐纳，1995）。

代替了"传媒反映现实"这一观念的，是在后结构主义架构中做出的研究，后者认为传媒参与了建构现实，说传媒制造和建构了这个世界的主观理解版本也毫不夸张。这一洞见延伸至性别——不存在男性气质和女性气质两种意义的先验现实，是传媒参与制造了性别。用特里莎·德·劳瑞迪斯（1989）的话来说，电影、电视、杂志是"性别技术"（也是种族、阶级及其他差别的技术），性别典型及其建构物（有关朱迪斯·巴特勒如何延伸了该提法的讨论见第二章）。

这种建构主义观点与后结构主义对女性主义传媒研究产生的次要影响有关，即对身份、主体性和欲望的与日俱增的兴趣。这代表完整的理性主体这一传统提法被中断，意味着主体性是分裂的、碎片化的和自相矛盾的，因而女人性和男人性被认为是不断改变着的（且二者易于互相发生转变），是正在进行的话语建构物，而非固定不变的。在电影研究和视觉文化分析中，这导致了对文本如何放置观看者这一问题的兴趣的持续发酵。在对传媒研究有更少心理分析影响的领域，人们可以感到一种更有力的"话语转向"，以及对性别和性话语建构的兴趣（第二章将讨论酷儿理论）。

其次，后结构主义理论动摇了传统的意义观念。在意义链符号学理念的基础上，德里达的著作指出了意义可能不固定以及可能无限衍义的几种方式。在后结构主义理论中，意义绝不是单一、明确或完整的；相反，意义是流动的、模糊的和自相矛盾的，其中常常进行着冲突和竞争。因此，这些问题之一是在传媒性别研究中提出的，即如何将典型认作性别歧视者或进步论者？它们的意义是开放的吗？在此领域中还有一个备受争议的主要倾向，即关于如何解读某一特定形象。因讽刺、模仿和混杂之类的提法，这一两难困境甚至变得更加复杂：近年来，对一些评论者而言代表着粗鲁和冒犯原型的形象被宣称是讽刺的、嬉戏的，甚或是颠覆性的评论或开玩笑的模仿。

最后，后结构主义质疑女性主义的"纯洁性"，追问其承认"权力欲"，这尤其与黑人妇女对于女性主义知识可能用于支持攻击黑人的方式所进行的批评具有共鸣，例如在种族主义的移民政策上（见本章稍后的讨论）。人们还要思考的是，有关阿富汗塔利班治下的女性压迫的言论听起来像是女性主义观念，而这种看法又如何被布什政府利用来将轰炸阿富汗正义化。

1.1.3　媒体愉悦

如果说在 20 世纪 80 年代末文本研究与批评语言发生了变化，那么女性主义传媒研究也发生了我们可称之为"愉悦转向"的转型。这里有很多决定性因素。从一般意义上来说，这源自高雅文化与通俗文化关系泾渭分明这一观念的瓦解，其与后现代主义有关，也与传媒与文化研究日益增长的学术声誉有关（詹姆逊，1984；福斯特，1985；费热司铎恩，1991）。如有个著名的说法认为，这挑战了传统的审美价值观，研究约翰·克茨与研究鲍布·戴兰一样有意义（霍尔，1992）。这与对文艺"经典"的激进批评和一些白人男性精英所谓的"文化"民主化企图有关。

愉悦转向的另一影响因素来自女性主义作家们日益增长的愤怒，女性所喜欢的媒体形式被忽视或斥为琐碎无益。并不是只有学术界才忽视通俗文化，一种特殊的性别化的动态正在上演——这被理解为女性文化的解体。例如，在写到自己研究肥皂剧的决定时，克丽斯汀·吉拉夫提（1991）提出，被大量妇女喜欢的节目不应该被忽视，仅仅因为这些节目为女性受众提供了如此多的娱乐就值得关注；对时称"妇女文类"（这是有问题的）的忽视被认为是更广泛的双重标准的一部分，这个标准总是忽视或蔑视女性的利益——是时候"拯救"并赋予这类节目以充分的关注和尊重了。

除以上因素外，还有一个因素在于，日益增加的由文本批评束缚重重的结果带来的挫败感，如有人认为，他们令人沮丧地发现传媒中的男性至上主义沉闷乏味、单调冗长。对一些作家而言，减少传媒研究而去研究性别意识形态建构的著作同样会限制和弱化对问题的理解。此时尚未开始触及传媒在人们生活中发挥的多样的充满矛盾的娱乐性作用（布莱恩，1990）。对其他人而言，聚焦娱乐是必需的，这不是为了抵消聚集的意识形态，而是为了加深理解：不了解文本是如何传达难以触及的深层欲望或如何提供娱乐的，就不可能充分理解传媒中的意识形态运作（莫德里思克，1982；罗德威，1984）。

电影同样以其"有罪序言现象"驱动了这一研究。女性主义批评倾向于在其著作和文章的开始，将其对文本的欣赏（常常是隐秘的）置于专业思考之下（如对于大众杂志或肥皂剧），而在其继续进行的意识形态结构中，娱乐再也不会被提及（温西普，1987）。如吉恩·格瑞姆肖指出的，"在头脑中可能是保守的、破坏性的或压迫性的特定女性形象，却仍然将感情或欲望投入给她们，这是完全有可能的"（1999：99）。

最早研究愉悦的最重要尝试是塔尼雅·莫德里思克（1982）的《复仇之爱》，其内容主要分析肥皂剧、哥萨克小说和禾林出版社的言情小说。莫德里思克的研究部分建立在之前关于罗曼司的女性主义著作上，这些著作对罗曼司做了各种解析——将之当作使男性统治更为人愉快接受的诱惑陷阱，分散（女性为平等而斗争的）注意力，这或许是一种误识。她运用心理分析理论，试图将这些形式提供给女性的娱乐类型理论化。谈及通俗罗曼司，莫德里思克认为，它不仅仅是设计来麻醉女性的逃避式虚构，而且是以矛盾复杂的方式涉及现实的小说，它提供暂时的、虚构魔幻的或象征的解决办法（见第7章的详细讨论）。

莫德里思克的著作是一部精心杰作，对帮助理解整个罗曼司产生了引人注目的影响。除此之外，值得指出的是，她关于肥皂剧和其他小说娱乐的研究完全建立在她自己的文本阅读基础上（不包括对受众或读者的其他形式的研究），这成为后来关于肥皂剧、戏剧、智力竞赛节目和音乐碟研究潮流的模式（费斯克，1987，1990；布莱恩，1990；吉拉夫提，1991）。实际上，娱乐转向是从以揭示性别意识形态为目的的文本阅读，转向以思索性别化的娱乐为目的的文本阅读。

这一转向对于开放更为复杂精细的文本理解、扩展不限于单一批评标准的传媒学术研究很有价值。像莫德里思克的著作一样，一些著作强调虚构和欲望在理解人们如何与媒体文本相关和开拓新途径以思考身份化或非身份化新途径的重要性（见于布莱克曼和沃克第恩，1996；沃克第恩，1997）。同样地，对理解娱乐的强调带来了对现实主义的新思考，对这一复杂化了的术语的强调也包含着对情感现实主义重要的认同（布莱斯顿，2000）。

然而，媒体愉悦研究常常停留在文本决定论的陷阱里——愉悦被认为是在文本中编码并等待被发现。

这一转向的另一个问题在于其对性别本质主义观念的依赖，这体现在几个层面上：对什么构成了"女性文类"的主观臆测；对如"妇女文化""妇女语言"和"女性话语"等用语未经检验的使用；对妇女之间的差异缺乏敏感性；使用一些依赖于主观常识的性别感受的分析概念——有时建立在非常粗暴的方式上，如将妇女对肥皂剧的喜好归因于她们性高潮经验的相同性（多样的、非单一高潮），或者更加社会化地将之归因于妇女对家务事节奏的适应（费斯克，1987）。

有些自相矛盾的是，媒体愉悦研究的更大张力在于，意欲与批评标准相关联。尽管有批评称，解构有害的性别话语和意识形态这一女性主义传媒研究的首要任务并无创造性，但一些作者似乎仍旧希望通过分析文本中的愉悦来保持这一焦点。这反而造成一些研究中出现古怪的主观判断——也就是说，妇女从传媒得到愉悦这一观念是她们为抵抗（心灵的或政治的）提供机会的结果。这是玛丽·埃伦·布莱恩对女性主义文化论者的电视批评或"抵抗理论"的看法："抵抗理论由大量书籍组成，这些书阐述普通人与地铁文化群体怎样抵抗霸权或统治力量并因此获得愉悦"（布莱恩，1990）。

这段引语中的关键词是"因此"——因为它暗示着愉悦从根本上与对霸权或统治文化的抵抗紧密相关，并确实有赖于这种抵抗。在我看来，这是一种奇怪的主观臆测，在本书中会多次呈现我的这一看法。从我的媒体运用实现当中了解到，愉悦通常与对"奇特"的赋权的批评认知有关，不过一般而言，其意识形态上的不偏不倚（或难以确定），或许依赖于由占主导地位的表述而得出结论，如有关妇女杂志的感官愉悦来自其光滑平整的页面，芳香的气味，杂志内容中穿着奢华、身处豪景中的典型美女的盛宴。回到吉恩·格瑞蒙肖富有洞见的引语，我们得知从政治批评表述那里产生意味深长的愉悦是完全有可能的。

布莱恩简单地取消愉悦和抵抗的立场，回避了附属物之间相互关联的所有难题，更广泛地说，是回避了关于文化表述与个人主体、虚构与欲望之间的复杂关系。回过头来看看最主要的"男性文类"之一——色情文学——就能很快看出这种说法所存在的问题，因为"欣赏色情文学是对性别关系霸权的抵抗"这种观点是很难站得住脚的，这也表明这些书普遍存在另一种形式的本质主义，即认为女性主体在某种本质上是激进或抗拒的。

20多年前，朱迪斯·威廉姆森提出了对女性主义传媒研究关注愉悦的严厉批评，并将之称为"无意义的民粹主义"："对达拉斯式的享乐、迪斯科舞或其他大众流行文化的需求，过去曾是一种勇敢的左倾立场。现在看来，需要用同样的勇气来指出这些活动并非是激进的，尽管这些活动是令人愉快的。"（威廉姆森，1986b：14）同样地，莫德里思克虽然是关于愉悦的最早关注者之一，却在后来也担忧地写道她所认识到的那种对于愉悦不加批判的颂扬：

> 在某个历史时刻强调"人们"抵制大众文化产品的方式看来是重要的。今天，如世界上其他任何东西一样，即便是文化分析有时也可能是"文化欺骗"，我们忘记这个关键事实是非常危险的。也就是说，不管怎样，我们都是受害者，尽管从我们的内心深处来看这种说法是令人厌恶

的，但我们确实存在于政治和文化主宰的意识形态之中。

1.2 受众研究

如前所述，文本分析的一个局限在于，它很少告诉我们受众实际上是如何消费不同的传媒产品并赋予其意义的。传媒研究的早期成果常常被诟病为"文本决定论"。也就是说，这意味着研究者认为受众只是被动地受骗上当，她们不加批评地吸收特定广播或文章所传递的信息。这与20世纪四五十年代早期传播学研究中占主流地位的传播效果研究——"皮下注射论"批评密切相关。限于篇幅，这里无法考察其效果范式及其使用和满足过程。80年代以降，受众研究不再是重点，代之而起的是女性主义的深刻影响。我将重点阐述近年受众研究的三个不同时段：编码/解码阶段、受众愉悦阶段，以及第二个阶段转向日常生活语境后的信息与传播技术研究阶段。

1.2.1 编码/解码/阐释阶段

第一种受众研究是斯图亚特·霍尔提出的编码/解码模式。它有三个前提：第一，同一事件能以多种方式解码（代表）；第二，除编码所倾向的意义之外，信息总是还包含一个以上的隐含意义；第三，信息具有被多种解读的潜在可能。借助这些洞见，查罗德·布莱斯顿和大卫·莫利于1980年建立起了受众接受研究的里程碑，其分析的对象是一个当代事件——名为"全国各地"的电视杂志节目，该节目在整个70年代的英国，紧接着晚间新闻播出。在其报告的初版中，受马克思主义理论和符号学的影响，他们用一系列批评分析工具分析了该节目的一些细节符号（布莱斯顿和莫利，1978）。正是他们于1980年由BFI所出版的报告（第二版）真正开创了一个新天地。报告显示，他们努力映射出人们对此节目的不同反应，并对此加以分类。莫利并非简单地考察人们所做的无数种解释，而是试图搞清楚这些不同反应的模式。书中援引弗兰克·帕金（1972）在人们于习惯中如何划分意义系统的论著提出了受众立场的三种宽泛类型，即认为人们可能在节目提供和倾向的阐释框架内充分理解其意义——这后来成为主流的解读；或者，他们会进行一种协商性解读，稍微修正倾向性解读，但并不拒绝其所有用语；再或者，他们会提出另一个参考框架，以对抗的方式去承担和解读被解码的信息。

莫利试图辨别和编码这些阐释的不同符码，考察这些符码是否与不同的结构定位和文化竞争有关。阶级利益是根本利益，他想根据阶级地位的相应变化对其进行系统地解码。不过，他也对影响解读的各种不同的社会、文化同盟和竞争者感兴趣——为此他访谈了学童、管理者、贸易工会会员等群体。

对这项研究的重要性做出何种估量都不过分，因为它不仅是"新"受众研究的奠基性文本，而且阐明了文本是多元符号的，且受众实际上在探究不同阐释的模式化本质方面是很活跃的这一观点。这项研究的兴趣在于差别——特别是阶级上的差别——及其与用于理解媒体文本的文化资源之间的关系。

这项研究产生的影响从很多女性主义媒体研究著作中都可以看到。特别是安德瑞·普瑞斯（1990，1991）在解读20世纪80年代的节目《王朝》时，就明显很严肃地纳入了阶级差别问题，更新的研究是他对媒体报道流产问题的反馈（普瑞斯，寇尔，1999）。伊丽莎白·弗雷泽关于少女读物《杰姬》（*Jackie*）杂志的论述（1989）是严肃地赋予不均衡的阶级资源划分以意义的早期尝试范本。多恩·卡瑞关于少年杂志读者的研究（1999）也受到了这一论述的影响。近年来，在对于《考斯比一家》（*Cosby Show*）及其他情景喜剧类节目的受众反应研究中，出现了更多对种族和族群影响的研究。

1.2.2 受众愉悦阶段

受众研究的第二种类型更关注虚构形式和妇女愉悦研究。詹尼丝·罗德威的奠基性著作《阅读罗曼司》（1984）将对哈利钦小说的文本分析与被调查读者的民族志研究以及对出版发行这一经济行业的细致考察结合起来。她的著作时常被认为是媒介/文化分析研究的范例，强调抓住文化过程——生产、销售、文本以及受众——中的不同"瞬间"，这使得浪漫小说的出现同时被理解为一种经济的、文化的、意识形态的和愉悦的现象。

罗德威的受众分析聚焦于一群热心的罗曼司读者，她将之称为"史密斯顿妇女"，这些人都使用"多特"服务器得到购买某本罗曼司小说的建议。结合半结构化的访谈、群体讨论和观察，罗德威试图揭示妇女们对罗曼司阅读所赋予的意义。她发现，这些罗曼司女性读者并非不明智的傻瓜，而是更为具有复杂性地，能够辨别出文体中的细微差别，能够从封面图片和宣传广告中发现小说间的细微差别和线索，以判定这些书是否符合她们的特定口味需求。

罗德威的著作对罗曼司的定位是矛盾的。一方面，她不满哈利钦的小说，认为其在深层上是保守的，提出来讨论的是特定社会中的生活问题，其唯一解决之途是对异性恋爱的理想化描写；另一方面，在某种程度上她将妇女们对这些小说的运用理解为对抗性的。与莫德里思克相似，她发现，罗曼司阅读的快感之一就是愿望满足，通过"逃入"女主人公的生活，读者在其中能够以其渴求的方式间接感受到什么是真正的被爱并得到鼓励。

阅读行为也可以被理解为是"好战的"和"补偿的",是为她们自己留出时间和空间的一种方式:

> 当拿起一本书时——她们暂时抛开了家庭的其他日常需要,她们想要变成他人的欲求,即便是为了她们一己的快感而刻意有所行动——罗曼司阅读表达了她们的需要,却不是家长制度及其行为的需要(罗德威,1984:211)。

1.3 矛盾的主体:女性主义文化批评

罗德威的论著已成为媒介与文化研究中若干重要论争的焦点,这些论争关乎女性主义文化批评应该包含哪些内容(如批评标准、名著或理论主张、尊重等),以及文化批评家及其批评对象之间关系的本质。伊恩·安(1996)曾批评罗德威的论著,因为她建立了作为批评者的作者与其所研究的妇女之间的关系,(在伊恩看来)她试图不断回归女性主义权威。

伊恩·安认为(1996),罗德威并未充分反馈她与"史密斯顿妇女"之间的关系或者将之问题化,而是将她自己(一个非罗曼司读者的女性主义者)与其调查对象(非女性主义者的罗曼司读者)之间作了过于明显的等级划分。她认为,问题部分在于罗德威从一开始就断定某些事情是错误的——即阅读罗曼司是有问题的行为,这种行为需要被阐释和纠正。这种预估影响了整个项目,因而即使阅读罗曼司被认为包含了某些反抗性特征,但最终仍被认为是为了调和妇女在异性恋关系中的从属地位。的确,罗德威认为,阅读罗曼司可能会吸收一些妇女的男权制异性恋批评标准,这可能反过来被明确表达为对"现实"变化的需要。

伊恩·安争辩说,罗德威的研究笼罩着一层薄薄的政治伦理面纱——是试图使"她们"(罗曼司读者)更像"我们"(女性主义者),隐含着将女性主义者视为优者的看法。在质疑这(女性主义实际上使这些妇女更愉快吗?)是否必然是事实的同时,伊恩·安还认为罗德威并未认真地独立对待愉悦问题,而是常根据其意识形态功能对之加以解读。

相较而言,伊恩·安自己关于《达拉斯》的受众研究(1985,1990:86)避免了对粉丝身份的政治影响作任何判断。她认为,这个夸张剧集里的女主人公苏·埃伦是"毫无力量的受虐狂之一——是女性气质的自我结构模式,在社会政治术语中被视作退化的和丧失生产能力的"。不过，她并非谴责这种身份认识，而是认为观察相关妇女（及一些男子）的愉悦是可能的，因此自我建构（重构）并非必需。她强调，这些都是虚构角色的幻想性身份认同，不可能简单地定义在抽象意义上这些情感是否会使经历者主体更有力量或丧失力量，这需要对幻想的语境加以分析。

罗德威与伊恩·安之间的论争不仅是特定文本及其阐释应当如何被解读的问题，而且触及了女性主义传媒研究应当是什么样的、应该如何去做，以及女性主义批评与妇女之间关系的本质这些核心问题。

夏洛特·布朗斯顿富于洞见的文章（布朗斯顿，1993，也见于 2005）指出，在 20 世纪 60 年代至 90 年代之间发生了女性主义者定位了她们自身同时也被他人定位的重要变化。她认为，早期女性主义传媒批评是由学术界或其他机构之外的女性所书写的，是为其他妇女运动者的写作。而近年来，更多女性主义者在学术界占据了一席之地，一种新的矛盾主体由此形成：女性主义知识分子与"妇女"之间的关系产生了越来越多的歧义。布朗斯顿将之分为三种模式：在透明模式中，女性主义者将自己等同于其他妇女，且与她们之间完全是透明的关系，这种模式尤见于女性解放运动第二次浪潮开始时；霸权模式是到目前为止最有主宰地位的模式，在此模式中，女性主义批评者试图改变/提升妇女的自我意识，将女性身份认同变为女性主义身份认同，这种模式常自我矛盾，对传统女性气质是既否认又抵抗，罗德威的论著就处于这种情况；最后，布朗斯顿还谈及了碎片化模式，受后现代主义影响，她试图凸显一个事实，即男人和女人作为类型，是包括女性主义话语在内的各种话语制造的，这种方式很激进，试图将本质的类型和假定的关系非自然化，其所信奉的政治特性是连接性和偶然性。布朗斯顿评论说，如果对于霸权模式而言妇女是"他者"的话，那么每个人——包括作者自己——在碎片化模式中都是"他者"，这导致了自传式的自反评论（伊恩·安的论著就是最佳例证）。

也许在这种分类之外还应该加上第四种模式，即后女性主义指向模式。在此模式中，作家采取女性主义批评立场来批评之前的（通常也是更年长的）女性主义者，而不是批评媒体，因为她们"极其厌恶"地排斥传媒文化的特殊拼图。夏洛特·布朗斯顿就曾描述过"一篇乌尔女性主义文章"（2005）：

> 这篇文章是做什么的呢？它探讨有女性中心人物或女性人物的电视节目或电影，这个节目或电影在女性主义语汇及其关联物中常常是针对女性受众的。这篇文章通常会建立起被认为是一个文本"明显的"女性主义解读的东西，其中，文本本身以及女主人公都不能通过某种测试。女主人公

不够独立，她过于关注鞋子，总是囿于内部空间，总是担心自己的容貌，或者她只是想找个男人安顿下来。这样，作者就以文本调动她自己的努力和她对处理梦想和女主人公两难处境的兴趣，以质询对这个以"女性主义"为基础的流行文本的激烈排斥。因此，作者揭示出多种复杂而矛盾的方式，文本及其女主人公以这些方式与作为身处男权社会中女人的危险生存之途谈判。这类女主人公既是作家自身，又是她的文本替代物，而她的敌手则既是文本内的（吸血鬼、律师、前夫），也是外在于文本的——挑剔的女性主义者不会让她喜欢这个故事及其图解，也即女子气的装扮。

在约克·赫尔姆斯的论著《解读妇女杂志》的开篇，是印证找到这种倾向的另一个例子：

> 我总是强烈地感到女性主义的抗争应当以尊严诉求为目标。可能正是这个原因，我从未对妇女杂志研究已有大量女性主义论著而感到欣慰——这类话语中的媒体被视为有着贾纳斯式的阴阳脸的怪物——既是变化和进步的代言人，又是虚伪的敌人，是在亢奋的娱乐提供者强有力的充满魅惑的伪装中异化、混乱和失望的代言人——老一代女性主义批评的焦虑和关注导致女性主义作者与"普通妇女"之间存在着极其不平等的关系。女性主义传媒批评者是先知和驱魔人——隐含的说法是，女性主义者代表那些被认为无法判断像妇女杂志这样的传媒文本有多坏的女性——她们需要被启蒙，她们需要好的女性主义文本把她们从错误的意识中拯救出来。"（赫尔姆斯，1995）

布朗斯顿所讨论过的代际身份误识反映出母女之间对前一代家庭主妇的排斥的差异性（布朗斯顿，2000），这一点显然被忽视了。然而，在这里，女性主义理论自身成了"那个坏家伙"。年龄和性别之间的差别显然非常重要，而不同类型的批评之间的差别也同样重要。这里讨论的不过是女性主义文化批评应当是个什么角色的问题——是应当如赫尔姆斯所说的那样，为之前遭到蔑视的女性快感争取尊严，还是将之纳入意识形态批评之中？她会扮演什么其他的角色来庆贺女性的选择吗？是在当代文化中寻求抵抗和颠覆的线索，还是将另类表述策略公式化？由于女性主义传媒研究产生于时代之中，而且正变得更加多样化，所以这些争论就显得比以前都中肯——作为"显在"意义上的女性主义理论著作已经分化瓦解。

1.3.1 传媒作为（家庭）传播技术的阶段

在进入这部分讨论之前，我想回到受众研究的第三个阶段——这个阶段的研究较少关注单个文本的阐释快感，而是更多关注作为行为的传媒运用。从20世纪80年代发展而来的这种研究具有一些共同特征：对民族志方法的依赖，亦即借鉴人类学在人们自身所处的环境中观察并与观察对象交谈的方法；对传媒作为家庭的技术感兴趣，关注传媒在日常生活中的运用（例如研究收听收音机、收看电视或使用 VCR 的行为）（包辛格，1984；莫利，1986；格雷，1987，1992；斯厄芬斯托芬和赫茨，1992）。这些论著因其特别强调将性别问题作为日常生活组织规范的核心之一而著名。其论述基于这样的认识，即从历史上看，家庭内部生活空间对于男人和女人的意义迥然不同——此时，对于男人而言，家庭或许被当作毫不含糊的休息、娱乐和放松的空间；而对于女人（即便是那些在家庭之外有独立工作的女人）而言，家庭则是一个不断重复的劳动之地，同时还有一些其他的意义。

莫利在关于"家庭电视"（1986）的研究中认为，性别几乎影响了个人对于电视的所有个人关系：节目偏好，观看选择，电视收视量，收看方式等。一般情况下，在家里，是男人决定看什么，他们坐在扶手椅上掌握着遥控器，这是"权利关系缩影无形的象征"。安·格瑞的研究（1992）有同样的发现，不过她也指出，有趣的是许多妇女选择不学怎么制作 VCR，唯恐这成为她们在家里负责的另一项工作。她把这一行为描述为"累积而来的忽略"——从她们的角度来看，这是一种精心的抵抗策略——即便会被她的丈夫或其他人看作只是"女人不用科技"的表现。

这两项研究发现，女人和男人会选择不同类型的节目。男人钟爱新闻、事实类节目（"真实的"戏剧以及体育节目）；而女人则偏爱虚构类节目，如肥皂剧和罗曼司。女人和男人观看节目的方式也不同——男人看电视安静而专注，而女人则倾向于伴随着其他活动，如在做熨烫衣服或编织毛衣等家务事时或跟孩子说话时看电视。因此，由于在家庭结构中的地位、期待以及时间要求的不尽相同，女人比起男人看电视时更"思想不集中"。但这也与"内疚"有关。莫利和格瑞都发现，多数妇女感受到她们自己的快乐——"总的说来，她们已经准备好承认她们所喜欢的戏剧或肥皂剧是'愚蠢的''糟糕的'或'无关紧要的'。她们接受男权主义者将其界定为低等的观念"（莫利，1992：160）。鉴于此，也许从许多妇女把远离家人看电视当作快乐的活动就毫不奇怪了。例如，一些妇女在星期天的早上家人还在睡觉时看肥皂剧的精选集，或是跟其他女性朋友一起看录像。不过，这两项研究揭露出女性在看电视时，有一种内疚感时常伴随着她们，无论她们那个时间另外还在做什么。

这两项研究所代表的民族志学转向在定位日常生活语境中的媒体运用研究非常有价值。的确，此类研究常常集中在人们的生活上，提供关于他们利用时间、空间在夫妇以及亲子关系等之上的诸多丰富细节。这些研究通过还原其发生场景而丰富了我们对媒体消费的理解——在家中、在工作场所，以及（随着移动科技发展日渐增多）旅途中。近来的研究关注家庭电脑、随身听、iPod以及移动电话的使用（度该，1997；布尔，2000；布尔和贝克，2003；布莱恩和格林等，2005；哈密尔和拉森，2005）。

这类研究跟性别与科技的长期研究有很重要的重叠，其中有些研究探讨科技产品的设计、制造、销售、消费以及诸如微波炉、电话等家用科技产品之间的关系，追踪科技产品在各个阶段重新配置的轨迹（维基科曼，1991；雷寇，1992；柯克布恩和沃曼若德，1993；格瑞特和吉尔，1995）。除了如肖恩·穆尔维斯关于收音机进入家庭的研究这一重要成果外，关于科技产品链条终端方面的研究还比较少。肖恩研究家庭内部如何调整以容纳这个"放在斗橱上的盒子"，谁会听收音机或者听收音机会是怎样一种活动等使用情况，以及收音机的设计及其早期节目编排等内容。

这类研究的一个局限在于，研究对象多数集中于白人异性恋核心家庭，尚缺乏对于不同家庭形式的充分研究，这些家庭在阶级、种族、伦理、性别或社会地位等方面都有所不同。比如，鲜少有人知道单身汉们、女同性恋者、男同性恋者以及没有孩子的异性恋夫妇是如何使用和消费媒体的，或者在许多欧洲城市占三分之一的各种非白人社区中的人们是如何使用媒体的。马瑞·吉尔里斯皮关于电视在年轻的伦敦旁遮普人生活中的角色的开创性研究（1995），罗兹·特萨加若斯阿诺关于伦敦希腊人社区流散媒体的研究（2001），都是这一研究中缺失兴趣点的研究渐增的重要标志。

这类研究的一个困境在于，针对媒体使用情况的报告应当处于什么地位。许多研究已经对女人和男人对于电视和收音的偏好积累了极其多样的记录。如何来理解这些记录？它们价值如何？它们应当被当作对人们实际如何感受和如何行动的忠实而直接的记录吗？或者它们应被更加小心谨慎地加以对待？大卫·莫利收到的关于节目偏好的反馈（1992）就反映出这样的讽刺性特征。在他的研究回顾中（莫利，1992），他推测这是否因为对所有家庭的集中访谈使他们觉得不得不遵守性别化的社会期待。事实的确如此，不过之前我们在本章中讨论过的各种后结构主义洞见在这里显得更加重要；也许媒体运用实际上就是"作性别"（doing gender）行为的一部分？也就是说，一个男人说自己偏好新闻和当下事件节目，从不看肥皂剧，这也许就是建立男性霸权的一部分。谢利·图尔克关于计算机使用的研究（1984）也支持这种解释，认为使用计算机被看作某种特定性别身份表现的一部分。至少，人们的记录不应被当作反映现实的唯一一面镜子，而应该是复杂的偶然为之的建构。

本书并不研究受众的阐释、愉悦或媒体运用，而是关注媒体文本。不仅如此，更确切地说，因其强调媒体文本的多义性及其被消费的复杂方式所以受众研究对于女性主义传媒研究至关重要。在这部分我已试图传达了这一领域的丰富性和复杂性，并凸显了受众研究的困境——关于愉悦、身份认同、阐释、批评的角色以及解读受众记录的方式等。对于这些洞见和困境，读者应当在阅读本书的过程中始终谨记于心——关于文本分析的阻碍、警告和挑战尽呈于此。

1.3.2 变化着的女性主义

至此，本章都集中于讨论性别与传媒研究学者分析媒体文本的不同方式，以及受众如何使用、享受和阐释媒体产品。我已强调过这两个领域里正在进行的转型和论争。在这部分我将转向变化的第三个方面——女性主义自身的变化。

在本书中，我用"女性主义"这个术语来标示对于性别不公和不平等的持久关切，包括对有关种族、族群、阶级、年龄、性、残疾以及健康状况等其他压迫形式的关切。这一界定并非毫无问题，因为它在历史上的术语界定过程中是相对较新的存在。在 20 世纪的 60 至 80 年代，关于女性主义的书籍和文章习惯上承认三种不同类型的女性主义：自由女性主义、激进女性主义和社会主义女性主义。广义而言，自由女性主义认为，女人的生活遭到了扭曲（这扭曲来自性别原型），需要通过立法抗争的角色限制，以及那些帮助女人"赶上"或进入过去为男人所主宰领域（如工程和计算机）的项目和倡议来改善。如苏尔维亚·瓦尔贝所指出的，自由女性主义不把性别看作社会结构，而是看作"无数细小的剥夺的总和"（瓦尔贝，1990：4）。相较而言，激进女性主义常常显得对性别关系的改变有更少希望。在她们看来，女人和男人根本上就是不同的（这很大程度在于女人的再生产能力），女人的权力、文化乃至愉悦都掌控在男人之手，通过如医疗和军国主义这样的专制机构得以实施。社会主义女性主义者既拒绝激进女性主义的本质主义，又拒绝自由主义的浅薄，而将资本主义社会以阶级为基础的形态与女性的从属问题联系起来。

不过，到 80 年代晚期，这三种界定作为女性主义内容的记录就不再延续了，在这里我想简要地探讨一下这种现象产生的原因——探讨黑人女性主义写作的影响，并更加简要地探讨后结构主义和后现代主义理论、男性研究的兴起以及酷儿理论。

1.3.3 黑人女性主义：塑造女性主义理论

过去二十余年的女性主义著作已经重塑了女性主义自身，并因其对身份、定位、差别研究的新观念以及对后殖民主义和资本主义的历史政治与日俱增的关切而贡献良多（苏西尔和韦尔白：1991；比哈乌纳妮：2001）。对这些研究来说，要紧的是黑人女性和第三世界女性对女性主义的排他性发出了批评（卡贝，1982；胡克斯，1982；阿默斯和帕玛，1984；胡克斯，1984；罗德，1984；欧安，1988；西尔·柯林斯，1989；于凡·戴维斯，1989；西尔·柯林斯，1991；敏和华，1991；莫汉提，1988；三多瓦，1991；登特和瓦力斯等，1992；比哈乌纳妮和菲力克斯，1994；布拉赫，1996；扬，1996；米尔扎，1997；温，1997；安扎尔度阿，1999；安，2001）。这些批评概要如下：

第二波女性主义因其错误的普遍主义首先被提出来进行批评。对它似是而非的指控与其对于男性主宰理论的批评相同，也就是说，它是从一群占优势的第一世界中产阶级白人妇女的经验而来的，之后她们的女性经验似乎被广泛分享。1984 年，贝尔·胡克斯提出了对于第二波女性主义中的"经典"文本的诅咒和批评：贝蒂·弗里丹（1963）的问题实际上是一群特别挑选过的受过大学教育的上层中产阶级白人已婚妇女的困境——那些厌倦了闲散、家庭和孩子的妇女产生的对生活的更多期待。胡克斯认为，弗里丹不仅声称这是影响美国妇女的普遍困境，而且还特别将白人家庭妇女的家庭隔离对她们精神上的影响与纳粹集中营囚犯的经验进行了具有侵犯性的比较。

其次，女性主义也因为完全忽略白人与黑人妇女的历史经验之别而倍受批评。能够清楚表明这一点的，是女性主义关于家庭的思考。核心家庭被美国白人女性主义者当作压迫妇女的绊脚石，而对于许多欧洲和美国黑人妇女而言，它却代表着种族社会中的避难所和防护墙。如哈则尔·卡贝所说："我们不想否认家庭对我们来说可能会是压迫之源，但我们依然同样希望探讨黑人家庭是如何作为抵抗压迫的主要阵地而发挥作用的。"（卡贝，1982：47）

黑人女性主义者提出的另一白人女性主义研究内容的缺失在于她们对于性和再生产权力的关注。如卡洛琳·拉马扎诺葛路（1989）所说，许多黑人妇女被排除在有关堕胎的女性主义运动之外，认为这与她们没什么关系。的确，与其说想获得堕胎权，许多黑人妇女更想获得的是不堕胎的权力，反对种族人口政策使她们违反自身意愿被迫不育——由于黑人妇女常被作为"Depo Provera"和"Norplant"等新型避孕方式的试验材料，所以堕胎权在黑人妇女的女性主义特权名单中相对靠后。推而广之，有人认为，白人女性主义很严重地忽视了种族和性别结构所历经之路的差别。

如果这些批评关注白人女性主义思想的缺失和排他性——无视有色人种妇女，将她们的奋斗历史排斥在女性主义的白人记录之外（胡克斯，1982；斯普瑞格尔，2002）——因此，另一种不同的种族主义就是，黑人妇女被当作问题的缩影，比如服从或从属于严格的父权制家族密码（比哈乌纳妮，2001）。瓦力瑞·阿默斯和帕拉西巴·帕玛（1984）认为，围绕如包办婚姻、深闺制度以及女人主家等问题进行的"歇斯底里"的西方妇女运动"常常是黑人妇女无法理解的"。同样地，哈则尔·卡贝也批评媒体和女性主义对亚洲女孩的表述：

> 媒体关于亚洲女孩和包办婚姻的可怕故事与她们的经验并无多少关联。这种意识形态下的女性主义把亚洲女孩呈现为需要解放的对象，这并不是根据她们自己的历史和需求，而是遵循西方宗主国的道德习惯（卡贝，1982：47）。

此外，黑人妇女指出，多数白人女性主义者对他们自己的特权及其特权史闭口不谈——特别是从家务劳动到重体力劳动中白人妇女如何利用黑人妇女得到好处的行为。白人女性主义者不愿意承认自己的特权意味着在妇女运动内外两面种族主义都没能得到充分反映。

这些来自黑人女性主义者的持续批评对女性主义产生了地震般的影响。她们开启了聚焦女人之间差别的序幕——种族和族裔差异，以及有关阶级、年龄和残疾等先前被忽视的各方面的差异。这不仅是简单的在女性主义研究中"加进"有色人种妇女，而是重新思考整个研究框架。安·菲力克斯在关于家庭的研究（1997）指出，如果女性主义者只是简单地将黑人妇女加进来，而不改变整体框架，以暗含的白人标准去比较两者，将会进一步使对黑人女性伙伴们的研究病态化。如果要使黑人妇女的经验得到严肃对待，那么整个核心家庭理论都需要被重新加以思考。

与这些代表性成果相关联，这意味着划分阶级和种族化的过程也应该与性别一样加以研讨。对某些人而言，用严格的内容分析方法进行研究只会拆散"妇女"这个范畴，从而制造出令人震惊的无视电视和其他媒体中有色人种妇女的论述。但对多数关心女性主义传媒的作家而言，它包括在种族、性别、性征、阶级等话语之间的相互纠结和对于欲望、耻辱、恐惧和异国化进行追踪的不同模式。女性主义媒体文本研究已经不得不对一些话语建构变得更加敏感，以避免复杂的种族主义，例如，早期著作把黑人男性气质原型塑造成暴力的和性掠夺的（见第四章关于有关强奸的新闻报道的讨论）。讨论也开始超出"黑人"与"白人"的提法，而开始扩展种族概念，和打破民权时代的二元论（迪尼斯和胡美兹，2003）。

黑人女性主义在传媒研究中的进一步影响已成为全球性焦点。在全球化背景下，人们感到研究的界限不应以国界设限，对差异的关注应当囊括全球各处。伊恩·安（2001）认为，绝大多数西方女性主义最简单明了的理念完全来自那些对其他妇女而言毫无意义的信仰和假设，例如关于个人主义的设想。爱荷华·温（1988）指出，当宣称自己是抵抗派时，多数女性主义学者已经堕入一种殖民的、霸权的世界观之中，其中，发展中国家的妇女被建构为固化的性征和自然生产者，就如桑左拉·莫汉提（1988）所描绘的"第三世界妇女"那样。对全球视野的召唤就意味着对差异的认知的确认，主张倾听他者的声音，并警惕权力与抵抗的变化。最重要的是，黑人和第三世界女性主义批评的影响加强了性别、种族、阶级以及其他压迫形式之间的亲密关系。如美国黑人作家帕崔夏·希尔·柯林斯（1991）所指出的，在相互牵制的所有关联中，几乎没有单纯的压迫者和单纯的受害者。

在较小程度上，关注差异还会导致关注媒体对残疾人的报道（科洛巴斯，1988；康柏巴齐和尼格林，1991；巴里斯和英国议会残疾人组织，1992；哈维，1992）。同样，后结构主义和后现代主义理论在女同性恋、男同性恋、双性恋以及跨性别政治方面的理论发展共同催生了酷儿理论，其已对关于性别与性征的媒体研究产生了重要影响（见第二章的讨论）。不过，在此，我想转向在性别与传媒研究中对男人和男性气质日益增长的兴趣的讨论。

1.3.4 男性气质与传媒研究

整个20世纪90年代，性别与传媒研究的兴趣转向对于男子气（或更准确地说是对于男性气质）的研究。作为女性主义的直接成果，西方出现了持续对男子气加以批评和讯问的趋势。在此之前，男性经验常被毫无疑问地当作全人类的经验，从历史上看，绝大多数在历史、人类学、社会学、心理学和文学中得以传承的都是关于男人的或是由男人所写的。20世纪晚期对男性气质的关注将男人看作性别群体。

在过去，男人作为男人被研究，只是把他们当作问题——作为可预测的阶级化和种族化的图景出现，如年轻男人的道德恐慌以及黑人工人阶级男子问题等。而今天，对男子气的研究关注不同社会生活领域中的所有男性气质类型——如伦敦城里工作的男人、男性囚犯、男警察等。对男子气的研究是正在成长的领域，包括工厂里的男性气质研究、男性气质与健康、男子气与暴力、电影和媒体中男性气质的表现、父职、教育中的男性气质等。教育中的男性气质问题是尤其重要的研究领域，因为它提供了观察男孩如何被塑造成男性主体的契机。

与女性研究一样，男子气研究表现为各种不同的视角：角色理论、心理分析、社会建构途径以及一些很特别又很重要的视角——如神话时代的男性活动，罗伯特·比莱（1990）、萨门·科恩（1991）的写作，或史蒂夫·比道尔夫（1995）较小规模的作品都与之密切相关。这些虚构的神话相信现代西方男人正遭受着心灵深处的躁动不安和一种心理上的创伤，因为他们与他们的父辈相异——他们也就与男子气的"深层结构"相异，常常被围绕着与雄性相关的启蒙仪式和斗士之职所建构。"古鲁"（译注：宗教领袖）试图激发男人把文化重新进行男性气质化的欲望，这在美国是通过参加疗养所、工作坊和露营活动来实施的。很多作品都有着新殖民主义的味道。鲍勃·康奈尔（2000）生动地对这些享有特权的富有白种男人为了"共鸣的男性仪式"而横行世界洗劫不同文化进行了批评。

应当说这种方式与男性研究并不相同。多数当代写作采用了建构的视野（与具体地探讨不同处境的男性气质的语境研究有关），关注作为表演或伪装的男性气质而不是其本质性身份问题。这始于男性气质需要被相对地理解的提法。广义的男性气质意义部分源于相对于女性气质的建构，异性恋男性气质相对于同性恋而建构，所有具体的男子气形式都因其相对于他者定义而获得意义。由此，男性气质是阶级化、种族化和年龄化的，但又相互依存，并在全球后殖民主义语境中获得意义。

男性气质研究中最重要的提法之一是"霸权男性气质"这一观念。这个提法直接来自没有单一而是多样的男性气质这一认识。男性气质霸权偏向不同男性气质并不平等的感受——有的男子气比其他的更有权力、更占支配地位。男性气质霸权也许不是男性气质最普遍的形式——事实上也不可能如此，因为只有少数男人能够永远拥有它——但在社会价值和文化权力意义上，它占据着主宰地位。如迈克尔·科曼尔对美国语境的论述，霸权男性气质是男人的标准，是其他男人们用以衡量并心向往之的东西。

> 年轻，已婚，白人，住城市，北部的异性恋，保守的父亲，受过大学教育，全职受聘，肤色良好，高大强壮，保持运动——每个美国男人都以

这种眼光看待这个世界——任何无法达到这些标准的男人都可能将自己视为毫无价值的不完整的劣质品（科曼尔，2001：271）。

有人认为，所有男人都从"父权制红利"中得利，不过有的男人比他人得利更多。

创造这个术语的鲍勃·康奈尔认为，在某些既定时间里，一种男性气质会比其他的估值更高。他认为，当下估值更高的那种男性气质是"跨国商业男性气质"，其特征为与日俱增的利己主义、很有条件的忠诚（即使是对公司）和对他人日渐减弱的责任感以及作为个人在快速发展的资本主义社会供职除了赚钱并没有永恒承诺的认知。康奈尔宣称，跨国商业男性气质因其日益增长的自由意志性征和与女性相容的倾向而不同于传统的资产阶级男性气质。世界上多数为商业男性服务的酒店都会定期提供色情录像，发达的卖淫业也以跨国商业男性旅客为对象。

霸权男性气质这个提法的问题在于，其暗含着这样的认识，即在某一点上，什么样的男性气质才具有文化价值，并与权力相一致。跨国商业男性气质或许表现得很有权力，不过军队男性气质、体育男性气质以及那些与"高科技"特别是生物科学和基因科学有关的男性气质也很有权力。是事情变得支离破碎了吗？看起来即便在学校课堂上都有很多种男子气在竞争霸权——擅长体育的男孩拥有社会权力，不过那些拉帮结派男、英俊男以及女孩青睐男等也都有自己的权力，各种成员资格不一而足。

或许对霸权的认识应当与对本地特长生的详细研究结合起来。再以学校为例，我们可以确切地发现，赋予年轻非裔美国男孩在教室或运动场里的文化权力和地位的那些"酷范儿"，或许正是同一个男子在劳动力市场或更大的社会中受歧视的根源。

男性气质研究在传媒研究中产生了重大影响，即从理论上将关于妇女与传媒的研究转向真正的关于性别与传媒的研究。男性气质研究探讨了各种不同的传媒体裁——男性杂志、电影、音乐碟、广告等（威尼克，1991；克汉和哈克，1993；塔思科尔，1993；莫特，1996；尼克新，1996；爱德华，1997；杰克森以及布鲁克斯等，2001；贝农，2002；本韦尔，2003；马克农，2003）。当今的传媒研究关注点很多：首先，和对女性表述的研究一样，有的研究关注媒体中对男性气质的狭隘表述。约翰·贝农指出："从不知男子气为何的火星人来到地球也会很快知道，缺少那些补救性特征是非常容易受侵害也非常有害的。"（贝农，2002：143）其次，很多作者还关注年轻男孩所面临的潜在危害，他们遭受像兰博那样的暴力肌肉男和滑稽软弱的无力男形象的狂轰滥炸，很少有居于二者之间的形象（如希尔，1997）（有关近来的"复仇广告"和无用幼稚低能男的形象将在第三章讨论。）

第二个关注点是纵贯过去二十余年视觉领域对男性身体充满色情的理想化表现的演变。很多研究探讨了视觉文化中这种演变的决定因素，它们多大程度上挑战了关于"外表"的既存规则，男人们自我认识的暗含意义，以及对多重标准的挑战等（查普曼和卢瑟福特，1988；穆尔，1988；辛普森，1994；莫特，1996；爱德华斯，1997；吉尔、亨伍德和麦克林，2005）。

第三是对建构男性气质新形式的媒体角色显现出新的兴趣——新的男子形象，新的小伙子以及都市型男形象都是代表（吉尔，2003）。生产关于性别的反射性知识是 21 世纪媒体扮演的重要角色，（在大量报纸杂志的文章中和讨论秀中）表现为对性别转型的基本兴趣。

最后，在整个 20 世纪 90 年代乃至更早的年代，无论何时在媒体上听到"男性气质"这个词，谁都知道"危机"不远于后（贝农，2002）。因此，检视媒体是如何把任意几件毫无关联的事实与建构一种可感知的男性气质危机放在一起成了另一个兴趣点，如制造业的衰落、中产阶级教育的成功人士中性别组成的变化以及伟哥使用的增加等（波多，1999）。

1.4　文化政治与行动主义

至此我已梳理了学术文献，现在想谈谈分析学术研究与文化政治之间的关系。我已提到过早期妇女运动中研究与行动之间引人注目的联系。80 年前，性别研究与传媒研究已经学术制度化。这导致了学术的去政治化吗？关键问题在于学术著作语言越来越隐晦不明，而批评则由这样的语言而产生。贝尔·胡克斯对这种不透明的抽象写作表示遗憾："这是令人沮丧的讽刺，多数谈论异质性、去中心主体和宣称承认他者认识的突破等当代话语，仍然将批评之声主要指向那些拥有共同语言的专业读者，他们的语言植根于其宣称要去挑战的非常专业的叙述。"（胡克斯，1990：25）同样地，爱丽森·莱特也指出："如果有一天妇女意识到自己没有与拉康所说的镜像对话就不能提笔写字……那时我们也就会叫停这辆公共汽车而下车。"（莱特，1982：27）我相信，保证以清晰包容的形式交流对于任何试图改变世界的斗争来说都是最重要的。

第二个关键问题是，对传媒越来越复杂的理解和分析的担忧实际上很难形成立场。我们已经把去政治化这个问题搞得复杂了吗？在另一个有关"认知"、后现代和具有讽刺意味时刻的问题中，我们感到自己身处西方，如凯瑟琳·温勒（1999）所说，当遭到冒犯（即便是合理的冒犯）时，这也会变得不合潮流。近年来，那些曾经会引起愤怒反应的表述已变成主流而毫无怨声，即使是色情，现在也被视作打破界限的视觉刺激———一种新的"酷"（麦克罗比，2004d）。

20世纪70年代，女性主义传媒活动采取了多种形式：对积极形象的呼吁、粘贴者运动、反攻击性媒体事件的民主运动，如反世界小姐竞选；号召更多女性在媒体工作；要求专供妇女使用的媒体空间；努力发展另类媒体；广告牌"游击战"介入活动，不懈使用面临既有常规机构挑战的对于传媒对妇女的改变的表达。在这一时期渴求改变的力量强大，参与的妇女数量巨大。让我们略微详细地看看这些政治策略。

在20世纪六七十年代的语境下，早期对于妇女积极形象的呼吁取得了完美的效果，如盖耶·塔奇曼（1978）所观察到的那样，在那个年代的传媒中，妇女形象是琐碎化的、受责难的和象征性地被废除了的。在这种背景下，传媒中的积极形象可能是不被表现为智力低下的、自恋的和依赖的妇女形象。对积极形象的呼吁也隐含着对更加多样化的媒体妇女表达的呼唤———人们希望看到年老的妇女、残疾的妇女和黑人妇女出现在银屏和杂志封面上。

然而，除此之外，积极形象运动在一定程度上造成了麻烦。从一些基本问题上拷问，人们不可能在什么形象是积极的这个问题上达成一致———因为形象的意义并不存在于形象自身，而在其阐释，或者说是与其产生和得以阐释的语境的协商。它的另一个缺点是，只是在寻找一套偏激的表达代替另一套。如阿里·拉坦西（1992）论及反种族主义文学中"积极形象的令人窒息的审美"时指出，这开启了对于专制主义宣传指控的批评。可由此推论，对于那些每月购买《时尚》或《美丽佳人》杂志的多数妇女来说，一幅华丽的年轻模特或演员的图片才是引人注目的积极形象；而很明显，女性主义杂志则喜欢"有特点的"脸孔（如满脸皱纹、素面朝天的），以迎合他们特有的积极的标准。

什么才是积极的标准化？这个问题备受争议。这在残疾人关于她们的形象表达的论争中可以看得很明白。在传统意义上，这有赖于宣称"我们与你们一样"的策略，把他们描述成处于"充满欢喜的"核心家庭传统背景下，甚或（像一个慈善广告所说那样）在他们的婚礼上！然而，近年来，残疾人运动内部发出的声音却向这种严格的异性恋标准的界定表达了他们的愤慨，要求他们体现出同性恋和差异人群的权力（莎士比亚和阔克，2002）。

有趣的是，1999年《同性恋一族》这个戏剧在英国上演时，相反的事情发生了。该剧毫无顾忌地尝试"违犯异性恋规范的礼仪标准"（亚瑟斯，

2004)，通过一群演员以并不"平淡、圣洁、非性的，可能还是异性恋的主流形象"（多提和果乌，1997）去认知各种同性恋行为，这激怒了一些女同性恋和男同性恋者，他们担心这会造成失去安全积极的同性恋形象的现象。

另一种挑战形式是针对广告的粘贴者运动和游击战介入。粘贴者们宣布"这些广告是性别歧视的"或"这种形象贬低妇女"，于大庭广众之下向广告商提出要求。游击战介入活动有点不同，她们常采用在大型广告牌上涂鸦的形式。例如，汽车广告语"以沃尔沃的儿子"被涂上"下次更幸运"这样的话；另一则广告上画着一个妇女被编织进一辆诱人的汽车，写着"没躺在车上时，我是个外科医生"；第三则广告只画了一个女人穿着丝袜的圆润大腿从贝壳里伸出来，上面写着"生来活泼！"这项运动被全世界许多妇女组织所采用。在克罗地亚，BaBe（即"Be active，Be emancipated"，意为"行动起来，参与进来"）组织把粘贴者运动当作提高广告反性别歧视的长期策略之一。然而，在西方，广告商们采取了相应的标准，许多广告（如第三章我们讨论的）已经包含了对其性别歧视批评的拒绝，或采用那些反讽性地拒绝任何潜在批评的广告语。在这种语境下，尚不清楚仅仅指出性别歧视的效果会如何。鉴于构成性别歧视的任何一种得到认同的提法都遭到了严重破坏，这使问题变得更加复杂，就像积极形象受到争论一样，任何一种可能构成性别歧视的表述也都受到了争议。看来，要充满信心地宣告关于性别的特定表达问题将不再像过去那样容易。

要求媒体中的妇女专属空间，如女性节目和女性专页，是用以挑战媒体中女性表达的另一策略。这一策略引起了巨大的争议，争议一方是关注强迫妇女只关心少数狭小空间问题的女性主义者，另一方是那些相信这是让媒体权势人物开始认真对待妇女的人（考华德，1984；弗尔德曼，2000）。虽然有人认为双方都观点偏激，但最后二者均得到了可以感受得到的政治胜利，应该承认，妇女专属空间运动与争取妇女利益的运动经过媒体的传播而得到认真对待，二者之间并不相互排斥。

今天，这些争论作为其他社会历史变迁的结果已经失去了相互关联性。看看过去十多年的报纸，就会对吸引更多女性读者成为该行业发生变化的驱动力的现象了然于胸——妇女被当作楔子以卖出更多报纸，吸引更多广告，还出现了出版"杂志化"的潮流，其越来越多地将重点放在绝大部分以妇女为目标的、充斥着巨量广告的生活栏目。这种出版的"女性化"，使对妇女专页的政治需求变得问题重重。在当下氛围中，由于性别差异被重新自然化，这仍然是个问题——我称之为"火星/金星"思维，长期以来这已经呈现为完全分割的

"他的和她的"世界，其中，"女孩的事情"是生活方式、家庭、厨艺和休闲，而"男孩的事情"则是运动、政治和商业。在这个特殊的节点上，对隔离空间的呼吁毫无其以往所具有的政治力量，相反，这也许会使这种商业驱动的、性别差异化的世界观重新发出声音。

让更多妇女在媒体中工作并增加女性高职位人数的运动是女性主义文化政治中的重要方面。广义上看，从现象上看上去似乎已经成功——虽然并没有付出多大的代价，也没遭到与种族、阶级和孩童（见第四章）有关的排斥。不仅如此，已然清楚的是，媒体制造者（无论是记者、编辑、剧作家或导演）的性别与性别表达特点之间的关系变得极其复杂。它以许多调节性机构和行为为媒介，这意味着更多受雇于媒体的女性和"更佳的"媒体形象之间缺乏直接联系。

一些妇女选择利用现有的管控机构。在英国，广告标准局（Advertising Standards Authority，ASA）这个机构负责确保广告是公平的、得体的，并确保其不会造成广泛的侵犯。女性主义者们已经向它发送了成千上万条抗议性别歧视的广告。使那些像 ASA 这样的机构和广播公司来知晓人们的意见，对提升人们对性别歧视问题的关注至关重要——例如，BBC 值班台的每个电话都被采用，对于节目内容的抱怨都被严肃对待。然而，广播公司和管理者们一般都采用不同的标准去衡量媒体内容是否恰当——有关礼仪、淫秽和隐私问题，而非性别平等问题。多数国家对待暴露性的表述远比对待性别歧视（不管明显与否）严肃得多。在迪·阿米－钦（2006）关于 ASA 胸罩广告裁决的精彩研究中，她发现那些常被管理者认为具有侵犯性的（不管收到多少抱怨）广告都是违犯异性恋性行为或性交规则的（如暗示手淫、口交或女性完全独立于男性），而那些将女性呈现为男性消费者从属对象的广告则从裁判官那里收到更多积极的评价。

在玛格丽特·加纳费（2001）的全球性报告中，她考察了全球妇女运用现有机构抗议性别歧视过程中所面临的挑战（常被迫依靠关于性表现的指南）。这常促使妇女与非常保守的组织形成联盟，而她们与后者却极少共同点。然而，玛格丽特也讨论了关于言论自由的争论是如何被那些要求如他们所希望的代表妇女权力的传媒组织鼓动起来的。当然，最后的人们的抵抗常常就是"不喜欢你就关掉"。在规则日益增多的时代，这种还击有了新的意义，因为当代的新自由公民们被劝诫要"自律"。只是对儿童健康的关注更加需要注意，即便如此，保护儿童的重担也很快从传媒组织转移到了父母身上（阿尔萨斯，2004）。

人们大量的精力已投向创造另类媒体，如创建社区广播和电视台，女性主义、女同性恋、男同性恋、双性恋以及跨性别杂志，互联网网站等。从全球范围来看，妇女广播电台已产生了重要的影响——尤其是在那些文化素质低下的地区。互联网上兴起了自媒体（DIY media）和其他数千种乃至数百万种另类网站、电子杂志、博客空间和其他赛博空间（如 BBS），这些媒体提供与传统媒体差异极大的内容和观点。针对年轻女孩的《电子杂志》（Grrrrl）就是其中特别活跃并能给人启迪的例子。另类媒体会扮演重要角色，问题是虽然它们只被少数人（常常是自我选择的）看见或消费，但它同时却提供了一种选择使他们不去接触和改变传统主流媒体。

除上述策略外，女性主义者、同性恋者、反种族主义者、残疾人运动者等还采取了很多其他革新途径以致力于有关表达的文化政治，比如设立奖金以鼓励更多挑战性内容，发展配有广播公司和记者清单的媒体活动设施，培植更好的媒体批评素养等。总之，我们已想到的每种策略都做出了自己的贡献，同时也产生了巨大的（却非均匀的）变化。在一些国家（如荷兰和加拿大），主要的国家广播公司配备性别数量平等官员已成为常规。其他国家则还有很长的路要走。不仅如此，在今天的西方，主要的关注点不仅在于提倡什么样的活动或文化政治，更重要的在于关注什么（不管是什么）应当成为批评的目标。由此，我将转向结论部分。

1.5　结论：论争，困境，矛盾

本章的目的在于考察过去 80 余年间女性主义传媒研究的主要发展情况。我们已梳理了性别表达分析的变化、受众研究以及关于媒体的女性主义文化政治。从总体上看，本章重点主要放在争议和争论的领域。在这最后部分，我不想做一个传统的章节摘要，而想突出女性主义传媒研究进一步的困境。

在我看来，与早期稳定自信的批评标准相比，今天的女性主义传媒学者更多踌躇而少确定。纵观该领域，没有一个单独的批评行动，只有借助了许多不同的视野角度多样性。没有关于如何阐释当代传媒文化的共识，甚至像《甜心俏佳人》《欲望都市》《绝望主妇》等这样单独的节目也会被以许多竞争性的甚至根本相反的方式加以解读（见第七章的讨论）。不仅如此，关于女性主义传媒研究应该采用什么批评词汇也没有共识，即使像"客体化"这样经过很长时间才建立起来的提法的使用也受到质疑。与被客体化相矛盾的是，当许多女性正在被呈现为活跃的欲望化的性主体时，这个术语还有什么价值？

非欧拉·阿特伍德（2004）认为，女性名流们纷纷展现身体作为奇观对象，以此表现成功、自信和坚定的女性性征力量，在这种文化里，性展示已发展出更多积极的隐含意义。在这种语境下，鸦片香水广告会被解读成性自治和性欲望的象征，而非消极和客体化的象征。阿特伍德评论说，模特苏菲·达尔的尺寸（在女权运动时期，英国的16码，显然比其他多数模特都大）也使这个形象被以积极赋权的方式解读成强健的、曲线优美的和性感的："苏菲·达尔的身体……得以被解读成自由、有意思、自我、愉悦、骄傲，其不仅在传统中崇尚色情，并且对于更广大的读者而言，这种性感形象已成为当时的潮流"（阿特伍德，2004：14）。

从更广义上来讲，与日俱增的媒体内容性化问题引发了很多争议（阿特伍德，2004）。对某些人而言，这代表了从令人窒息的压抑中解放，是包含当今多样化性征和性行为欲望的民主化（麦克比尔，2002）。相反，其他人却指出了这种现象的负面性别影响，认为女性身体重新遭到性化和商品化，其在女性主义批评觉醒了十多年乃至更长时间之后却变得中立化（至少是更加明显的客体化），指出这种行为具有排他性——只有某些（年轻的、健康的、漂亮的）身体才得到性化（吉尔，2003）。一些评论者们关注色情主流化和"体面化"（如默斯钦，2003；麦克罗比，2004d），他们越来越强烈地感到，不论一个女人其他的成就如何（如获得布克奖，是严肃电视节目主持人等），任何居于名流地位的妇女都会被要求在某男性杂志上摆出祖胸露乳的造型（瓦伊纳，1999）。这在过去常常如此，想要进入"秀商业"的女性有时会做裸模以促进其事业发展，而在当今则是对现代女性履历的要求大多数都包含至少一次当过《花花公子》或《男人帮》杂志封面或插页的摄影女郎。

这是西方社会关于性问题逐渐成熟的标志，还是针对女性主义的反挫之一？应该如何理解女性身体的性化？我们要怎样了解逐渐增多的男性性化表现？

同样地，反讽已成为传媒批评辞典中的关键词，也是其中最具争议的词。对某些人而言，反讽提供了一个空间，一个"移动的空间""呼吸的空间"，一个开放的嬉闹的空间（麦克罗比，1999）。大卫·冈特里特（2002）讨论反讽在小伙儿杂志中的运用时认为，反讽在生活方式信息与读者之间提供了一个"保护层"，避免使男人感到受到保护或不满足。他提出，像《男人帮》（浸透在反讽话语之中）这样的杂志充分意识到女人跟男人一样好——也许还要好——"明知道贬低女人……是荒谬的，其基础是认识到性别歧视是愚蠢的（因此是滑稽的，以一种愚蠢的方式进行），男人常常同女人一样垃圾"（2002：168）。

对同一杂志完全不同的解读来自尼克·斯迪芬森、皮特·杰克森和凯特·

布鲁克斯。比较而言，对他们来说，反讽使人们可以"以一种伪装的方式表达令人不快的真相，同时又宣称这并非他们实际上要表达的意思"（斯迪芬森，杰克森和布鲁克斯，2000）。或者，如埃米尔达·维利汉所说，反讽是"这样一种途径，其中，复杂的传媒机器能够预见到它所采用的与内容和形象相匹配的对象，并将其放在讽刺性引号里，使人想起怀旧的场景，预先阻止批评或使批评者无语，因为以冒犯为理由攻击对象，是已经被站在形象制造者立场上的'已知'姿态所预料到了的"。

不仅仅只有这些视角与众不同，实质上其所包含的批评标准也与众不同。对冈特里特而言，某些性别与传媒学者只是"没有理解这种玩笑"，也没有足够老谋深算地看穿这种反讽。在维利汉看来，这种定位与反讽在媒体文本中的变化得以同步确立：它抵制批评，并随时变化以让任何想批评它的人闭嘴——因为他们已经预先被定位成缺乏幽默感的和诡辩性的。

然而，也许更甚于他者，正是媒体之于女性主义的关系是最有争议的。造就今日媒体之不同于 20 世纪 60 至 80 年代早期的电视、杂志、广播和出版的原因之一，就是女性主义现在已成为文化领域的一部分。也就是说，女性主义话语就是传媒的一部分，而不仅仅只是外在的或独立的传媒批评之声。从争取婚后工作到同工同酬，从生殖健康权到警觉婚内强奸的提法，许多曾经需要积极争取的观念现在已被毫无争议地接受，这正是女性主义成功的标准之一。今天，由女性主义激发的理念从我们的电台、电视荧屏和印刷媒体迸发出来（同时也伴随着许多反女性主义的观念）。的确，可以公正地讲，多数西方女性主义现在都发生在媒体上，对多数人而言，他们的女性主义经验完全是经媒体而来的。

比如，回到前面讨论过的鸦片香水广告，所有与之有关的讨论都发生在媒体上——广告以及公众的反应（ASA 收到 900 条抱怨信息）都是报纸文章、TV 脱口秀和电台热线电话等进行的话题过程，毫无价值。杰尼夫·维基（1998）认为，在美国，妇女"活动"下降，随之而来的则是她所谓的"名流女性主义"的上升。一些亲媒体的女性主义明星，如纳奥米·伍尔夫或卡米尔·帕格丽娅利用美国网络电视台讨论女性主义问题，以提升其近作的影响力。

女性主义的这些变化作为传媒话语本身的一部分，引发了关于整合、复原、反挫的许多不同的阐释和争议。媒体已被女性主义（在重大的方面）变得女性主义了吗？抑或是媒体整合或复原了女性主义思想，掏空了她们那些激进的力量而贩卖给她们消过毒的产品或消费生活方式？这是反挫还是性别歧视的复兴？或者传媒现在是否已是后现代主义的？这都是当下性别与传媒研究领域最具争议的问题，在本书中有许多方面都致力于探讨性别与传媒之间的变化和当下关系。正是这些争论、困境和矛盾使得对这个领域的研究如此困难重重又充满挑战，然而又如此有趣和刺激。

2. 媒体文本中的性别分析

本章旨在介绍性别与传媒研究的各种不同方法。由于本书主要是有关传媒中的性别，而不是传媒作品或受众阅听，因而这里聚焦的是媒体文本分析所使用的理论/方法。我用理论/方法这种表述，而不是选择其一，是因为在这里所讨论的多数既是分析方法又是代表性的理论。也就是说，这些方法是建立在特定的认识论基础上的，如相信"表征"与"现实"之间的关系，理解意义是如何产生的，等等。在本章中，当你遇到由内容分析者和符号学者对于文本意义的理解极为不同的情况时，应当首先明确这点。

本章第一部分介绍传媒研究文本分析方法中被认为是"标准"的方法，即内容分析、符号学与意识形态批评。接着，本章关注新出现的话语分析和话语理论视域，包括受法国理论家米歇尔·福柯影响的资本主义社会科学传统及其方法。最后，本章考察一系列视域，虽然这些视域尚未有可作为代表的具体研究，却对意义与权力之间关系的理论（建立在对话语理论的理解基础上）提出了激进而又重要的挑战。需特别说明的是，本章简要阐述了后现代主义、后殖民主义和酷儿理论对于当代文化分析的特殊重要性，提出它们对女性主义传媒研究产生影响的几种途径。

2.1 内容分析

"内容分析"常常作为一种基因性术语，用以指文本分析所使用的各种不同方法，不过其总是被用来定义一种特定的分析类型——测量传媒文本某方面的定量技术。简单来说，就是用于"测量"出现在电视、杂志或出版物中的男性与女性的相对数量。它常用于女性主义研究中，以测量男人和女人在电视中的各种角色，或者他们所表现出来的各种特征。从根本上说，就是采用事先已经创造并认同的一套符码框架来计算特定类型形象出现的频率。这种用频率形式形成的原始数据随即可以转换成百分比，或以各种不同的统计数据来分析其重要性。

内容分析已用于研究多种传媒和文类中的形象，包括广告、流行视频、新闻、喜剧、电脑游戏等。不过，这种方法并不限于用来审视女人和男人作为群体是如何被描绘的，而是也可以用来记录传媒模式的整个变化——比如一场选举中不同政治候选人被报道的相对时间；相对于其男性同伴，女性在接受新闻采访时被打断的次数；理解针对女性的暴力的不同方式，或者对特定女性群体（残疾妇女或土著妇女）的描述。

至今用于性别分析的最著名的内容分析例证，是三个全球传媒监测项目，这三个项目作为在北京举行的联合国第四届世界妇女大会诸多倡议的一部分，分别于 1995 年、2000 年、2005 年举行。这次为地区和全球性会议作筹划的会议迫切感到有必要将传媒问题纳入其行动纲领中来——这在以往的三届大会中是被轻描淡写的。传媒所造成的影响程度反映在这一事实上，是项目首次启动即有 71 个国家参与到系统性的传媒监测中来。玛格丽特·加拉格尔对其重要意义动情地写道：

> 这一项目至关重要。1995 年，世界传媒监测项目给妇女们提供了一个工具，用以系统性地详查她们所知的传媒，记录性别歧视和性别排斥。这个项目的广度不仅在其实施的地理范围上而且在其实施内容方面都是空前的。从教师到研究者，从活动家到业余爱好者，从记者到其他媒体专业人士——他们中有的研究经验非常丰富，有的几乎没有经验——背景非常不同的团体和个人都参与到数据收集之中。在一些国家，不同的团体第一次合作，第一次因关注他们国家媒体中的妇女而团结起来。在监测过程中，他们的新闻媒体见证了这些参与者打开视野、受到教育的历程。对他们中的一些人而言，这更新了人们关于性别刻板印象的广泛认识，对另一些人而言，它又提供了特定的证据来支持他们长期以来持有的个人观点（加拉格尔 2001：27）。

这证明，过去三十多年来的内容分析研究极有利于提升媒体中性别表达的地位，记录了用以描述女人与男人的狭隘而有限的刻板印象。这种研究相对低廉的投入——实际上每个人用录音机、录像机或仅用每天买报纸的价格就可以——鼓励了学术圈外的团体去从事这一研究，并使许多妇女有权利参与到与媒体表达有关的问题研究中来。现在越来越多的活动团体采用量化的数据收集方式去记录批评，以加强她们的整体论证。内容分析形成的量化数据很重要，这使之成为广播/传媒组织及其调节者所使用的一个很有说服力的工具。的确，这类研究仍然是衡量和评估性别表达（以及有关伦理的少数族裔和残疾人的表达）的产业标准方法，并作为全世界主要的广播公司采用的方法，吸引了大量投资。

内容分析在政治较量中扮演着重要角色，使得媒体老板和节目制作人们被大量这类问题所控制——为什么占人口 52% 的妇女在电视上却只占到 30%？尽管如此，这一方法中潜在的一些引起争议的假设也遭到了批评。首先，传媒是或应该是社会的镜子这种观念受到了许多学者的挑战，因为这种观念最天真也最严重地损害了我们对传媒/性别关系的理解（考维，1978；格勒黑尔，1978；加窦和威廉斯，1981；倍特顿，1987；梅尔斯，1987）。这些理论家认为，传媒不是反映现实，而是参与制造或建构现实中的某些特定场景，以使其成为"真的"和劝服性的（如本章后面探讨的这种观点）。其次，内容分析的意义是成问题的——特别是它关注悖论和扭曲，暗示性别歧视存在于像"没头脑的金发碧眼女郎"或"无知的家庭主妇"这类简单形象中。这不仅仅是因为其理解的准确性受到挑战（例如它并没有搞清楚性别歧视是如何运作的），而且它注定会导致关注实施"坏"的刻板印象的政治行为这种有问题的形式。再次，这一方法并未区分意义各个层次之间的关系，事实上，这一方法甚至只是触及内容表达的显在层次，并因此忽略了"妇女"可用以象征许多不同的意义，包括稳定、舒适、保守和性感。的确，除了告诉我们形象出现的频率以外，内容分析传统能告诉我们有关其所研究形象的其他东西极少。最后，内容分析可能会掩盖特殊表达，而提供一种有关特定的老生常谈的刻板印象的固定传说（温西普，1981）。其主要问题在于，它不能彰显差别以及事物的变化轨迹。最糟糕的是，内容分析还可能因只能告诉我们已知的东西而遭到诟病。

2.2 符号学与结构主义

符号学源于语言学研究，不过也可用于分析任何交流信息的东西，如手势等非语言交流和体育、路标、旗帜、时尚、神话、音乐、各种传媒文本等。它既是一种理论也是一种方法，用以解读和制造"我们"——所谓的符号学者——以各种"文本"所创造的显在意义。

"Semiology"（符号学）这个术语是由瑞士语言学家费尔南多·德·索绪尔（1857—1913）提出的，他的讲稿在他去世后以《普通语言学教程》（索绪尔，1916）之名出版。与索绪尔同时，"Semiotics"这个术语则由美国哲学家查尔斯·皮尔斯（1839—1914）提出。现在，这两个术语基本上可以互换使用。

索绪尔的著作对语言学理论提出了激进的挑战。他认为，符号学应该成为一门新的科学——关于符号的科学。他提出，可以分析出一个符号的两个部分之间的区别——能指和所指。他用"signifier"（能指）指一个词或言语的声音，而以"signified"（所指）来指其抽象概念。因此，比如说，"snow"这个符号就是由"snow"这个词的声音（能指）和从天空中飘下来的柔软的白色的东西这个观念（所指）来构成的。索绪尔认为，在所指与能指之间没有天然的必然联系——它们之间的关系纯粹是任意的。任何一个词都可以被选择来命名从天空中飘落下来的柔软的白色的东西。的确，事实上，在其他语言中，"雪"具有不同的能指——法语是"neige"，德语是"snee"。证明能指并不是所要表达的"thing"（事物）而是这个对象的精神观念非常重要。在实践当中，能指和所指是相互关联的，二者之间的区别是要进行分析的。

2.2.1 符号的任意性

索绪尔反对传统意义上的词语对象观，认为任一词语的意义并非来自能指与所指之间固有或本质的关系，而是来自它与系统内其他要素之间的关系。"snow"这个能指，其意义的获得来自它与其他跟其书写或读音相同的词之间的区别，比如"flow""snot""snore"，而其所指的意义则来自与其他抽象概念如"雨夹雪""雨""冰雹""冰雪"等的区别。我们曾称"snow"为"snew"，这在英语中非常容易，且不会用作其他任何所指，但其读音就会因与其他符号之间缺乏联系而变得毫无意义。意义，或者说意思，是作为一个系统的语言内部的关系和差异的产物。正如索绪尔所说："在语言中，只存在差别而不存在积极词。"（索绪尔，1974：120）

因此，所指与能指之间的关系就是任意的。不过，索绪尔的看法不止如此。他还暗示说，所指和概念本身也是任意的。世界不会被抽象地划入若干种概念之中，但每一种语言却会使某些差异显得很重要。索绪尔称之为"符号的任意性"。例如这样的标准案例——伊努伊特人的语言有很多不同的词语来指称不同的雪，而在英语中我们却只有这一个词语。对此有很多不同的解释。哲学家和语言学家认为，这与概念作为在语言中可识别的文化标记由"世界"所决定的程度，以及我们的语言可以涵括我们实际所"看见"的世界特征的程度有关。一些女性主义语言学家认为，多数语言本质上都是男权主义的——它们以多种方式抽象地划分世界，为男性利益服务，对男性观念进行编码，遮蔽某些女性经验（斯彭德尔，1985）。例如，在"性别歧视"和"性骚扰"这些术语出现之前，妇女很难谈论她们生活经验中的重要特征——贝蒂·弗里丹

（1963）称之为"无名的问题"。

这表明，语言同其他表达方式一样，是一种抗争。一些新名词——如许多在信息技术发展中新出现的词，像"snail-mail"（邮寄信件）和"mouse potato"（电脑迷）等——都毫无争议地进入语言中，这些词只不过会让第一次遇见的人苦笑一下而已。而其他一些词，如"性骚扰""政治正确"这些词却引发无数人的酷爱与反对，而这正是因为这些词包含着有争议的涵义。索绪尔挑战这种观念，认为语言是命名的过程，在此过程中，每个世界上的客体都有其相应的名称。他对指示物毫无兴趣，却认识到，在某些情况下，许多词语——例如像"自由""民主"这样的抽象词——就没有具体的指示物。他认为，所有符号都是文化建构物，它们从学术的、社会的和集体的使用中获得意义。例如，现在用于通讯饱和技术的"snow"一词，就是指电视或电脑屏幕上的白色斑点，另外这个词有时又是可卡因的俗称，等等。

2.2.2 图标符号、指示符号和象征符号

索绪尔主要关注语言，相对而言，皮尔斯的注意力则集中在符号的整体方面，包括图像符号。他区分了三种不同的符号——图标符号，指示符号和象征符号。图标符号就是那些与其所代表的事物、人或地方类似的符号，其能指-所指之间的关系相似。绘画所绘制的就是很明显的图标符号，记录性的图片也是，因为它们设计得像其所代表的事物。其能指及其所指之间的关系常常显得很直接——如常被引用的"照相机永不会撒谎"这一观念。事实上，它们并不比其他能指-所指关系更少被媒介化并被文化所决定。为了确定某些绘画或图片的意义，我们不得不熟悉与之相关的整个学术传统体系，有关比例、视角、光线等的传统认知一旦被接受，就会被当作是理所当然。当以人们不熟悉的方式进行图片化时，即使是最通俗的事物也会变得非常难以辨认，这些方式包括非常态的角度、非传统的用光或者很近的距离等。

指示符号是依靠能指与所指之间的某种联系而存在的符号。例如，"烟"指向的是"火"，多汗指向的是高温。指示符号被扩展并用于可视媒体，我们已经谙熟于阅读这类符号——例如，我们知道白宫所代表的不仅仅是一个特定的建筑，而是指向美国总统、美国政府、华盛顿甚或美国本身（根据其他语境性的能指）的一个符号。里斯本·凡·祖伦（1994）指出，妇女常被用作"符号"，穿着白色衣服的年轻金发女郎是纯洁的符号，黑发女郎则是危险和性感的符号——例如在《王朝》当中所使用的一系列符码。

图标符号和指示符号的能指和所指之间都存在某种关系，这是由文化所决

定的。也就是说，在其参照物所"引起的"对象中，这些符号的能指缺乏绝对的任意性。广告非常依赖象征符号，常以品牌来"替代"产品。近年来，跨国公司已经非常擅长使用象征符号，以至于广告中的某种颜色也可以象征其产品——如红色和白色象征可口可乐，或者紫色象征丝刻香烟（Silk Cut）。音乐也是隐形的象征符号，即便是在完全不同的语境中演奏，它也会引起人们想到某种特定产品的所指。

2.2.3 指示义与隐含义

符号分析中另两个非常核心的概念是指示义和隐含义。指示义指文字意义或某特定能指的第一层符号意义。例如，玫瑰图片的指示义是一种花。而在其第二层符号意义上，玫瑰具有多种其他的隐含义——它可以指爱和激情，或英国工党，或玫瑰战争中的某个郡（Lancashire）。对符号的隐含义或第二层意义的研究是由法国理论家罗兰·巴尔特提出来的。巴尔特对于形态各异的法国流行文化几乎无所不谈，从广告到旅行书籍到食物和摔跤等，他探讨了第二层符号意义的形成过程。巴尔特认为，对符号隐含义的解读是由拥有适当文化符码的阅听人或"读者"引入的。这凸显出符号学中普遍存在的一个非常重要的问题——符号化的过程是与文化密切相关的，某种特定的能指只是在特定的文化或亚文化背景下才有意义。

巴尔特对第二层意义解读的最著名例子出自他的文章《今日神话》。此文详细论证了他分析流行文化的理论和方法体系。他描述了他遇到某一期流行杂志《巴黎竞赛报》（*Paris Match*）的情景：

> 我在理发，有人给我一册《巴黎竞赛报》（*Paris Match*）杂志。封面上，一个穿着法军制服的年轻黑人正在行军礼，他的眼睛向上，可能注视着三色旗上的一条折痕。所有这些都是这图片的意义。不过，不管是不是太天真，我认为这图片对于我来说其意义就是——法国是个伟大的帝国，她所有的子民，没有任何肤色差异，都效忠于她的旗下，再没有比这个效忠于所谓压迫者的黑人的热诚能更好地回答那些声称这张图片隐含殖民主义的诋毁的了（巴尔特，1973：116）。

符号义的第一层形成了其主要的指示意义，即一个黑人正在向法国国旗敬礼。不过，正如巴尔特所认为的，在第二层面上，这个形象将法国帝国主义自然化并将之呈现为正面积极的——这是如此的正面积极，以至于图片中的黑人看起来不是受压迫的受害者，而是法帝国骄傲主体的一部分。

巴尔特对第二层符号义中的特殊类型——神话非常感兴趣。对他而言，神话是"去政治化的言辞"，它将历史转化为自然。巴尔特关于神话的论著与女性主义分析尤其是其中的广告分析有关。

（1）符号学与广告。

广告通过建构神话起作用，其方法就是赋予产品以表面上的自然的和永恒的意义。符号学分析的目的就是揭示出这些符号系统是怎样运作的，并对其进行解码。因此，在分析广告的途径上，符号分析与内容分析非常不同。内容分析观察的是某种形象或原型出现的频率，将之与未被扭曲的现实观念相比较，而符号分析则揭示有关广告是如何产生意义的。朱迪斯·威廉姆森的著作（1978）《解码广告》是广告符号学分析的标志性著作。她融合心理分析和阿尔都塞马克思主义的洞见，形成了对于上百个广告引人注目的分析成果，阐明了一种开创性的理论方法。威廉姆森关注"货币"广告——使一种东西的意义由其他东西来表达——它们提供一种结构，以使客体语言能够被转换成一种情感语言或人物形象。"这就是为什么对我们来说钻石'意味着'爱情与永恒。一旦建立起了这种联系，我们就开始转换到另一种方式，且事实上完全跳过转换：把符号当作它所表示的意义，也即把钻石当作感情。"（威廉姆森，1978）正如罗伯特·戈德曼（1992）所认为的，当我们把广告当作广告时，我们就会认识一种语境或框架，在这语境或框架内，意义被重新安排，以便意义的交换得以产生。如果我们没有意识到广告的动机，我们就常常会困惑于这样的问题：为何小汽车会舞蹈？那些穿着牛仔的人们怎么可以跑着穿墙而过？一颗巨大的黑醋栗在路上做什么？

广告不是靠将意义强加于我们或以某种粗鲁的方式操纵我们而产生作用。它们创造意义结构以出售产品，不是出于其使用价值或功能价值，而是由于我们是社会的存在。通过广告，产品被赋予"交换价值"——关于某种商品的陈述被转换成有关我们是什么人或我们渴望成为什么人这样的叙述。广告是附着于产品的商品符号。通过广告，许多产品的交换价值大大腐蚀了它们的使用价值。例如，劳力士手表作为一个有影响力的成功符号的价值比作为一种计时工具更为重要得多（戈德曼，1992）。

威廉姆森认为，广告与我们交流的一个主要方式是通过阿尔都塞（1984）所描述的"质询"或"询唤"的方式。阿尔都塞有关意识形态讨论的主要贡献之一就是，他认为意识形态是以"将具体的个人建构成主体"（阿尔都塞，1984）来发挥作用的。把我们自己当作主体是意识形态认知的一种行为，它通过质询来运作。阿尔都塞以一种街景为例论述说，当一个人在街上回头回应

"喂，你！"的叫声时，他就变成了一个主体，"为什么呢？因为他认为是针对他的'真实的'呼唤，以为他就是那个被呼唤的人"（阿尔都塞，1984：48）。

威廉姆森认为，阿尔都塞"询唤"的提法准确地抓住了广告之中所发生的事。广告通过暗示的方式对我们说"喂，你！"。因为在这时，我们"认为"我们是被询唤的人，因而我们就承担起了广告所提供给我们的（意识形态）主体地位。劳伦斯·巴丁（1977）认为，广告所采用的询唤有三种不同的方式——称呼（直接传达）、祈使（使被传达者变成她所传达的那样）以及其他更为微妙的获得识别的各种方式。珍妮斯·温西普（1981）认为，我们能够分析广告的一种方式，是追问"这广告认为我是什么人"，用这种方式，我们就可以揭示有关年龄、性别、种族以及阶层的种种假设，这是广告的基础。钦耶路·昂乌拉（1987）引述"当其他人都是白人时，做个棕色人不好吗？"这一广告文案，作为所有女性杂志关于种族假设的特殊图形演示。温西普（1981）建议我们在分析广告想要向谁表达时采用逆转的技巧，这有助于搞清楚暗含在广告中的假设。然而，正如我将在下一章里所要讨论的，从温西普提出这个方式以来，逆转本身已成为广告的主流，而不再必然有其曾经拥有的批评力量。

（2）广告的符号学分析。

在一个广告中，广告显示的是一张现代客厅的照片，前景是两个坐着的人。照片左边的男人部分处于阴影之中，他身体前倾，脸上带着沉思的表情，左手放在女人的大腿上。女人穿着黑色蕾丝短裙，露出左腿，黑色的名牌鞋子鞋跟儿很高。她的嘴唇和眼睛都因化了妆而显得突出，灯光打在她身上。同样位于前景的，是一款风格别致的玻璃桌，上面醒目地摆放着混音 hi-fi 音响设备。叠加在这照片上的，是很形象地放置在男人与女人头部之间的字幕："体验难以置信的愉悦。"右侧跨页印刷着很短的文字，描述夏普一键音响带来的"完美"体验，称其"革新了我们收听音乐的方式"。

这里暗含着许多意义。正是这幅照片的指示意义为符号学分析提供了最为丰富的材料。房间铺着打蜡的地板，中性色的家具，米诺和艾斯克的现代油画，都意味着富裕和品位。男人的衣着打扮也强化了这种意义，他在这个环境里显得很轻松自在，剪裁入时而庄重的套装以及他的眼镜，都暗示着其地位很高和经济殷实。与此形成对比的是，女人显得不那么自在。她坐在硬椅子上，向后靠，背部弯曲，双腿分开。他注视着中距（也许是有着 hi-fi 设备），而她凝视着他，仿佛在等待他行动或移动。男人搭在女人大腿上的手意味着占有。她的衣着打扮、眼神和位置都具有强烈的性符号意味，房间的光线强化了这种意味，这种光线暗示时间已是晚上或深夜。

　　这则广告给读者设置了一个谜。为了制造这个欲望化的阅读，我们（读者）不得不填充意义，充当朱迪斯·威廉姆森（1978）所说的"广告工作"。字幕暗示我们把这幅图片解读成我们从中已经或将要体验这种难以置信的愉悦。图片右侧小印刷体的文本解释了这种愉悦的本质——它由使用夏普独一无二的模拟数字技术收听音乐产生，这种技术使得"任何一种设备制作出的每一种音乐"都能得到完美的重现。然而，如果不读这些小字，观看者则可以被邀约来为广告中所提供的场景中难以置信的愉悦做出完全不同的感受。女人的身体——它可被看作是性的代言——看起来就像是正在提供愉悦给图片中的男人（以及形象的观看者），难以置信的愉悦之源是为他（以及他们/我们）而存在的。

　　因此，为观者所设的谜乃是为何这个男人看起来与画面是如此毫无联系。他坐在那里触摸着那个女人，但他的手看起来像是毫不在意地放在女人的大腿上，他看起来像是身处别处，注意着与这个女人毫无关系的东西。那些印刷文字提供了可能的解释："一键音响重现的不仅仅是音乐，它实际上重造了表演空间自身。"谜解开了——男人正在音乐之中穿行，这种愉悦是如此之强烈，以至于他已经忘记了其他正在等待着的潜在愉悦，而后者就是女人的身体。

　　对性别感兴趣的符号学分析者可以对这幅广告提出非常多的批评。首先，它以女人的身体来表达性。我们被邀约仅仅只按照性愉悦承诺来解读她的出现。不存在有关男人与女人之间关系的能指，在这种缺失之中，她的穿着打扮、举止态度都暗示她可能是个他买来供其晚间消遣的"应召女郎"或妓女。或许，这间中性装饰的房间是个酒店房间。他们之间清晰的权力动态是很明显的：她半坐半躺，观察着等待着，而他掌控着局面。

　　广告制造了一种可视经济，其中，女人成为供给男人（和观者）的客体。在广告"货币"（威廉姆森的术语）中，女人与 hi-fi 设备之间是等值的——它们都提供给男人以难以置信的愉悦。这一点通过广告的光线和场面布局得到强化，灯光打在女人赤裸的手臂和腿上以及混音 hi-fi 设备前面。如果我们回答珍妮斯·温西普的问题"这个广告向谁传达"，这则广告的答案显然是男人。正是男人收听夏普音响才得到了愉悦——他的愉悦是我们所警觉的。而相对而言，女人看起来甚至都没有在听——她是漠然的，她的所有注意力都在男人身上（有意思的是，夏普居然这么肯定它的目标听众是男性，以至于甘冒风险，把女人表现为对这种一键音响的体验毫无所动）。同样地，这里提供的性愉悦既是给图片中的男人的，也是给男性异性恋观看者的。这里没有任何双向愉悦的暗示，相反，女人的身体是商品（就如 hi-fi 设备一样），它承诺给男人以难以置信的愉悦。

因此，为了形成广告的恰当意义，观者不得不参与到意义系统的建构之中，这重构了非常传统的性别权力关系。不论目的在于性别或性，观者都被期待采取男性至上的观察角度（穆尔维，1975），并将女人视作提供性娱乐的客体。

2.3　意识形态批评

传媒研究的第三个重要传统是意识形态批评或分析。这一脉络的重要论著——如安吉拉·麦克罗比和珍妮斯·温西普（麦克罗比，1977，1978；温西普，1978）关于女孩和妇女杂志的研究——探讨杂志话语是如何建构的，这些话语有关集中体现在罗曼司、家庭生活和挚友中的女性气质所具有的极其严格的意识形态。此外，女性主义传媒研究中更广范围的研究——或许可以以"主题分析"或批评为特征——也可以被理解为意识形态分析。比如，苏珊·法路迪（1992）的著作《反挫》并没有正式标示为意识形态分析，但它重在以文献证明传媒攻击、质疑女性主义并将之边缘化的那些方式，这清晰地表明其研究属于意识形态批评领域。

这里宽泛地使用"意识形态批评"这个术语，是指大量聚焦于文化代表作和文化意义与权力关系之间关联的论著，这些论著肯定形象、价值、话语在建构和重造社会秩序中的重要性。意识形态一个有着普遍意义的重要定义可以在约翰·汤普森的论著中找到，他用这个术语来指称"为保持统治关系而变换意义的方式"（汤普森，1984：5）。

传媒的意识形态角色分析来自马克思主义研究的悠久传统。这项研究的核心在于，其试图理解主流的、敌对的、不公的社会关系是如何被那些从这种关系中获益最少的人当作是自然的、必然的甚至是令人满意的。因此，在马克思主义术语中，这个问题有关为何工人阶级会默认一个给予他们不公平待遇的系统：出卖他们的劳动，得到比他们生产的价值更少的报酬，这样资产阶级就可以把剩余价值作为利润装进自己的腰包。马克思和恩格斯注意到这个问题，并突出了几个重点——自其提出以来，这些重点已成为讨论和争论很多的话题。首先，马克思和恩格斯认为，拥有并控制生产的物质财产（工厂、工场等）的人同时也是控制生产和传播社会观念的人。这并非偶然。他们认为，其关键在于统治阶级（资本家）拥有自己的权力。下面这段从《德意志意识形态》中摘引的文字就是其最著名的总结之一：

统治阶级的观念在任何时代都是统治观念，也就是说，统治社会物质力量的阶级同时也统治着智慧的力量。拥有物质生产财富的阶级同时也控制着精神财富。因此，一般来讲，缺乏精神财富的阶级的观念会从属于统治阶级的观念。因而，至今为止，从整体范围来看，统治阶级作为一个阶级决定着一个时代的幅度和方向这点是不言而喻的。因此，在其他事情上，统治者也会是思考者、观念的制造者，他们规范着其所处时代观念的生产和传播，这样，他们的观念就成为那个时代的统治性观念（马克思和恩格斯，1970：60—61）。

马克思和恩格斯还认为，人们的意识（他们关于世界的观念和信仰）取决于他们的物质生活："不是人类的意识决定其存在，而是社会存在决定意识。"这是他们的唯物主义理论意识形态的基础，其强调观念不是"自由浮动"的，而是群体的产物，是社会地位和条件创造了它们。

在整个 20 世纪，关于马克思主义意识形态理论的论争很多，尤其是关于决定论与相对自治、结构与文化的问题以及错误意识问题。当代传媒研究继承了法兰克福学派的书写传统，路易斯·阿尔都塞的结构主义马克思主义（他的著作我们已简要讨论过），以及理查德·哈葛德、雷蒙·威廉斯和 E. P. 汤普森的文化研究视野，还有部分拉康的心理分析理论（霍尔，1980；本尼特和马丁等，1981；霍尔，1982，1986）。不过，对今天的意识形态传媒批评贡献最大的当是意大利理论家安东尼·葛兰西。

2.3.1　葛兰西式方法

葛兰西的论著——抑或至少是基于伯明翰大学和英国函授大学的当代文化研究中心对其论著的特定解读——打破了之前论争所造成的僵局。葛兰西发展了当代传媒研究核心中的四个概念。

首先，他细致研究了"霸权"这个提法，用以指意识形态的和文化的权力。霸权是指这样一个过程，通过这个过程，某群体或党派可以获得整个社会或社会构架中的社会、政治和文化领导权。霸权并不意味着主宰，相反，葛兰西强调赢得认同或同意的必要。霸权是一种动态的、正在进行中的过程，且通常是暂时的和富有竞争性的。

第二个关键概念是"发声"。厄勒斯通·拉克劳和杉塔尔·穆非（拉克劳，1977；拉克劳和毛福瑞，1985）仔细研究了葛兰西论著中的"发声"概念。这个概念是以非决定性方式和非减数方式来思考不同社会结构要素之间关系的一种方式。它使我们以非本质主义的术语思考人们的地位（在社会结构中的）与信仰或行为之间的关系。例如，有关性别的"发声"，意味着拒绝那种把一个人的性别与其对女性主义的态度自动联系在一起的观念。因此，简单地把所有男子都当作强奸者或大男子主义者的断言也会遭到拒绝，声称女人天然青睐女性主义同样也是粗暴的（这并不能解释为何大量女性并不认为她们是女性主义者）。

葛兰西理论的第三个贡献在于，提出最好把意识形态理解为"话语现象"，其常常在零碎的自相矛盾的常识领域以斗争来解决，而并非以完整连贯的世界观之间的冲突为特征。

最后，葛兰西理论的贡献还在于理解意识形态是如何通过"建构主体"——通过为我们制造新的身份——而起作用的。葛兰西不是把主体建构看作曾经发生的、为所有尚处婴儿期的人所制造的（正如启人深思的多数心理分析所论述的那样），而是给出了更具动态性的历史解读，将我们的主体性建构和重建——或者简单讲，我们的变化——之途纳入思考之中。

讨论到现在，一个简要的案例有助于说明这些研究角度的关键主题。斯图亚特·霍尔（1988b）在其著作中提供了葛兰西主义最好的分析实例之一，有关 20 世纪 80 年代由玛格丽特·撒切尔领导的英国政府的意识形态权力。霍尔认为，撒切尔主义在葛兰西的"霸权体系"概念中得到了最好的理解。这并不是说它实现了霸权，或者意味着撒切尔主义只是单纯的文化意识形态现象，而是说它使赢得民心的保守派统治变得重要，而不只是改变了经济政策。

撒切尔政府的激进右倾方案给那个时代的许多英国民众带来了令人震惊的变化，他们已经习惯了以更加一致的基础为形式的政治。不过，斯图亚特·霍尔敦促左倾民众，不要把撒切尔主义误读为强加在"民众"身上的外来的不能相容的外力，而要认识到其通俗文化魅力。他指出，撒切尔主义使其自身"不仅仅是'他们'中的一个"，而且，更令人不安的是，它是"我们"的一部分（霍尔，1988b：6）。通过让人们表达不满，让他们作为自己的代言人发声和自治，可以赢得民众的支持，更重要的是，这重新界定了什么是共识。

对葛兰西而言，共识是意识形态（这也是一个更加理论化和哲学化的领域）的核心。当意识形态发生冲突时，其很少在连贯完整的世界观中发生论争，而是在某种概念的所有权及其意义上发生论争——比如民主、自由或民族国家。

例如，在撒切尔执政时期的英国，激烈的意识形态论争发生在宣称为"家庭党"的两大党派之间。他们所论争的就是家庭的性质，保守党将之界定为"传统的"核心词，而工党则采用更宽泛、更有包容度的定义，包括单身父母家庭、重组家庭以及各种形式的有孩子的同性伴侣家庭。工党的任务是将"家庭"从传统的涵义链条中挣脱出来，将之建构在更利于工党的话语中。问题的关键在于，两个政党都试图寻求宣称将真正的家庭利益放在心上，并欲将此用于他们的政治规划。

霍尔认为，撒切尔主义代表了自由的市场话语和以保守为主调的某种发声，包括传统、家庭、民族国家、尊严、男权主义以及秩序等内容。他称这些混合物为"权威主义的民粹主义"。他的主要兴趣在于思考撒切尔主义是如何迅速而广泛地抓住大众想象的。他认为，这来自让民众对自身规划的不满发声，精心运用平常语言来强调某些东西——布莱斯顿和莫利（1978）（在另一种语境下）将之描述为"民众的腹语术"。"U形拐弯""手提袋"这样生动的比喻、类比和图像以及从家庭而来的朴素智慧，都有助于积淀起共识中的撒切尔意识形态。同样的过程在布什总统用棒球作的比喻中也可见到。

总之，霍尔认为，撒切尔主义通过创造新的主体地位和转变主体性而产生作用，它处心积虑地试图将人们从既存的身份认知中分离出来，然后将之置于一套新的话语之中，这套话语把他们视为"相关的爱国者""自立的纳税人""可敬的一家之主"等。的确，以这种方式，撒切尔主义不乏"再造主体性"——这是赢得赞同或获得霸权的重要部分。

葛兰西的理论已被证明是理解传媒中性别表达的有力武器，它使我们得以超越对个体形象的研究而去探究表达的模式和主题。他的论著使得我们可以参与到意识形态的动态特征中——其变动性和流动性，主体的碎片化本质，赞同通过抗争获得特定身份的重要性等。这样，其可以帮助我们理解（例如）媒体传播当代青年人的自相矛盾的不同方式——他们是新人类、小伙子、新型父亲、都市美男等——以分析这些主体地位之间的抗争。不过，为了有效地分析，往往需要更精细的方式，因此我们转入下一种方式的论述。

2.3.2 话语分析方法

"话语"和"话语分析"这两个术语与"意识形态"和"意识形态分析"一样很热。话语分析包括大量不同的分析途径，包括批评语言学、社会符号学、民俗学方法论、对话分析、言语行为理论以及众多分析文本和历史的后结构主义方法等。在这部分，我们将考察两种话语分析的广义传统。

首先，我们集中讨论的是过去二十多年在社会科学领域严格分析不同文本的途径。其次，我们将考察福柯理论，这一理论建构了一种不同的（历史的或谱系）话语分析。

话语分析（在其第一层意义上）是近年来由社会学和社会心理分析学学者发展起来的一种方法（波特，1987；乌塞维尔，1992；斯皮尔，2005）。把话语分析理解成具有这四种要点会很有用：对话语本身的关注，语言是建构和被建构的观点，强调话语是行为方式，确信话语是修辞组织。这样以后，首先，话语本身就成为论题。"话语"这个术语用来指谈话和文本的所有形式，不论是自然而然的对话、采访材料或者各种写作和广播文本。话语分析对文本本身感兴趣，而不是把它看作抵达话语背后隐藏的某种真实——不论是社会的还是心理分析的或物质的——的一种方式。话语不被看作到达某种真实的路径，话语分析感兴趣的是文本的内容及其组织本身。

话语分析的第二个要点在于，语言是建构的。波特和乌塞维尔（波特，1987）认为，"建构"这个比喻凸显了这一途径的三个方面：首先，它让人注意到这一事实，即话语是用既存的语言资源建构或创造的；其次，它证明了这一事实，即话语的形成包含从大量不同的可能性中做出的选择或挑选，可以用很多种不同的方式描述哪怕最简单的现象；最后，"建构"的提法强调这一事实，即我们根据建构的方式而不是某种"直接"或"无中介"的方式来处理世界，其在真实意义上是指各种不同文本建构起我们的世界。这种基本的社会建构观凸显出话语分析与后结构主义和后现代主义途径之间更为广泛的联系。它标志着语言传统现实主义模式的中断，在这种模式中，话语被当作透明的中介。

话语分析的第三个要点有关话语的"行动取向"或说话语的功能取向。也就是说，话语分析将所有的话语看作是社会实践。因而，语言不仅仅是一种偶发现象，而且是其本身的实践。人们利用话语来做事——谴责他人、寻找借口、展现自己的积极面等。凸显这个就是为了理解这一事实，即话语并不是发生在社会真空中的，它指向的是特定的阐释语境。

最后，话语分析把谈话和文本作为修辞组织来对待（毕令，1987，1991）。话语分析把社会生活看作以各种矛盾冲突为特征的。因此，许多话语都是参与建构世界的众多相互竞争的面貌版本之一。在某些案例中，这是很明显的——比如，政治家很明显想要让周围人认同他们的世界观，广告想要卖给我们商品、生活方式和梦想——不过，这梦想在其他话语中也是真实的。强调文本的修辞性，将我们的注意力导向关注所有话语是如何组织起来以使自己具有说服力的。

越来越多的传媒学者采用了话语分析方法（蒙高默瑞，1986；菲尔克劳夫，1989，1995；斯堪乃尔，1991）。在我自己关于大众广播的性别研究中，也采用话语分析方法探讨播音公司是如何看待很少女性主持人或女性 DJ 这个问题的（吉尔，1993）。在那个时代，女性主持人的数量少于主持人总数十分之一。这项研究在英国的两个独立（即商业）流行电台中进行，这两个电台在这方面很有代表性：一个没有雇佣女主持人，另一个只有一个女主持人，并且她的节目被安排在早晨很早的时间——所谓"夜班"播出。项目采访了男性电台主持人和节目控制人，整个问题包括他们的角色、责任、听众观、自由与权威、职业发展以及女性 DJ 缺失的若干相关问题。

分析包括对文字、记录的细读和再读，尝试解读符码，关注变动和矛盾等内容。分析辨识了广播公司惯于不任用女性主持人的六种阐释性节目。这些节目围绕着以下观念来组织：

- 妇女没有申请（主持人这个工作）；
- 听众更倾向于男性主持人；
- 妇女缺乏广播主持的正确技能；
- 想成为播音员的妇女都去做新闻了；
- 妇女的声音是错误的；
- 白天收音机是"家庭主妇的收音机"，因此男主持人会更好。

广播公司规划整合这些不同的节目，在不同的考量之间适时游移。因此，有时他们会认为电台没有女性主持是由于没有女性申请或送来样本磁带，有时他们又遗憾地解释说，实际问题在于听众反对，或者女性的声音在收音机里听来不那么吸引人。

他们的诸多考量之一，是如何精心建构这些考量，注意精选能够表演的话语细节。例如，他们对于性别歧视做了充分的免责声明（诸如"我并非男性至上，不过……"），对使其性别歧视政治或电台的平等实践免于受到潜在批评的别的修辞设计也做了充分的免责声明。采访的特色也在于考量具有说服力的多种策略——比如，以细节化的故事或叙事作为保证，利用科学术语制造可靠性和客观性，采用"极端事例塑形"，等等。

分析的注意力集中在这些考量设计的方式上，它使得女性的缺失显得是自然而然的、不证自明的——虽然令人遗憾——不在电台的控制之中。所有这些考量建构起女性主持人缺失的原因在于女性自身或听众的选择。电台的角色在这些说法中被粉饰得无影无踪，有关雇佣行为和机构性的性别歧视的讨论因其缺失而变得不那么显而易见。这样，广播公司就可以把自己呈现为非性别歧视者，而同时也把他们工作电台缺少女性这一问题合理化了。

总之，分析所显示的是性别歧视的行为方式中非常微妙的细节——没有任何地方的受访者说他们不认为女性应该被雇为主持人——相反，他们喜欢强调自身对于女性主持人的积极态度，并暗示他们（援引某个受访者的说法）"看起来很难"雇佣女性。然而，他们所制造的说法实质上是在使排斥女性合理化，同时保护自己免受潜在的性别歧视谴责。研究总结了一种操作中的"新型性别歧视"，它与"新型种族歧视"有很多共同点（巴克尔，1981）。

2.3.3　福柯式方法

20 世纪 80 年代以来，另一种话语分析方法对文化研究产生了深刻的影响，这种方式与法国作家米歇尔·福柯紧密相关。福柯对 19 世纪以来现代权力的发展很感兴趣，尤其是对权力控制方式从中立转变为鲜明的新型现代政治理性的理解。他的论著改变了当代对权力的理解——他不是将权力看作一种由上而下的现象，而是这样一种"东西"——有的人行使它，有的人则因之而受压迫。福柯用毛细血管或网络作比来定义权力：它并非是统一的或中心化的，而是运行于整个社会之中。

福柯认为，在中世纪，权力是个人化的，权力掌控在拥有绝对权威的国王或君主手里。而在现代社会，权力是分散的、非个人的和生产性的，而不是简单的镇压：

> 如果权力只不过是镇压，如果只是除了说"不"以外什么都不做，你真的认为我们会遵守它吗？是什么给予权力以控制力，是什么使它得以被接受，这并非说"不"这种分量的权力那么简单，而是因为它贯穿所有——它创造事物，带来快乐，形成知识，产生话语——必须把它看作是一个富有生产力的网络，这个网络贯穿整个社会机体，而远远不是一种只具有压迫功能的消极事物（1980：119）。

在福柯有关文化与传媒分析的论著中，具有最重要影响力的乃是他对意识形态这个提法的批评以及他对权力—知识关系的分析。福柯拒绝马克思对意识形态（被理解为虚假的）和科学或真理之间区别的强调。他认为，根本不可能将表达区分为哪些是真的哪些是假的，他更感兴趣的是"真理效应"及其是如何与权力相关联的。不仅如此，福柯也不把科学看作是"纯洁的"和"真理性的"，而是关注新出现的人文社会科学是如何陷入权力关系并成为其中心的。对福柯而言，现代权力与新的知识生产密切相关，后者具有管控作用——例如，通过对人类生活经验越来越多的领域进行分类和评估，使这些知识具有可知性和可操纵性，还制造了诸如歇斯底里症、精神分裂症以及同性恋等新型主体。

彼得·米勒和尼古拉斯·罗斯（1997）运用这一对权力的知识洞见，分析广告市场与"心理学科"同步发展的方式。他们追随福柯，拒绝将广告当作仅仅是创造"虚假的需要"并将其强加给消费者的观念，而是探究其方法，其中新出现的心理技巧和知识转化成记录和解剖（详细到分钟）人们的激情、欲望和行为。米勒和罗斯对战后英国塔维斯多克人际关系研究机构富有洞见的分析凸显了理解消费者的若干不同方式——其中每一种方式都用一种极其不同的方式来建构或塑造消费者。米勒和罗斯认为，这些相关的新视角和新技术并不是简单地表述那些已经存在的东西，其简直就是在创造它们：

> 这些记录并不仅仅只是揭示既存的欲望或焦虑，它以新的试验性状态迫使其产生，比如阐释群体讨论的心理动力，这种阐释使它们得到观察，它以新的计算、分类和像"风貌轮廓"这样的描述技巧来使其变得可能，因而使其在商品销售服务的行为和仪礼中经得起检验（米勒和罗斯，1997：31）。

其他最近有关"心理情结"的研究集中在刚兴起的作为规范的大众治疗学话语之中。艾恩·霍奇斯（2001，2003）在其对收音机广告节目的分析中运用了福柯的方式来探讨这些节目是如何进行质询的，其中，主体把他们自己当作需要治疗转化的人，激励号召者致力于与自己有关的特殊技巧，如监控和评估他们自己的行为，提供的善于调节的个人、功能性家庭行为的标准模式等。越来越多有关脱口秀的文献确认了这点并探讨了在电视上煽动"说出全部"或"忏悔"行为中权力的运用（见第五章）。福柯式分析并不将脱口秀（如相关性）概念化为"从压抑中得到解放"，而是强调其角色在于"在规训与权力机制中忏悔并验证的游戏……鼓励在电视上或其他地方'忏悔'是管制性的现代系统体制的基本组成部分"（普罗白恩，1997a）。

因其有关"规训的权力"的提法，福柯同样对女性主义传媒研究做出了重要贡献——其中，权力被理解为通过更加出色的频道入侵身体以及寻求规范身体功能各个方面等的方式循环。福柯的论著集中关注工厂、监狱、诊所以及军队等特定机构中规训的实施，不过众多女性论者已经发展他的观念以检视那些并不与某单一机构相关的规训形式，如家庭、工作场所和媒体等，打破了多种社会领域和空间的界限。桑德拉·李·巴塔基（1990：80）认为，女性主义的身体规训常常与制度无关：

> 女人每天要检查她的妆容6次，看看其底妆是不是结块了，睫毛膏是

不是晕妆了，担心风雨弄乱她的发型，常常审视自己的袜子是不是盖住了脚踝，或者觉得自己胖了，检查所吃的一切。她们就像圆形监狱里的犯人，变成了自我监控的主体，残酷地监视着自我。这种自我监视是遵从父权制的一种形式，也反映了妇女的这一意识，即她处于与他不同的监视之下，不论她可能成为任何其他的人，重要的是她都是一具被设计来愉悦他人、令人兴奋的身体。因此，从许多妇女那里可以感应到福柯所言——"有意识的、常在的能见度确保了权力的权威功能"。

有的论者认为，性别本身就是一种规训技巧：朱迪斯·巴特勒（1990）的著名观点是把性别当作"监管幻想"，特里莎·德·劳瑞迪斯（1989）提出性别是包括电影与传媒在内的各种社会技术的产物。这两位论者都受到福柯的深刻影响，都致力于各种当代文本的研究，也都提出了如何超越性征差异思考性别的问题。

福柯的"标准化"这一提法在性别与传媒分析中也很有价值。从 17 世纪统计学（状态科学）诞生以来，越来越多有关人类生活各方面的细节得到了积累。通过描述、评估、计算个人与标准之间的差异而获得的权力已经超越了简单的权威权力。有关什么是标准的统计性评估和判断越来越得到重视，不再只有对与错这样绝对的提法。从摇篮到坟墓，这些标准化程序运用到了我们日常生活的各个方面，使我们趋于标准化，如性交的频次和类型、每年看医生的次数、酒精消费、看电视的次数、体重与体质指数等。这些话语是日益增长的传媒产品的核心，从杂志线上测验到专栏建议以及电视真人秀，人们受邀参加调研，并将人们自己的产品与那些"标准"相比较来规范自我（库瑞，1999）。

最后，福柯的方法论——特别是其后来的谱系学方法，深刻地影响了一些媒体分析者。他的论著拒绝单一原因阐释和简单的总括。他力图书写出"当下的历史"，打破事物明显看得出来的那些意义："谱系学试图重新发现事物构成的事实和过程的多重性，通过运用历时性概念和人类学的追踪描述来打破事物那些看起来理所当然的特质。"（迈克内，1992）当代传媒研究中，这种方法在西恩·尼克松（1996）分析 80 年代男性身体表现的性别化新方式发展中可以见到，即运用福柯式方法，其论著表明那些符号化男性的表达运用有多种来源——广告、图片、时尚、百货等，而并不来源于单一的变革（也见于吉尔，2003）。

2.4 后现代主义、后殖民主义、酷儿理论

福柯显然排斥以"后结构主义的"和"后现代主义的"这样的术语来描述其论著。尽管如此，他的理论对这些理论主体来说仍然极其重要并贯注其中。本章最后部分将简要考察一下这些理论及其对于传媒研究的重要性。

后现代主义理论、后殖民主义理论和酷儿理论不能被描述成内容分析、符号与话语分析的方法路径，也不是可用于单一文本或直接应用于分析代表性文本语料库的方法，而是最好将之当作文本分析的重要取向，批判性或颠覆性地阅读其纹理、"回溯性书写"并使之具有政治介入性。在一些重要方面，它们挑战了批评与文化产品之间的区别，后现代、后殖民和酷儿理论常被用于设计文化产品，其理论的创造物也成为重要的质询模式，如后现代建筑、酷儿电影、后殖民小说。

2.4.1 后现代主义

后现代主义是近几十年来最具争议性的术语之一。正如文化理论家迪科·赫布理兹（1988）所提出的，"超载"一词承载了许多不同意义。为了廓清这一术语，把后现代主义当作具有四种不同意义是比较有用的。

第一，后现代主义作为一种艺术运动。也许后现代主义最具体的表现就是指在绘画、文学、音乐和建筑等领域发生的艺术运动。这个术语首先来自一群20世纪60年代在纽约工作的艺术家和批评家（包括制片人约翰·凯奇和批评家苏珊·桑塔格）。他们想用一个术语来区分他们所做的与他们所认为"高度现代主义"的东西——他们相信，经过学术界、画廊系统和国际艺术市场的机构化，这些东西已经四平八稳，缺乏活力。他们认为，需要一场像20世纪初的表现主义或立体主义、达达主义那样的新运动来展现艺术的适当质疑与颠覆角色。他们称这场新运动为后现代主义（见福斯特在1985年里颇有助益的讨论）。

第二，后现代主义作为文化潮流。第二种运用后现代主义的方式是指艺术和建筑之外的一般文化潮流。传媒与大众文化常被描述成是后现代主义的，这种用法暗示着其具有这样一些特征：高雅文化和大众文化的一种混合形式，更重要的是，其打破了有关文化价值判断的认同；拼贴、拼凑、碎片化、文类混合、互文性、无所不知、异国情调；表像/审美—表相、时尚、奇观—价值优先，而不是深度（见费热斯通于1991年的进一步研究）。

第三，后现代主义作为一个历史时期。有的人用后现代主义这个术语来指现代性之后的历史转变，而不是指文化与艺术运动潮流或风格。根据不同理论家的说法，其时代变迁的时间有所不同，不过主要的说法都集中在 60 年代之后。人们认为，这一变迁的发生显著源自（晚期）资本主义的社会变动，其特征在于工作和生产组织中的变化——包括从福特主义到后福特主义的转变，资本主义全球化加速，产品消费与积累的方式更加灵活多变等（哈维，1990；詹姆森，1984）。

第四，后现代主义作为认识论危机。后现代主义的提法也广泛用于理解知识生产的哲学能力的危机。这场危机——其结果是后现代主义——表现在许多方面。首先，反对种族主义和殖民主义的女性主义及其运动，挑战了哲学有关普遍主体的说法。伴随而来的是，他们提出所谓普遍知识主体作为哲学的核心在事实上是有历史条件和社会条件的——这恒定不变的主体，暗示着第一世界的白种男性主体。其次，整体的理性主体这一提法建立在 18 世纪有关理性权威和观念意识的平等之上，这后来遭到了心理分析的质疑，后者强调无意识及其在理解人类行为的幻想和欲望中的优先地位。再次，后结构主义理论，特别是话语理论观念，挑战了整个哲学事业的基础——即称之为再现现实的可能性。就如我们所见，话语理论认为，语言并非中立的透明的中介那样可以用来反映或再现世界，而是积极的、建构的。这种理解将社会生活当作彻头彻尾的文本，因此，语言不只是再现有关世界的真相，真相这个观念被理解为话语的结果。最后，后现代主义理论家质疑历史的宏大叙事或元叙事观念，理性、科学、马克思主义被认为太过"庞大"、普泛、笼统（莱欧达德，1984）。不仅如此，这些观念建立在二元对立基础上，而二元对立是西方哲学的核心组织原则——如自然/文化，感性/理性，女性/男性。解构主义说明了这种二元对立是如何通过把所有杂乱无章之物设计来服从于每对二元对立之中——因此，女性主义有这样的反抗标语——我不要把你的文化当作自然（威登，1987）。这场危机——质询知识生产的本质影响深广，横跨艺术、社会科学和人文科学。而"推动"这场危机的两种主要论调就是后殖民主义和酷儿理论。

2.4.2 后殖民主义

与后现代主义一样，后殖民主义这个术语用法也很多，而且相互重叠矛盾——比如，我们可以看到历史的、文学的、心理分析的甚至混合性的各种不同的后殖民主义。带连字符的形式（Postoolonialism）早期是用于指殖民地获得其独立之后的那段特定的历史时期——去殖民地化和直接领地控制结束的时代。然而，这个定义的使用由于"新世界（Dis）秩序"中正在发生的、介入和控制的混合形式而受到质疑：政策的结构性调整，与政治改革捆绑在一起的援助，民族建设，全球经济的"自由化"——所有这些都可以被解读成殖民化的新形式（更不用说日益扩张的英美外交政策以及"反恐战争"）。正如安娜·迈克柯林多克（1995）所提出的，"后殖民主义"之"后"也许高兴得太早，更多各式各样的新殖民主义正在上演（也见于霍尔，1960；以及斯皮瓦克，1988）。现在，这个术语很少用于标示殖民主义的结束，而更多用于将后殖民主义理论放置在"欧洲殖民主义的历史史实"中，"排斥将这个术语扩散……完全用于指任何类型的边缘化"（阿史克拉福特，格瑞费斯和提芬，1995）。

后殖民主义之"后"不必然等同于"后现代主义"之"后"，这个问题很重要——主要原因在于，前者在残酷的殖民主义物质现实中的位置。的确，后现代主义潜在的后殖民主义标准，事实上是指其欧洲中心主义——或者更糟的是，它无关于对广泛世界的多数人的暴力，这些人并不只是"后现代主义"的。尽管如此，它们（后殖民主义之"后"与"现代主义"之"后"）仍有重要的共同之处。福柯的权力/知识理论已成为后殖民主义理论的核心。对欧洲帝国而言，"了解他者"的权力是其政治和经济统治的核心，通过划分和区别其主体，殖民主义社会的发展得以实现。

后现代主义/解构主义对西方依赖二元对立思维的揭示对后殖民主义理论也很重要——尤其是政治术语。爱德华·赛义德关于东方主义的开创性研究可能是这方面的经典案例。他表明"东方主义"这个术语是如何依赖于"西方"的二元对立关系的："东方主义作为一个符号，对于欧美－大西洋对东方的权力更有特殊价值，而不是作为一个有关东方的真实话语（在其学术形式上，它被认为是与东方有关的）。"（赛义德，1985：6）正如特文·敏和华（1991）所指出的那样，"第三世界人"（或"殖民化的主体"或"黑人"）的涵义不是孤立存在的，而是与沉默的二元对立中的他者相比较而存在的。后殖民主义写作的使命不在于推翻二元对立关系，如殖民者与被殖民者、中心与边缘等，而在于完全替换二元对立话语：

> 再说一遍，如果没有进行特定的替换，边缘很容易让中心安逸于其良好愿望和自由主义之中，颠覆的策略因而就会非常有限……通过替换，绝不再允许这个以等级划分的世界发挥其等级划分的权力，而是让它再次回到充满种族优越感的等级划分之中（敏和华，1991：7）。

后殖民主义知识分子的工作就是制造麻烦、令人不安、中断传统，分析并瓦解那些使某种认知暴力成为可能的代表性活动，伊恩·安把他们比作"派对破坏者"：

> 在这里，离散知识分子的角色永远是派对破坏者，他的冲动指向的是歧义、复杂和矛盾，把事情变得更复杂而不只是提供解决办法，模糊了殖民与被殖民、统治与顺从、压迫与被压迫之间的界限（安，2001：2）。

因此，绝大多数后殖民主义论著都致力于激进的反本质主义（与绝大多数后现代主义论著一样），其目的不在于改造被压迫或被殖民的经验并使其发声。的确，为回答她自己的疑问——属下阶层能够发言吗——斯皮瓦克（1988）怀疑恢复属下阶层的声音是否可能，这声音可不是某种本质主义的虚构。她认为，后殖民主义知识分子的研究必须避免把这种声音再造成只不过是另一种无可置疑的认知领域（也见于霍尔有关"本质主义的黑人主体"这一问题的论述，1988a）。后殖民主义书写的战略在更大程度上是解构的而非反霸权的诉求。他们的目标在于瓦解，关注的是"居于两者之间者"，以创造"第三空间"，强调杂糅状态（霍米巴巴，1990，1994）。

在传媒研究中，后殖民主义理论的影响可以从多种途径感受到（虽然在其转型可能性实现之前仍然存在另外一些重要途径）。在后殖民主义理论视野中，已经出现了"新"赞助者，即政治－宗教的结合，如对女奇卡诺人和拉迪纳人的文化研究——虽然它们是立足于反"本土本质主义"和身份政治（奎娜内泽和阿尔达玛，2002）。后殖民主义理论也催生了对后现代世界"定位政治"（莫汉提，1988）的重新关注，在这里，任何有关"我们"是谁的首要意义都是有问题和有争议的。表达他者的伦理和政治问题被提上了日程（虽然还没有产生它们应该有的影响），还出现了质询"白人性"这一新的关注点（咖比，1982；弗兰肯伯格，1993；费恩，1996；菲尔克斯和卡拉斯基·内勒尔等，1999；沃尔和贝克，2002；费恩，2004）。"全球化"已成为话语分析的一个核心话题，伴随着其理论化程度的提高，它开始试图挑战全球/地方的二元对立，检视权力与抵抗的复杂流动（基勒斯派，1995；莫利和罗宾斯，1995）。有趣的是，后殖民主义理论也导致了"政治经济"方法的复兴，这种方法不仅关注多国合作的文化力量，而且关注其经济权力及其全球化的运用实践等。

2.4.3　酷儿理论

20世纪90年代初以来，酷儿理论已在传媒研究领域产生了重要影响，特别是在那些有关起源的人文学科的传统文本分析中。与后殖民主义一样，其政治影响也是倾向瓦解与动摇，而不是提出另一真理诉求。从莎士比亚到布里吉特·琼斯，现在任何事物都有与自己相应的"酷儿解读"，"酷儿"可用作动词，因而公共空间可以"被酷儿"，如电影制作、消费模式等（辛菲尔德，1994）。

酷儿理论是作为许多不同因素的复杂结果而出现的——福柯思想，特别是其有关性史的论著；为女同和男同服务的基于身份的自由化政治的缺失；围绕艾滋危机而来的紧急行动主义。"酷儿"常被用作意指"女同、男同、双性恋、跨性别"（LGBT）的简称。如斯迪芬·艾普斯汀（1996：150）的说法：

> （这个术语）提供一种标示所有在性方面与当下"标准化体制"格格不入的那些特征的综合性方式。"酷儿"已成为指代各种性方面的少数派的简便称呼，这些少数派要求在曾被简单地、误导性地看作"男同群体"的空间中拥有自己的领地。正如已经停刊的纽约酷儿杂志"Outweek"的一个编辑所说的那样："当你试图描述这个群体时，你不得不列出男同、女同、双性恋、异装男同、跨性（变性和未变性），这很不灵便。酷儿却可全面称之。"

不过，"酷儿"所代表的意义还不止于此。它的引入不是为了提供一种专有术语来帮助杂志编辑，而是标示一种与先前的行动主义"少数派"和次文化模式的决裂。在后者这里，女同和男同把自己当作受压迫的少数派，有着与伦理上的少数派群体共同的诉求。它意味着一种新型的政治努力在这一术语中得以塑形，这一术语明显更具有对于多标准秩序的对抗性。不仅如此，它在那些被认为是稳定的关系中奠定了不稳定的前提，这些关系包括性、性别以及性欲。酷儿理论尤其攻击那种把稳定的身份当作理论或政治行动基础的说法。

当代最有影响的酷儿理论家有朱迪斯·巴特勒、爱娃·科索福斯基、赛季维科、特里萨·德·劳瑞迪斯、戴维·哈尔倍瑞斯（德·劳瑞迪斯，1984；巴特勒，1990，2004；塞德格维克，1991；巴特勒，2004），这些学者都受到后结构主义和后现代主义思维的深刻影响（他们在不同程度上还受到心理分析的深刻影响）。他们质疑完整统一自治（自主）主体的说法，认为主体是一种意识形态幻觉。主体性不是一种单纯的本质，而是被建构于话语和社会结构之中并通过话语和社会结构来建构，女同、男同、双性恋以及跨性别主体也毫不例外——因此，他们应该被看作暂时的、偶发的而非固定不变的。从这个角度看，那种将"LGBT"当作固定不变的身份的看法总是有问题的——不管其意图多有进步性。从任何一种受到后现代思维影响的观点来看，这种看法不仅是错误的（也即不准确的），而且在政治上也是可疑的，因为同性恋绝不是一个自主的范畴，而是二元对立中的一部分，这个二元对立则有利于巩固异性恋的固有范畴。

这种解读在很大程度上得益于福柯。对他而言，"同性恋"这个范畴既是社会控制的代言人（如精神病学家和性学家）的产物（他们于19世纪末对之作出这个定义），也是运用这个定义以试图颠覆或抗争其负面解释的产物。虽然这些活动挑战了同性恋的涵义，但同时也有助于固化二元对立的观念。这证明了权力/知识的复杂本质以及权力与抵抗之间的亲密关系。

另一个进一步关注女同和男同的焦点在于——酷儿理论家认为正是这点是成问题的——它具有太多的排他性。正如罗伯特·库博和斯迪芬·维洛奇（2003）指出的，这个领域的"焦点"不能关注像异装癖、施虐受虐狂以及跨性别等行为，不能以性别的客观选择来定义，按照这种方式，女同和男同研究并不能表明非标准的性别和性征的所有范围。而且，在实践中，处于女同和男同话语中心的理想化主体，被一次又一次地认为是身心健全的年轻中产阶级白人男性。

就像"大浪派对"后殖民主义知识分子一样，酷儿理论家/行动者的任务在于，中断和分裂异性恋/同性恋二元对立的平稳运作，其目的在于废除这一对立。朱迪斯·巴特勒的论著是这一计划的核心，并且其使女性主义与酷儿理论之间正在进行的对话得以稳当地进行（维德和思科尔，1997）。在《性别麻烦》一书中，巴特勒推翻了对性与性别之间关系的女性主义理解——在这种关系中，（生理的）性被理解成为（社会/文化的）性别提供基础。巴特勒认为，"性本身就是性别化的范畴"。这不是说明性别的方法，而是性别最有力的影响之一。巴特勒的论著严格地论述了性（sex）、性别（gender）和性征（sexuality）之间的必然联系，认为身份的行为建构是通过性别（gender）和性征（sexuality）建立起来的，以前人们却认为是身份产生了性征（sexuality）和性别（gender）。她的观点并非是人文主义的——她所定义的概念不是角色扮演，在其中，一个已知的主体藏在表演之"后"，控制着性别的制定。这种说法更为激进，她提出，正是重复不已的表演制造了性别化的主体。因此，著名的拖拽（drag）或坎普（camp）表演可以被用来拆解、颠覆过程，而将注意力投向性别与性征的表演。

与一些后殖民主义批评一样，传媒文本的酷儿解读常凸显出异性恋/同性恋的二元对立对于其运作的重要性，或者显现出同性恋很重要却受到压制。另一个有力的批评工具是"异性恋标准"，意指特定的结构有益于异性恋这一方式。它容许这样一种可能，即有可能存在一种模式来组织那些非异性恋标准的"直男直女"（straight people）之间的性关系及其相反情况，即存在一种模式来组织符合异性恋标准的男同和女同的性关系。这方面的佳例可能是美国情景喜剧《威尔与格雷斯》，在剧中，同性恋的性方面得到完整体现，而其两个主人公——一个"直女"和一个同性恋男人——被塑造成除结婚之外其他方面都完美无缺的人（ABM，all but married）。的确，有人会认为，对绝大多数"LGBT"及其生活方式的传媒表达都极其异性恋标准化，对既存的性别与性征结构挑战很少。

2.5 结论

本章论述了很多基础理论，试图考察可以用于研究性别表达的多种不同途径，比如内容分析把性别（gender）当作可以毫无争议地量化的东西，又如话语分析、酷儿和"后"理论，它们将性别（gender）的建构看作其无可避免地与历史产生的有关种族、殖民主义以及性征的二元对立密切相关。

希望本章与前一章一样，能为后面的进一步讨论提供有用的基础。但需要注意的是，在实际的传媒文本分析中，不可能总是可以清晰地辨认出其使用了哪种方法。部分原因在于，分析者常常并不命名或标明其使用的方法；或者因为他们是理论多元论者，其文本采用了多种方法；还可能因为每一种途径的影响已超出了其特定的领域，特别是话语理论和后现代方法已经在整个传媒研究中产生影响。我时常指出这一点并对之加以强调，比如，福柯思想对于怎样理解脱口秀或杂志的影响即如此。但是，言辞的局限加上出版资料的缺乏，意味着这种情况不可能常常发生。对读者的挑战是，如何运用这里提供的这些工具，去独立思索不同的途径是如何把问题概念化的。酷儿理论会如何理解"新小伙"形象的出现？后现代主义有助于为当代广告制造意义吗？后殖民主义的少女杂志批评是什么样的？如此等等。提出这些问题后，本章的关键点就变得清晰了——也就是说，不同的视野产生有关传媒的不同认知，简而言之，正是它们以不同的方式使世界变得可知。

3. 广告与后女性主义

广告在美南南方或整个西方社会，甚至在其他任何地方都四处可见，相当普遍。据推测，平均每个美国人每天看到或听到的广告多达 3000 个（基尔伯恩，2000）。将之转换成平均每个人"花在"广告上的时间，并用占据生命总时的百分比来计算的话，其结果非常严峻。基尔伯恩指出，这个数字大概占一个美国南方人一生中的三年时间之多。很明显，广告是在我们社会中存在的重要问题。事实上，广告影响的重要性，可以和教育与有组织的宗教相提并论（拉尔·史密斯，1989），它包含了一种"巨大的超结构"（威廉姆森，1978），而且，在莱斯、克莱恩和哈利（1986）看来，广告还是大众媒介中最稳定的部分。

广告对读者和消费者有着巨大影响，同样，对媒介产品而言它也很重要。它是整个媒介政治与经济的中心。21 世纪伊始，除国营媒体、社区广播、报纸杂志发行的名人份额和不断增加的世界互联网内容之外，广告收入是所有媒介的基础。无论是间接的还是直接的，广告影响着已经产生或者还未产生的节目种类，而且影响着一个新杂志是否能在市场上生存下来。比如，据说电视网络通常很少会制作针对老年人的节目，因为他们不是那些容易被广告说服而去购买商品的群体。相反，拥有大量可任意处理的收入、处于上升期的年轻人，是大部分互联网试图说服、企图获得和培养的对象。显而易见但又值得做出的结论是：广告对当代媒体的整个形式和内容都有深远影响。

比起其他媒介类型的内容，广告可能更容易成为女性主义广泛批评和讨论的目标（凡·祖伦，1994）。正如苏特·哈利（1987）所言，产生这种情况部分是由于性别意识形态是广告巨大而唯一的资源。自 20 世纪 60 年代末以来，已有大量女性主义学者在研究广告，而且这也是一些女性主义运动的目标，其运动范围包括反对公司在广告中以一种贬损或者冒犯的方式使用女性形象，反对以规训身体的方式来拒绝具体的广告运动，粘贴运动突出出女性对广告描绘其形象的方式的愤怒，符号学意义上的"游击战"涂鸦则是以一种娱乐和颠覆的方式重写广告。

本章旨在重评有关性别和广告的一些早期研究，并仔细考察这些女性主义运动的方式，以及女性主义带来的广泛的文化转向及其对广告的影响。特别要提及的是，本章旨在探索广告回应女性主义的方式——广告中的女性形象总是高不可攀的、理想的和完美的，富有恒定不变的女性气质，这种表达方式激起了女性主义的愤怒——这种回应带来了部分满足女性文化权力的新广告策略，尽管其往往剔除了女性主义的激进批判。本章主要关注的是当代广告，考察其在表现领域的关键性转向——广告不再将女性描绘成快乐的家庭主妇或者性对象，而转向了可以称之为后女性的女性形象——这种形象的女性是自信的，是女人主宰的性自信；讽刺无所不在，而且男性的身体几乎和女性一样多地被表现为色情景观。

本章主要包含三部分。第一部分，笔者考察了广告是如何变化的以及反过来对广告的抵制又是如何变化的。第二部分考察广告中的性别，并评析 20 世纪 70 年代到 80 年代期间广告研究的重要成果，重申他们的主要见解；考察这些早期研究对当代广告的认识程度，探索广告的发展趋势以促使广告商反思其广告策略。第三部分是本章最长的部分，旨在考察后女性主义主题中最重要的十个主题，包括从性客体转变为性主体、酷儿理论的兴起以及不断增加的往往针对男人的恶意报复性广告。这些主题并没有全部囊括广告中的当代性别分析，所以在结论部分笔者还会对其他重要变化做简要讨论。

3.1 媒体景观中的广告

广告客户、媒介公司和其他商业正逐渐纠缠在一起，它们相互依赖。正如安德鲁·韦尼克（Andrew Wernick，1991）指出的那样，我们生活在"促销"文化中，这在消费现象上清晰可见。无论任何时候，一部以孩子为消费对象的电影上映，通常会伴随着和它有着想象性关联的各种产品聚集，从衣服、玩具、文具、杂志、家具到各种不同的食物、饮料产品等，如虫虫总动员薯片、玩具总动员披萨、哈利·波特蛋糕等。到任何一家地方性（或全球性）超市，都可以看到这种现象，这不仅仅局限于儿童产品——新的夏敦埃酒食总是恰如其分地被安排和电影《布里吉特·琼斯日记》同时推出，无数的零食重新包装以与世界杯或者奥运会一致。越来越明显的是，广告正成为所有东西之生产过程的一部分，从曲奇饼干到汽车到电影都是如此。以这种方式，广告影响着产品的外观、设计、气味、味道以及容量，其不仅仅只是可以和产品分离的附加功能，而且是在产品生产出来、包装好之后，为了销售产品而增加的产品的一部分。

随着媒介内容、社会关系以及全球资本主义的发生发展，广告正急剧变化，广告与其他活动之间（以新词的产生为标志）的差异越来越难以区分——我们现在用"寓娱乐于零售之中"（retailtainment）和"社论式广告"（advertorial）来作为新混合物的两个例子，这种新混合物重新定义了其以前的固定范畴。

新的广告形式也出现了，部分是由于网络的兴起。视觉广告和互动广告已经诞生，而且在过去几年里也都已成为主流。"李维斯"的广告商研究出了"咆哮"促销员用传单、电灯杆粘贴等方法吸引大众的方式，之后它还构建了病毒传播式广告方案，其中包括我们在前面所用到的方式，还有利用广播电台——广播那里能找到这种新款牛仔裤的"秘密信息"。这个运动背后的理念旨在创造一种将"李维斯"这个名字带到最火的俱乐部、街景以及网上（伯杰，2001）的"偷偷地"的感觉。交互式的广告运用爆炸式发展的移动电话和网络技术，也是一种途径——现在的一些运动甚至在他们开始介绍产品之前就先显示其电话号码或网址，通过撩人的标语或醒目的形象来制造期待和兴趣。有趣的是，任何有移动手机或邮箱账户的人都会收到的一些"骗局"广告，现在可能也是广告公司自己生产出来的，其效用可与实际的广告相提并论。广告公司意识到，他们能依靠人们自己在朋友圈中传播诙谐的、性的或者有趣的"欺骗"，成功获得他们在实际广告中梦寐以求的市场占有率。正如广告机构奥美（Ogilvy）和马瑟（Mather）所声称的那样，我们生活在360°的品牌推广时代。

广告逐渐变得全球化，而且业已成为全球沟通中最富有成效的方式之一。一些大广告公司已经着手建立了全球化的品牌形象，甚而拥有并掌控着对品牌颜色的使用（比如可口可乐已经将红加白变成了他们自己的品牌标志）。另一些公司会"本土化"他们的产品，这样一来，这些产品进入特殊的国家和文化、民族以及宗教环境时可能会变得更和谐。无论如何，在全球化进程中，很难估量广告在经济以及文化上所扮演的角色意义。

随之而来的是对于广告和全球资本的抵制也在发生变化，并出现了一些新形式（克莱恩，1999；卡蒂，1997）。下面挑选的这个例子是耐克公司和一个来自马萨诸塞州的人之间的部分通信，这个人尝试接受他们的"特殊帮助"以使他的训练者"人性化"——这些训练者要求他们在"血汗工厂"的哗哗响声中缝制鞋子。这个例子让人惊讶的一点是，外界所称的该公司使用童工的现象与其广告所宣扬的"解放"之间的关联。整个回信是在2001年初通过邮件在全球传播开来的。正如一个转发邮件的人所写的那样："现在，这将比任何由迈克尔·乔丹（Michael Jordan）代言的广告更快地传遍世界，他们付给乔丹的钱比他们在世界上所有血汗工厂的工人的全部工资还多……通常来说，我是避免要求对这些东西发表评论的，但是这次我要说：我非做不可。"

寄自："个人化的，耐克账号"

寄给：某某某

主题：你的耐克账号订单

你的耐克账号由于以下原因被取消了：

· 你的个人账号包含了另一个党派的注册商品，或者其他的知识产权财产。

· 你的个人账号包含了我们没有权利使用的运动员或者团队的名字。

· 你的个人账号是空白的。你不想来点个性化的吗？

· 你的个人账号包含了有亵渎意义的或者不合适的俚语，你的母亲会打我们耳光。

如果你想用一种新的个性化的方式重置你的耐克账号，请在www.nike.com 上访问我们。

寄给："个人化的，耐克账号"

寄自：某某某

主题：我的耐克账号订单

你好，

虽然我的订单被取消了，但是我个人化的耐克账号没有违反你来信中所提到的条款。我在 ZOOM XC USA 跑鞋上惯用的个人账号是"sweatshop"。

"Sweatshop"（血汗工厂）不是：

· 另一个党派的注册商标

· 一个运动员的名字

· 空白的，或者其他什么的

· 亵渎的

我选择这个账号，是因为我想记住制作我所买的鞋子的孩子的长期艰苦劳动。你能把它们马上寄给我吗。

谢谢你，并祝新年快乐

寄自："个人化的，耐克账号"

寄给：某某某

亲爱的耐克账户用户：

你的耐克账户订单已经取消了，因为你选用的账号，正如之前的邮件中已经提到的是"不合适的俚语"。如果你想用一个新的个人化形式对你的耐克账号产品下单，请在 nike. com 网站上访问我们。

谢谢你，耐克账户

寄给："个人化的，耐克账号"

寄自：某某某

主题：我的耐克账户订单

亲爱的耐克账户：

非常感谢你这么快就回复了关于我的惯用 ZOOM XC USA 跑鞋的咨询。尽管对你的快速顾客服务很有好感，但是我不同意你认为我的个人账户是不合适的俚语的说法。在查询了韦伯字典后，我发现"sweatshop"事实上是标准英语，并不是俚语。这个词的意思是："工人受雇于工作时间长、收入低、工作环境恶劣不利于健康的商店或工厂"，而且这个词可以溯源到 1892 年。因此，我个人的账号并不符合你的第一封邮件中详细说明的条款。

你网站上的广告宣称，耐克账户工程"是自由的选择和自由表达你自己"，这个网站还声称，"如果你想做得对……那就塑造你自己"。我恐怕不能制造我自己的鞋子，而且我的个人账号是为了向血汗工厂的工人们表达一点感激之情，是他们镇定地帮助我实现我的理想。我希望你能重视我宣言的自由，并且重新考虑你拒绝我的订单的决定。

谢谢

注：这一信件往来一直持续到某先生撤回他的要求。

3.2 广告中的性别

在首次专业的电视广告研究中，其中之一是由全国妇女机构组织实施的，她们于 1972 年将研究结果发表在《纽约杂志》上（亨尼勒斯，1972）。这项研究分析了 18 个月间在美国电视上播放的 1200 多条广告。研究发现，超过三分之一的广告是把女性塑造成依赖于男性的、热心家务的形象，超过一半的广告刻画了女性的"家庭功能";这项研究也指出了将女性作为附属物的一些例子，她们被描绘为缺乏才智；该项研究还强调这一事实，即几乎在所有广告中，男性都占据着权威角色。

这项研究首次发表之后，人们对于它的专业性和可信性产生了大量的异议。特别是对于诸如"依赖性"与"智力"这类主观标准编码的有效性以及大量缺乏训练的程序员所做出的判断的可靠性的质疑（冈特，1995）。这些都是提高研究严谨性的公平问题。但是，对这些研究的回顾让人吃惊——"当时"的研究预示了差不多随后二十年的研究结果。在整个20世纪七八十年代，学术界对此进行了反复的研究，得出的都是同样的结论。美国、英国以及其他地方的广告中的性别表达模式都是这样——女性主要出现在家里，被描绘为家庭妇女或者母亲，她们通常是依赖的、附属的角色，几乎不对她们在广告中支持的广告商品发表任何议论；相反，男性在一系列背景和职业角色中是独立的、自主的，且对他们使用的产品的评价是客观的、知识渊博的（冈特，1994）。

所有的研究都显示出有关吸引力与权威性的清晰模式，女性是视觉上有吸引力的，而男人是权威人物。考察分析旁白的使用是一种常见的方式。研究指出，通常在旁白中使用男性的声音比例高达80％到90％（利文斯通和格林，1986；芬汉姆和比塔尔，1993）。事实上，拉乌达的研究（1989年）发现，当在广告中运用女性的声音时，其通常是用来招呼猫、狗、婴儿、孩子以及女性节食者——而不是用来吸引广泛意义上的大众。

当我们的关注点不只局限于一般女性群体，而在于特殊的女性群体时，情况看起来更让人沮丧。引人注意的是年长女性在大部分广告中缺席，而即便有出现，她们也是被限定在一个狭窄范围内的典型形象（通常是贬抑的），比如唠叨、干涉人的母亲或者婆婆。而在广告中也看不见对异性恋标准之外的女性生活的反映。标准是隐形的，也伴随着这样有问题的挑战——高度性征化的"口红蕾丝边"式（常常是一个女人亲吻另一个女人）表达（参见下部分的讨论）。

黑人女性常常被塑造为粗鲁的典型，通常象征淫荡的性欲、异域色彩的"他者"或者"灵魂"。非洲裔女性形象通常扮演着"黑暗"和性感的主题，比如添万利咖啡酒（Tia Maria）广告《天黑之后》和可口可乐饮料广告《选择》。在这些广告中，女性和饮品被作为其所指"热巧克力"。当亚裔女性出现时，其通常被表现为性从属和性服务——不仅是在航空广告中。这些广告正是造成这种臭名昭著的刻板印象的原因。性化和种族化的女性形象正在日益全球化。米歇尔·拉扎尔（2004）认为，为了吸引不同的世界市场，拼凑的泛亚女性形象正在被创造出来，这一形象"融合了东西方"，通过购买特定产品而建构起"全球化的女性消费团体"。这标志着广告与殖民化关系漫长历史的新篇章，其中，世界其他地区都被纳入（通常是性感的）商品形式中（威廉姆森，1986c）。

社会学家欧文·戈夫曼（1979）的一项标志性研究提供了在广告中编码性别差异的另一种方式，关注非语言符号所传达的男性和女性权力之间的重要差别。戈夫曼考察了杂志和告示牌上的广告，分析了广告中男性和女性身体表现的几个关键特点。他得出的结论是，广告通常表达仪式化的亲子关系，其中大部分女性对应的是孩子的地位；女性典型地被表现为比男人更矮、形体更小，而且采用他们认可的仪式化的顺从姿势，比如躺下、害羞地弯曲膝盖、貌似虔诚的姿态或惯于顺从的微笑；女性通常也被描绘成为"得到许可的撤退"，离场景稍远，凝视着远方，却并不在那儿；广告商偏好表现女性照镜子，却只拍镜子里的人，是达到这种效果的另一种方式，其传达的附加信息是女性是自恋的。

戈夫曼还清楚地区分了广告中女性和男性抚摸的种类。男人的抚摸是功能性和工具性的——伸出手去抓起剃须泡沫或者发胶；相形之下，女性的抚摸却是轻轻的、爱抚的，而且通常似乎是毫无目的的。实际上，甚至是在产品似乎需要从其使用者那里获得一些反应时也是如此——在沐浴露广告中，男人通常是忙着打泡沫，而女性则通常只是在一个肩膀上做一个小圆圈动作。女性表现出来的是经常性的自我抚摸，特别是轻抚脸颊，而且通常是手指轻轻划过商品。在最近的一个广告中，一个年轻的女性轻轻地爱抚卫生护垫，她的脸上甚至出现了一幅遥远的迷茫表情——想必震惊于它"翅膀"的精巧。

其他学者进一步将戈夫曼的论著拓展到研究广告中的身体表达，也许后来最有洞察力的女性主义著作是针对"裁剪"在广告中的运用的分析。许多研究已经强调了广告中女性身体被碎片化表达的方式，从视觉上分割了女性身体，以至于观众只看到了嘴唇、眼睛、胸部或者其他诸如此类的身体部位（戴尔，1982；寇沃德，1984）。这通常反映在广告文案中，女性身体只是被简单表现为问题的复合物，每一个问题都需要一种产品来解决。这样的结果是拒绝承认女性的人性，并拒绝将她们表现为整体的人，而是表现为盲目自恋的、被肢解的"碎片"。有趣的是，正如我后面要讨论的，这是一个广告形象正在变化的领域——"裁剪"过去还只是用于女性身体领域，而现在则逐渐更多地用于对男性躯干的展现，比如没头没腿的"六大块"（腹肌）紧挨着女性被肢解的身体。

大量研究已经开始讨论以暴力形式出现的"裁剪"。基恩·基尔伯恩认为：

> 广告不会直接导致暴力……但是暴力形象却有助于形成恐惧状态……
> 将人类变成一个物体、一个对象，这通常是将暴力用于人身上的第一
> 步……这已经发生在女性身上。暴力、虐待，这正是令人恐惧但却符合逻
> 辑的物化结果之一（基尔伯恩，1999：278）。

一些广告运用暴力形象或者暴力暗示来制造令人战栗的危险和危机。正如
格雷恩基尔和杰克森所认为的："在一个媒介信息泛滥的世界里……广告商们
被迫发明新策略以辨识其产品并抓住你的注意力。颇具争议的是，这样的策略
已经使用了暴力。"

安东尼·科蒂斯（1999）收集了一些他所谓的广告中的"模仿伤害"案
例，其中包括卡尔·拉格菲尔德香水广告。在这个广告中，一个面部表情受惊
的性感女郎靠墙站着，一个强有力的肌肉男（只见其背面）压着她。值得注意
的是，"这是令人愉悦的诱惑"这个观点被女性的姿势以及面部表情所否认，
相反，毋宁说这个场面是影视中对女性暴力性攻击镜头的回响。通常男性身体
不需要出现在暗示女性被施加暴力的框架中——阴影通常就能制造相似的邪恶
和威胁效果，当然，这也能通过语言来表现。2003年，奥迪汽车制造商在法
国的市场竞争中使用的广告语是"他拥有金钱，他拥有汽车，他还将拥有女
人"；同样，苏卡德（Suchad）巧克力广告使用了裸体模特，广告词是"你说
不，但我们听到的却是好"（亨利，2003）。最近几年，广告中的暴力形象增长
速度惊人。不仅如此，朱迪斯·威廉姆森（2003）指出，广告中男女关系的刻
画增加了令人不安的施虐受虐狂形象。"色情时尚"（Porno chic）（迈克奈尔，
2002）业已成了广告的支柱，围绕着充满挑逗性的轻熟女（child-woman）形
象而构建，这些形象通常都特别瘦弱、易受伤害，被描绘得极为性征化。

一些学者认为，20世纪90年代广告中的性别表达显然以其他更积极的方
式发生着变化（戈德曼，1992；麦克唐纳，1995）。费恩海姆和斯凯特在英国
的一项研究发现，相较于几十年前，女性更易于在工作场所中出现和居于权威
者地位以及成为独立的个体——尽管她们表现出的其他大多数特点还和以前一
样。欧洲的研究指出，性别歧视从以前更明显的方式变得更微妙和隐蔽（卡维
库茹，1997；海尔泽贾克登，2002）。在中欧，其在1989年柏林墙倒塌之后转
向了市场经济，产生了一种以女性为性客体的新的刻板印象（玛瑞娜斯库，
1995；洛文塔·弗诺姆萨尼，1995）。

更普遍的是，传统的"妻子—母亲—家庭主妇"形象现在正被在性方面坚

定而自信、雄心勃勃的女性所代替，这类女性是通过消费表达她们的"自由"的（卡维库茹，1997，麦克唐纳，1995）。并不是"性客体"才是广告中的女性形象的选项之一（好的，没问题，两个或三个可选选项），而是广告中所有的女性表达都是通过性客体形象折射出来的：在浴室、在卧室、在厨房、在小车里，作为妻子兼母亲，或者经理，或者准少年（pre-teenager），女性正在被表现为有吸引力的性感尤物。这种现象与日俱增。在过去，女性被分为两类——在家里，女人是令人感到安全、欣慰的母亲型人物；在办公场所，她们年轻、自由，是性的象征。现在，女性形象已经与过去"决裂"，这种分类让位于每个女性都必须拥有所有这些特点的表现风格。这是新的女超人——智慧、成功、轻松美丽，了不起的主妇，甚至还是拥有必需的专业职位的完美母亲。正如基恩·基尔伯恩注意到的，女性现在被期望拥有只有人体模特才可以达到的完美身体标准。

也许这可以解释为什么在异性恋男孩和年轻男人中一贯最受欢迎的女性形象之一会是劳拉·克劳馥。劳拉是一个计算机生成的拟生物，有着登天般的性感长腿和 34D 胸围。劳拉对男人和男孩具有如此大的吸引力，他们成了《古墓丽影》电脑游戏的主要买家，以至于史密斯－克莱恩－比彻姆公司购买她的形象版权，并把她用在他们的 Lucozade 商品广告上。当被问及在《古墓丽影》电影中扮演劳拉的角色时，安吉丽娜·朱莉说这需要令人难以置信的技术及化妆来重塑她们的相似性。

不同于真正的模特，像劳拉这样的"赛博产物"不会有身体上的不完美，也不会有"诸事不顺"的时候，而且绝对没有任何需求。而"赛博模型"的竞争对手是所谓的"数据世界小姐"，她们被报道得和真人一样性感，"但是没有剧烈争吵和陷害"（《地铁》，2004 年 10 月 23）。首位真实的虚拟超级模特，韦比·杜基（Webbie Tookay），是由设计者斯蒂芬·施塔尔贝尔格（Stephen Stahlberg）于 1996 为"精英机构"所设计的。它被描述为拥有真实世界超级模特的数不清的优点——"她永远不会老，不会变胖、长脂肪或者发脾气"，设计者还声称，"像大多数男人一样，我渴望拥有一个身材完美、没有思想和言语悲伤的女人……不得不说我避免了瘦脸以及隆胸的后果，而且她永远都不会顶嘴"（斯蒂芬·施塔尔贝尔格，引自《卫报》，1999 年 7 月 27 日）。其言语中的厌女症令人不寒而栗——由于其幽默和小伙儿腔，这句话可能还包含更多内涵。它代表着当代男性至上主义正变换为博学和反讽的形式——这种形式很容易消解掉对女性的厌恶（如果受到挑战的话），而且指向责难"焦躁易怒的"或者"缺乏幽默感的"女性主义挑战者。

3.3 广告和后女性主义

广告在它的发展历程中总是不断变化的，即会随着经济、技术、时尚、社会关系的变化而变化。但是自20世纪80年代末以来，它所经历的变化特别有意义。随着信息以及传播技术的发展，由电脑游戏、MTV滋养的一代人以及"精于媒介"的消费者信心的不断增长，迫使我们对之前的广告策略进行根本性的反思。

罗伯特·戈德曼（1992）在他出色的广告分析中指出，广告商需要回应三类问题。

第一是"符号饱和"问题——事实上，在物质充足的社会里，人们总是受到形象、符号、品牌名字的持续性轰炸，以至于一些人开始感到"符号疲劳"，就像几千年来同胞的"同情疲劳"，以精疲力竭和漠视的形式显现出来。符号相互竞争，其数量之多，使消费者中一种令人生厌的讽刺性别化了，对此，广告商试图通过生产更让人震惊或者更有吸引力的形象来应对。

第二个相关问题是观众的怀疑论——消费者对被告知买什么或者想什么的抵抗与日俱增，他们逐渐意识到自己就是广告信息的复杂解码者，能"看穿"它的操控（不管是否是他们看到的这种情况）。利用广告消费者的疏离感，广告商开始生产对整个广告行业进行批评的广告。"不要相信炒作"的广告明确地攻击广告的编码和宣言，嘲笑每件事，如从采用访谈小组到运动员代言，以及购买某产品让人变得更具吸引力的暗示等。20世纪90年代末的一个雪碧广告就是很清楚的例子，它声称"形象什么都不是，口渴就是一切"，告诉人们如果他们想有身份徽章，就应当成为一个保安人员。与之相似的是阿姆斯特尔啤酒（Amestel beer）广告，它告诫消费者不要买他们的产品。

其他的反应还包括广告冒充艺术作品、使用非理性形象和叙述的"怪异广告"现象的出现（伯杰，2001），以及将不同政见者的肖像涵括于一个广告之中、嘲笑广告规则和编码的反思广告的发展及转向"现实广告"（比真人秀早几年产生）——具有颗粒状的家庭录像镜头特征（或事实上是设计得看上去像家庭录象的昂贵电影镜头），"街景"被设计得好像真实可靠，使用"不完美"的模特来捕捉能实现的"酷"层面，并且"踢爆"了其他广告的诡计。

比起它们已经受到的注意，所有这些挑战应当获得更多的关注（伯杰，2001）。但在此，我必须关注戈德曼指出的这种转变的第三个原因：广告商需要对不断增长的"发声"的女性主义策略做出回应。正如我们所看到的，自第二次浪潮开始之初，女性主义研究者们就已经将广告归为生产性别歧视形象的关键所在地之一。在随后的几十年里，女性都对她们被看作被消费的对象而感到愤怒。20世纪80年代末，广告商开始认识到女性对被物化和对高不可攀、理想化的女性气质形象的敌意的意义，他们开始反思自身的广告策略。不断增加的经济独立女性也推动了这种趋势——这意味着广告商需要以新的方式来吸引她们——举例来说，如果你想将一辆汽车卖给女人的话，让女人躺在车上或者让其顺便看看并不是个好主意。

戈德曼（1992）指出，广告商的反应会是发展"商品女性主义"——力图整合文化权力以及女性主义的能量，同时又"驯化"二者对广告和媒介的批评。受到这种分析的启发，文章接下来试图阐明这种转变的一些要素，考察同时期广告中性别表达的十个关键特点。它们分别是：平息女性的愤怒；使用前卫和看上去真实可靠的模式；从性客体到充满渴望的性主体转变；聚焦于成为自我并愉悦自我；广告中对女人气质及女性主义的清晰传达；男性身体色情化；酷儿时尚的发展；在广告中使用性别逆转；报仇主题；试图使性别差异重新色情化。

3.3.1 表达与整合女性主义者的愤怒

广告商对于非真实的、理想化形象的女性主义策略的反应直接在广告中引起了批评。以潘婷洗发产品的一则广告为例，其标题口号是"不要因为我的美丽而恨我"，正面处理了女人们对经常被描述成高不可攀的女性美的愤怒。其他化妆品引领品牌也跟着复制淡化美的重要性——比如，伊丽莎白·雅顿（Elizabeth Arden）的"我最好的特点是我的大大的、美丽的、性感的大脑"。这类策略的优势在于，进一步持续表现完美的时尚模特并伴随着似乎暗示她们的美丽不是重点的文字文本。即便是暴风模特公司（the Storm）也用这种方式提升自己的形象，他们制造一个美女形象，却用墨水给她涂上络腮胡以及黑牙以丑化其外貌，文字说明是"如此漂亮的模特，你们因此而憎恶她"。模仿的涂鸦也同时传递了这样一种观点——公司并没有拿自己太当回事，同时也暗示着暴风模特是如此有魅力，以至于即便公司这样做，也掩饰不了她们的美。而广告中仅有的另一文本就是预约电话号码。

这种主题特别有趣、有影响的例子可见于1993年耐克在英国的女性杂志上发布的一系列广告。其中一则广告是一个可爱的粉白的学步婴儿，标题问："你对自己的身体真正感到舒适最近是什么时候？"当然，潜在的回答是——那是在你两岁前的某个时候！很明显，这个广告唤起女性对于理想的女性身体的不安全感，文本暗示，购买耐克产品将有益于女性对她们自己感觉好点。我想更详细地谈论该系列广告中的另一个广告。照片中有六个女人（其中一个抱着孩子），所有人除了裹着白色穆斯林缠腰布以外全都赤裸着，文字说明是"不在于你有什么样的体型，而在于你在那种情况下是什么样的体型"，这含蓄地消除了女性对人们一再以外表判断自己的疑虑。文本强化了这样的内容：

哪里写着如果你没有像美丽的女王那样的身体你就不完美？

你就是像你自己那样美丽。

当然，完善你自己。

但是不要追求不可能的目标。

修图师的笔画出的不过是人造的幻想。

回到现实。

让你的身体成为对于一个人来说最棒的状态。

你自己来。

做吧。

这样，这个文本整合了对广告形象哪怕是作为耐克广告产品本身的批评。通过"剔除"（朱迪斯·威廉姆森1978年的用语）来反对暗示"除非你有女王一样美丽的身体，你不会完美"的广告，以及那些只是将注意力放在技巧与诡计上（以修图师的笔实现他们的幻想）的广告，这个文本召唤的是真实状态。它展示了一种坚定自信、乐观向上的女性主义声音，这种声音明确地唤起了对女性外表管制的挑战，并且暗示着不应该以女性的外表或"形体"来评判她们。不仅如此，这个文本还对不切实际的媒介形象（追求不可能的目标）进行了女性主义批评，其广告语暗示耐克分担了女性的愤怒——认清（回到）现实。然而，语言文本的作用被照片文本给削减了。广告商偏爱的解读方式是展示不同形体女性的多样性。事实上，这则广告中的所有女性都很苗条（在高度上有细微的差别，但是在其他方面基本上没有差别），她们都是白人、年轻、身强力壮，而且（按常规看法）都富有魅力。她们看上去恰好像是文本声称所要反对的形象，而且照片准确使用柔焦和高亮技巧来拍摄，这在文本中也被批评为是"人造的"。

这个广告区别于它所继承的一种广告生产方式之处，即是它所采用的声音。大部分广告通过强调"我们可以完善我们自己"（拥有更有光泽的头发、更诱人的嘴唇等）的一些方式来发挥作用，而这个广告似乎正在告诉女性，她们很好——你就像你自己那样美丽。但是正如符号学已经阐明的，意义并不居于文本之中，而是存在于文本和受众之间。我们不得不参与进去，去做点"广告工作"，使这广告富于意义，而且正如我们所做的，我们也许建构了我们想要的意义——只有购买耐克产品我们才会对自己的身体感觉满意。这样，女性主义惯于表达女性的积极声音就变成了这样——只有购买销售商品的条件下，我们才被占有并获得了回报。

在这个广告中，对专横的媒介形象的批评在某种程度上凸显出的是，这个形象很可能会错失这一真相，即耐克并不能保证女性逃离被评判的自由。相反，它们只是改变了评估妇女的标准，这个标准不再是"你是什么体型"，而是现在的"你在什么体型之中"。新的专制形式出现了，而且如果你想竞争，就最好买耐克的运动服。健身拜物教比外观拜物教可能更有害，因为我们遭到道德责任上的质询——我们做得有多好？如果我们没有时尚模特的外表，我们的社会价值可能就更少，但这并不完全是我们的错。但是，如果我们没有"保持体型"，我们放任自己（这是当代富裕社会最可怕的罪恶），我们可能就有罪。广告促使我们反对外在美的范型，与此同时，又将女性引入规诫权力之中，在那里，她们对约束自己的身体变得更有道德责任感，而且美容也被重新定义为健康和快乐（科华德，1984；波尔多，1993）。

3.3.2　边缘与权威

如果对女性主义批评的一种反应是直面女性的愤怒，那么另一种反应就是远离完美的美女模特，使用相貌更普通或者长相不凡甚至惊人的另类模特。这种向"边缘"的转变在不同类型的流行文化中都可见到，包括时尚、音乐、电影，这也反映出人们对大众娱乐冷漠的经过包装的纯洁本质的反省，也反映出晚期资本主义社会中"另类的"外貌、价值观、生活方式正在快速商品化。

西班牙导演佩德罗·阿尔莫多瓦尔的电影兴趣点正在于长相"怪异"的这类人。阿尔莫多瓦尔的女性人物因她们惊人不对称的长相而著名，与（之前占主导地位的）好莱坞式金发碧眼、平淡无奇的完美相去甚远。与此类似，在高端时尚中，边缘已经成了许多收藏品的定义性标志，特别是在亚历山大·麦昆（Alexander McQueen）1999 年的时装秀之后——在这场时装秀中残疾模特成为其独家特色。他的这种大胆尝试，在麦昆编辑的《年少轻狂》（*Dazed and Confused*）风格杂志中成了一个特殊话题，引发了大量争论。一些人把这场秀视为对差异性的最终认知，让那些通常在媒体中不可见的人为人们所见；另一些人则质疑这种让残疾人为人所见的方式是在利用他们，把他们物品化、非人性化了。

不可否认的是，麦昆对整个时尚业产生了深远影响，一些模特公司纯粹致力于使用"边缘"模特，如伦敦的"丑"公司（the Ugly），服装杂志也开始定期用普通读者来做模特。

可能会让人吃惊的是，流行文化中的"边缘"对广告的影响非常小，或者换言之，女模特必须要如何分分钟远离"完美"标准才能获得"边缘"便签。贝尔格（2001）以广告商为例，指出他们模特脸上的雀斑就是其远离主流女性美形象的证据。与此类似，化妆品公司每次选择 50 岁以上的女性作为他们产品的代言人，如麦当娜（Madonna Ciccone）、伊莎贝拉·罗西里尼（Isabella Rossellinti）或者安迪·麦克道尔（Andie McDwell）（几乎都不是"普通女人"），都会成为国内外的新闻。显然，大部分女性相当简单、"边缘"，以致不能出现在广告中。有色人种女性在广告中仍然很难见到，她们的出现是精心设置好的，传递着符号学意义上的极为有限的含义，比如"灵魂"和真实，或者触手可及的性和性承诺。如果有何区别的话，就是年长女性在主流媒体广告中甚至更少见——除了白天的辅助移动用品广告，或者特定对象的金融产品广告之外。她们出现时，通常作为被批评或者被嘲笑的对象，正如为 2003 年英国"质量"出版社营运的"BT 敞开的世界"系列广告，中年妇女倚靠在花园的篱笆上，标题是"闲聊会让你的顾客远离你吗"？这个文本暗示"闲聊者"堵塞了网络交通，而且可能阻止你上网处理重要事情。有一点是很清楚的，这个被表达的"你"不会是一个超过 40 岁的女性。

明显打破这种模式的品牌是多芬（Dove）。2004 年，这个公司发起了以"不同身材、体型与年龄的美"为主题的系列全球竞选，对普通女性进行了展示：在英国的一个广告中，一群只穿有相同白色短裤和白色胸罩的女性在"8 号大小模特的紧致大腿不会是太大的挑战"的标题下微笑，在另一系列广告展示的是面容姣好且富有魅力的女性（但是不是模特），有两个勾选框让观者选择，例如"合适"与"胖"、"有皱纹"与"非常棒"。

与我们之前讨论过的耐克广告一样，广告凸显出女性对于被当作只是"狭隘的令人窒息的刻板印象"的担忧，暗示多芬以"我们最新的多芬紧肤效果（我们没有在形象上做假）"这样的口号，宣称自己的产品（各种紧致霜、乳或凝胶）都比它们的竞争对手更真实。追踪这场竞争各个方面的是一个网站，该网站邀请女性加入"真美运动"（the Campaign for Real Beauty），包括用照片来颂扬多元的女性美，并辅以有关年轻女性及其身体形象的报告，以及普通女性间关于理想女性形象的讨论。这个广告以不用非常瘦的模特而产生争议，并由此获得媒体的广泛关注，虽然一些评论家也注意到该广告中的女性相对苗条并拥有一致的吸引人的外表。多芬广告也因先锋性地运用"运动"来销售产品而出名。但是，并不是所有人都会忽视其中的反讽——把紧致霜卖给苗条的人使其身体紧致来支持真美运动。

3.3.3　从性客体到（欲望的）性主体

在过去十多年里，广告的主要变化之一是把"性客体"的女性转化为"积极主动、有欲望的、性主体"的女性。再没有比现在的胸罩广告牌更显而易见的了，这些广告牌不断增多，占据了城市景观。1994 年伊娃·赫兹高娃（Eva Herzigova）为倍儿乐神奇文胸做的广告引用梅·韦斯特（Mae West）的话"或者，你只是很高兴看见我吗？"——来吸引观众。句子的前半句（暗示着男性观众已经勃起了）是空缺的，要我们自己来填充。没有被动的、物化的性客体，有的是懂得用她的性魅力来玩弄花招的女性。同时，黛安芬广告坚定确凿的语气与其早期的表达也迥然不同："新发型，新面孔，新内衣。如果他不喜欢，那就换个新男友。"

和同系列的其他广告一样，这个广告——包括宣称黛安芬是"女性活动的内衣"的广告——披着女性主义的外衣，采用酷派十足而坚定不移的语气。这类女性知道她自己想要什么，并且将会得到它——她的男友应当为有她做女朋友（带着像这样的胸罩）而感到幸运，而且如果他不喜欢她（或者它），他将被换掉。

这里表达的是这样一种观点，即女性能通过她们外表的商品化，也就是通过获得一个特殊的外表（买合适的内衣、化妆品以及饰品）拥有力量，从而获得掌控权（戈德曼，1992）。一个内衣广告说得很清楚——"我拉着缰绳"。一方面，它建立起这样一种认识，认为性别权力关系部分是在外表层面上得以实现的，更让人担忧的是，它代表着从外在的男性凝视转向自我监视的自恋凝视。这是向"更高层次"的新利用形式的转变，客观化的男性凝视被内化为一种新的规范——"如果买了这个产品，这个观看者-购物者注定会妒忌她将要成为的女性。"她打算想象让产品把自己变成被他人嫉妒的对象，这种嫉妒将证实她爱自己（伯杰，1972）。

正如罗伯特·戈德曼所指出的，这种广告以变成欲望客体的方式向女性提供了权力保证。它们赋予女性活跃的主体地位，以便她们"选择"成为性客体，因为这符合她们的"解放"利益。在这种方式下，性的客体化显得不是由某些男人外加给女人的某些东西，而是积极的（自信、坚定不移）的女性主体的自由选择。这是我后面将要探讨的内容，最令人担忧的是这种深刻变化使得批评更加困难——确切地说是因为客观化不再被视为是外在强加的，而更多的是一种自我选择。

嫉妒、欲望与权力之间的辩证法对其所隐藏的东西很重要——比如，"女性所经历的多种恐怖使她们客体化了"。与大量的身体恐怖相关联的不是获得令人羡慕的外表——比如没有他人确认其外表。类似的恐怖感还包括"失去外表美"的恐怖——消解人的价值感和社会权力，这是相当有道理的恐惧。相关的焦虑还有担心对体重和外表失控的恐惧。还有一种非常真实的身体恐怖，可能伴随着将自我表现为欲望客体的恐怖——被厌女的男性强奸和暴力对待的恐惧。

这场争论很适用于纳奥米·伍尔夫对区分"美丽压迫症"的分类研究——一种秘密的"私生活"，一种"自我憎恶的倾向、身体的困扰，恐惧变老，恐惧失控"，这些正毒害并逐渐侵蚀着女性（伍尔夫，1990）。美丽的神话侵扰着女性的身体和精神，并将她们引向自愿屈服于受折磨的领域（比如节食、美容手术）。伍尔夫指出，与攀比相比较而言，节食之类的行为似乎也无害了。

广告盲目迷恋女性性欲并将之商品化，伴随着它的是想要很多（异性恋）的性的年轻美丽躯体。当代女性气质被建构为"身体的特征"，不再与端庄或被动的精神特质和行为相联系，或者与做家务和当母亲的技巧相联系，现在在广告和媒体或者其他地方，它被定义为年轻的、身强力壮的、异性恋的和性感的身体。这是一次深刻的转型，就像另一个内衣广告所言——"我不会做饭，可谁在意呢？"——这个广告语被放在醒目的乳沟中间。在这里，充满诱惑的胸比"传统的"女性技能更重要。我们想要问的是，这就是进步吗？迈亚·麦克唐纳（1955）指出，把前戏从卧室转移到商场大厦是危险的。但重要的是他指出只有某些（美丽、苗条、年轻的）女性才被赋予了性的主体性："通过参与媒体表达，我们可能很容易忘记肥胖、丑陋、行动不便或者满脸皱纹的女性也有性欲，而且会忘记妊娠纹并非与性愉悦不相容。"（麦克唐纳，1955：190）

3.3.4 做我们自己，愉悦我们自己

（部分）女性被描绘为主动的有欲望的性主体，与此紧密相关的是这个观点——当女性将她们自己建构成性客体时，她们只是在"愉悦自己"。前面讨论的内衣广告象征着在广告中出现的一种转向：女性被呈现为不再寻求男人的赞许，而是愉悦自己，而且，这样做了后，她们"只是碰巧"赢得了男性的赞赏。另一个较好的例子是南非的"女用贴身内衣裤"广告。在这个广告里，一个富有魅力的白人女性仅穿着贴身内衣，修女装束，戴着念珠。其广告语"为

你自己而穿"使只为自己穿衣而不是为了男人的女性获得了品牌认同——即使她们不是修女。

另外，还有一类自淫广告广泛存在，与此相应的是内在约束/内在自律的转向，其中女性看起来像是在赞美她们自己的盲目自恋。事实上，广告中的女性是如此的性感和自恋，以至于显得那么不可抗拒，甚至对她们自己来说也是如此。"如果他来迟了，你总可以没有他也开动"，这是一个广告所宣称的，其场景构建了一幅充满诱惑的画面，完全不在意扔在一边的蕾丝内衣。但在这个广告中，性伴侣是缺席的。这并不是在真正赞美女性的手淫愉悦，而是旨在展示这个产品有多么的性感，暗示它会唤起你足够的激情。

在一个戈萨德（Gossard）文胸广告中，一个年轻女性梦幻般地躺在草垛或草地上，穿着一个黑色的半透明胸罩和短裤，广告词是"谁说你无法从柔软之物中得到快感"。这暗示我们将这幅图片解读为"她正享受着性愉悦"，并开玩笑地暗示着男人可能并非是必需的——她从她的内衣得到愉悦。这是一个强调女性愉悦的广告案例，引导我们觉得男人对于女性得到愉悦来说是多余的，但其使用的表现形式与春宫画类似——照片是从上方拍摄的，画面中的女性几乎裸体，而且在愉悦她自己（或者至少是她的内衣让她感到愉悦）。在"愉悦她自己"的过程中，她也（只是偶然地）愉悦了一些男人，这些男人可能在色情电影中消费着与之非常类似的形象。

这在杰克·弗莱明（1996）对广告的讽刺性卡通漫画中得到了非常出色的表现。在他的第一幅漫画里，是一对异性恋的伴侣站在两个穿着内衣的魅力十足的年轻女性大幅画像前面。女人说："我不知道为什么你那样盯着它看，安德拉，这些广告不是给男人们的。它们是为女人做的广告。它们使我们对于以猥琐好玩的后女性主义方式变得性感而感到超级自信……而且这里面也有许多幽默。"在第二幅漫画中，同样的男人在这个广告牌前站着，但是这次是他和一个男性朋友一起。（我们可以假设）他已经汇报了他的女伴对此的解释。"告诉你，老兄"，他的朋友说，"如果这就是女性主义，我们就押错马啦！"

这种趋势比单独的广告走得更远——它是一些后女性主义话语的核心。凯特·泰勒是一个为男人杂志写作的性专栏作家，她认为年轻女性已经将她们等同于男性：

> 她们能工作，能投票，可以第一次约会就上床——如果一个丁字裤能让你感觉很好，那穿上它吧。首先，办公室的男人会将整个下午都浪费在注视你的屁股上，他们互相打赌猜你是否穿着内衣。别管他们。把那些时间用来接管公司。但是即使你是为自己才穿贴身内衣的，这理由也已足够

让你穿上它，没有别的理由会比它让你感觉更好（《卫报》，2006 年 3 月 23 日）。

因此，这里提供了对穿着的两种特殊理解：你可能是为了让你感觉不错而这样做，或者你可能这样做以分散（隐含的肤浅/柔弱）男性的注意力，这些男人将如此多的时间浪费在思考你的内衣上，因而没有注意到你已经在工作职务上超越了他们，甚至事实上你可能已经掌控了整个事业局面。这是"女性权力"，其中，自我客观化并不预示着对女性外表的文化期待力量，而其事实上却是"赋权"的策略（拉扎尔，2006）。

费·威尔顿也批评过女性主义，因其使女性为想让自己显得有魅力而感到罪恶。这与纳奥米·伍尔夫完全相反，她确信当今的年轻女性已经从美的暴政中解放出来了，远离了压迫之源，美是使女性能够感觉更自信的方式。这可能是十分引人注意的观点——特别是对很少拥有其他权力的女性来说——不过它存在一些主要问题，不只是因其个人主义、女性之间的竞争以及女性主义漫画（如从北美某地传出来的"女性主义司令部"）。然而，这也是后女性主义倾向于将女性表现为完全自治的好例子，女性不再被任何不平等或专制所限制，她们在某种程度上能自由地选择"利用美丽"让自己感觉更好。费·威尔顿把这现象简洁表述为：

> "年轻的女孩们似乎每天都变得越来越可爱。这是对女性气质的回归，但是对我而言，似乎大部分女孩并不理睬男人。保持健康是为了她们自己，而不是为了男人"（引自《观察者》，1996 年 8 月 25 日，重点为原文所加）。

当然，过去那种认为女性以特别的穿着方式取悦男性的观点是荒谬的——它意味着权力观是作用于驯服的主体身上的傲慢、专横又平淡无奇的东西。但是钟摆摆到另一方面，认为女性只是"愉悦她们自己"并不会作为替代品而产生作用——它将女性呈现为完全自由的代理人，而且不解释为什么，如果我们只是愉悦我们自己，那么由之产生的有价值的"外表"为何如此相似——无毛的身体、纤细的腰身、紧绷的大腿等；不仅如此，它简单地回避类似于关于社会建构的理想之美是如何内化而造就我们自己的这些有趣的难题。

虚伪地宣称女性购买贴身内衣的简单意义是"愉悦她们自己"，这在另一个南希·冈茨（Nancy Ganz）塑身衣广告中得到了有趣的凸显。这则广告展现的是一个颈部以下都包裹着黑色巴斯克衫和黑丝袜的苗条而曲线玲珑的女性身体，说明文字（用白色字体写在人物身上）是："有时，你没有必要为男性穿着，看见他像可怜的小狗那样流着哈喇子也没啥痛苦的。"因此，这里的广告商敢于将大多数广告中隐含的内容明确化，也就是说，通过购买独立和自主的符号，女性也（偶然地）让"男人"拜倒在她的石榴裙下。当我 2004 年在香港的时候，另一个贴身内衣广告吸引了众多注意力，甚至还导致了交通中断和诱发事故——这个展现在大广告牌上的女性就色情化到这种程度——广告上，一个身着红色内衣的女人趴在标准的色情镜头里，广告词对这个产品没做任何解释，只是简单地建议"可可（Coco）说请小心驾驶"。回到"丁字裤"的例子，值得注意的是，2005 年末至 2006 年初兴起的"男孩短裤"代替"丁字裤"（G-string）成为流行时尚时，整个杂志行业的美容专题作家集体松了口气，他们为不用穿或者不用再改进不舒适的"楔形诱惑"内衣而欢呼。回顾以往，以前宣称"这完全是为了女性愉悦自己"的明显是在撒谎。

肖恩·怀特和玛格丽特·韦斯雷尔（1987）关于身体形状的话语发现，年轻女性倾向于将"她们自己"当作对文化建构的女性气质影响免疫的人，但却认为"其他人"正在受到这一影响。因此，在一个提倡个人主义（吹嘘他们能"看穿"广告）的社会，他们采访的女性对认为她们可能会受到女性欲望的广告或者其他媒介形象影响的看法深感不快就不是什么让人吃惊的事了。广告商已经将这点记录了下来。现在他们建议女性无须去购买常规的、社会认可的女性气质，而是去购买象征她们自己的个性、能愉悦她们自己而不是其他人的符号。

从更广泛的意义来说，沃伦·伯杰认为这场转变是向一种新广告风格的转向，这种广告的劝告是成为你自己、重塑你自己、听从你内心的召唤、变得高贵、实现个性化、生活得充实等。紧随杰夫·韦斯，伯杰（2001）指出，各大品牌已经成为我们新的哲学，在这个时代，销售已经被压缩进有关我们如何生活的"新戒律"之中——比如"梦想永恒""思考与众不同""乐于尝试"等。

3.3.5 接合女性主义和女性气质

很明显，最近几年我们在广告中看到的深刻转变是女性主义的直接产物。对个体权利的关注，对个人赋权的强调，乐观的、坚定不移的语调，做你自己与愉悦你自己的准治疗式关联，都是对女性主义非凡的文化权力的回应。那么，我们怎么理解这点？积极自信的、个性化的语调代表着相对于女性早期的被动客体形象的某种进步吗？女权主义已经与广告达成了和解吗？是否可以说广告已经是女性主义的了？

我认为对这些问题下结论可能还太早。广告同时利用、合并、修订、攻击女性主义的主题和观点并将之去政治化。"接合"这个概念（参见本书第二章）有助于我们理解这个进程，它同时展示了广告如何将来自不同话语的要素（包括女性主义）连接在一起，并在思想上连接或绑定它们。

广告中适用的女权主义文化权力有许多不同形式（其中一些我们已经分析过了）。一种是将女权主义当作一种视觉风格或者形象。戈德曼（1992）认为，正如传统的女性气质是用一些范围狭窄的符号能指来描绘的，现在的女性主义则是由不断增加的预言性词汇编造的——肩垫、公事包、在职业环境中的定位等。广告商收集意味着独立、自由和身体自主权的符号，将他们链接到商品购买上。以这种方式，独立、掌控自我身体的女性主义目标已经被清空了政治意义，返销给我们的只剩下消费选择。因此，其与作为直接的"积极"形象相距甚远，更新的表达暗含在"商品化的女性主义"（戈德曼，1992）中——我们受邀变得自由解放以通过个体消费行为控制我们身体，而不是为了社会政治变革团结斗争。以这种方式为所指的女性主义成了只是另一种风格的决定。

广告商直接表达女性主义观点的另一种方式是通过在广告中使用女性主义（听上去似乎是这样）话语，直接运用女性主义观点。比如，早在1986年，18至30岁假期俱乐部采用了赞成选择流产运动的"女性有权选择"口号，以使其假日市场化。从那时候起，像这样"复原"这类话语的现象在广告中已经很普遍了，利用"女性主义"——或者毋宁说是女性主义假象，因为其政治意义已被掏空——之名来销售从卫生巾到汽车等各种商品。

女性主义被用于销售产品的方式，正是女性身体长期以来一直被利用的方式——正如广告商试图（当符合他们的利益时）复原女性主义并将之接合到他们要出售的产品上。复原的观点有点小问题，一个原因是它意味着意义重建进程的终结（麦克唐纳，1995），但它却是对将广告视为"正在成为女性主义者"或者只是"反思"女性主义观点的一种有益修正。广告业已进入詹姆森（1984，也见于另一文本）所谓的观念的"解体拆用"时期——只要有助于商品销售，供商可以今天戴着女性主义的面具，而明天可能又是另外一种完全不同的面具。在利用"女性有权利选择"作为他们口号之后不到十年，18—30岁俱乐部已经摒弃了她们的女性主义伪装，而宣传她们的终点是"西班牙海狸"（Beaver Espana），意让我们想起"这不完全是性、性、性、性、性、性、性（等），还有些阳光和大海"。

罗伯特·戈德曼（1992）指出了广告商如何将女性主义和女性气质接合的三种方式及其如何尝试缓和它们之间的关系。首先最显而易见的方式是女性成功的可视符号，如公文包、职业装、汽车、自己的家等，广告商将其与传统女性气质的能指相联系，如长发、化妆、传统魅力，这样就缓和了成为成功而有权力的受人尊重的女性与成为对男人有性吸引力的女性之间的紧张关系。因此，女性主义视野中的主体，是既能应付加在她身上的竞争要求，又能努力成为一个受到尊重的女性，在一些广告中女性被重铸成超级女人——有权力、被尊重、成功，而且还毫不费力地美丽和性感（在一些案例中还是个完美的母亲）。

现在，广告常常把女性和男性描绘成处于正式的同等的位置上——特别是在办公室环境中。然而，正如戈德曼（1992）指出的那样，广告商逐渐认识到需要消除在男性（和女性）中产生的焦虑。他认为，作为对女性主义与女性气质相"接合"的进一步回应，许多广告再次向消费者明确了这种"新女性"的特征（Pique 广告，引自戈德曼，1992：108）：

> 每天你都在赢。你更加独立，更加成功。
> 但是你依然会为悲伤的电影哭泣，
> 你仍然相信一见钟情的力量，
> 你认为所有鲜花和感情都芳香四溢，
> 因为作为女人——这就是一切。

这则香水广告是个好例子。女性主义的目标是成功、赢取以及独立，这则广告将其与罗曼司的女性编码有意地调和在一起。这与 20 世纪 70 年代的胸罩广告词"在下面，它们都那么可爱"并没有太大差异，其向观众表达的是，在每一个外表坚强有力的女人都有着一颗柔软的心以及不可救药的浪漫情怀。

女性主义与女性气质接合的第三种方式更为复杂：它意味着，在对女性气质的追求中，女性主义会是一笔财富。以女性为目标的杂志广告通常用的就是这种话语。戈德曼（1992）引用了纽约《时代周刊》上为《名流》做的一个广告：

> 在三次约会中，我得到这样毫无承诺的话语："你很棒，但是我还没有准备好和你进一步发展。""很好"，我回答说，然后我们继续约会。一天晚上，由于第二天有一个重要的会议我不得不取消约会。他对此很惊讶。两周后，我出差去法国。他很震惊。两个月后——此时此刻——他是我所见到过的最细心的男人。我并没故意让人觉得难约……我真的很忙。我最爱的杂志说不要耍花招……只是做好你的工作来实现你的价值，很多其他的事情都将水到渠成。我喜欢那本杂志。我猜你会说我是"那个《名流》女孩"。

在这个案例中，年轻的女孩追求自己的事业使得她难于被约到，作为回报的是这助长了她男友对她的渴求，而且赋予了她在恋爱关系中的控制权。"那个《名流》女孩"不是通过耍花招——使自己难以约到——得到掌控权，而是通过对敬业来得到。在这种方式上，她所追求的女性主义目标（或者，至少在广告话语中，目标被编码为女性主义能指）或多或少地使她对男人来说更有吸引力，其作用方式是回到提倡女性控制自己现身的次数，不能让男人太容易得到。女性主义与女性气质相接合的这种新的纽结方式，是一些广告暗示这二者之间不仅没有冲突，而且确切地说，传统女性技巧正是女性获得职业上的成功和经济独立所需要的。例如，在英国一个地处繁华地段的银行广告中，一个30多岁的魅力女性，她开怀大笑，和她的两个小孩在玩游戏。其广告词是"我经营一个家，我肯定我能经营一份事业"。从表面上看这很有趣，其肯定传统女性的工作（照看孩子），暗示这和经营一份事业是相似的——的确，比之经营一个家庭的话，经营管理就是"孩子的游戏"。当然，其隐含信息就是画中的女性将可能结束一份事业而去管理一个家庭，而超级女性形象暗含的则是"做双份工作"。

3.3.6 男人身体色情化

近几年，并不仅仅只有女性形象在广告中发生了重要变化，男性形象也在发生着变化。事实上，在过去的十多年里，广告中最明显的变化是使用男性身体的频率不断增加。广告景观中曾经是女性身体一统天下，而现在男性广告正在广告牌、银幕以及杂志上与女性广告并肩而立。然而，这并不单是说越来越多的男人形象得以传播，而是说一种特殊的男性身体形象表达方式出现了。理想化的色情美学展示的是一个有调的年轻身体，这种表达方式之新就在于将男性身体编码为允许他们作为欲望对象而被观看。借用电影学中的一个术语来概括，即男性身体现在在许多广告中（也在其他场合中）被编码为"被观看的"，或者成为女性和其他男人凝视的客体（科汉和徐克，1993；杰福兹，1994；马尔维，1975）。

在主流媒体中，这种表现方式常被引用的桥段是"自助洗衣店"——一则于1985年首次在英国播放的"李维斯"501s广告。在这则广告中，尼克·凯曼在20世纪50年代的自主洗衣机旁脱掉衣服，只剩下他的拳击短裤，背景是马文·盖伊满含深情的歌声"我从小道消息听到"。这个广告首次以一种明显性感以及高度色情化的方式展示尼克·凯曼的身体。摄像机随着他的"脱衣舞"——切入自主洗衣机房的人们的眼光——停留在他光滑的躯体肌肉上，这正是之前用在女性身体上的方式。这则广告在广告业以及记者和学术评论家那里引起了广泛的讨论，引发了颇具争议的色情化表现男性身体的潮流，而这种方式后来成为常规并被人们认为是理所当然的（据报道，"李维斯"的销售额在这则广告登出之后增加了700%，公司生产的产品供不应求）。

各种原因催化了这场视觉文化的决定性转变（参看第六章）。一方面，从女性主义到大众心理学再到环境主义，流行文化大行其道，促成了男性气质的复兴，并使之更绅士、更多情、更擅长交流，社会对"新男人"的欣赏日增。另一方面，西方国家的同性恋解放运动正获得人们的信任。"粉红经济"的经济学意义在于其有助于使在同性恋杂志以及流行文化中的男性身体表达的范围日益扩大——根据这些"走向主流"的现象，部分视觉文化的变化能够得到理解（莫尔，1988）。除此以外，这个转变还有着意义重大的经济决定因素。零售商、市场人士以及杂志出版商热衷于打开新的市场，并把这些富裕的男人们视为未被开发的高消费群体。像《面子》这种风格杂志帮助企业制造了表达男性身体的新的视觉词汇，也为表达的色情化打开了空间（莫特，1996；尼克松，1996）。

在广告中色情化或者物质化的男性身体（或者身体部分），现在已经完全日常化，不再会在广告内外遭到质疑或者讨论了（除常规地表达对这类男性身体或者自我形象的关心外）。那么，这种形象表达的特点是什么？其不在于对不同男性身体的多样表达，大部分广告采用的都是一种特殊类型。模特通常是白人，年轻，肌肉发达而且苗条，胡须通常刮得很干净（也有可能有意留有胡茬），面部很特殊地融合了柔软和力量的特点——生硬的下巴，大嘴，大眼睛以及看上去很舒服、干净的皮肤（爱德华兹，1997）。发达的肌肉以及强硬和柔和在模特外表上的特殊组合，使得他们成功地调和了看上去自相矛盾的对男人和男性气质的期待——既是强壮和有力量的，又是绅士和温柔的——在某种意义上，他们体现了关于男人"意味着"什么的文化矛盾。

显然，广告提供了非常特殊的男性身体表达。年长的身体在广告中惊人的缺席，强烈而持久的种族化模式在色情形象中可以集中看到。尽管白人被过度呈现，但他们通常不是英美或者北欧的身体，而是被编码为"拉丁"的身体——拥有黑头发、橄榄色皮肤——其参照系是历史悠久的他者性感和异国情调。黑色的非裔美国人以及非裔加勒比人的身体也常被呈现为高度色情化的风格，但是这些身体通常用于和运动相关的产品，运用并重造了黑人男性性征及其体育超强的文化神话。但是，广告却很少以这种方式表现亚洲人的身体以及运用其关于性的种族神话——在这种案例中，亚洲男人被设想成是天生无性的。在对芬兰和美国的《男性健康》杂志广告的研究中，哈卡拉卡（Hakkala）发现，男人们在广告中被呈现为阳刚的"长方脸"，不变的是他们依旧被单个呈现，象征着独立的、霸道的男性气质。

值得注意的是，比起他们的白人同行，当非洲裔男性在广告中以色情风格出现时，他们更有可能是著名的运动员或者其他行业的名人，而不是匿名的模特。皮特·杰克森（1994）认为，20 世纪 90 年代早期英国的 Locozade（葡萄糖饮料）运动广告选用两名黑人运动员（约翰·巴恩斯以及戴利·汤普森）是很成功的，因为他们依赖于观众对男人的特殊个性的主观认知，而不是简单的陷入（具有潜在威胁的）种族神话。英格兰足球运动员约翰·巴内司和奥运会运动员达利·汤普森代表了观众"可以接受的"具有黑人男性气质的面孔，观众对这些男人的运动员身份及其高贵优雅、擅长幽默的个性的喜爱是共同的。这让他们在广告中的出现丝毫不挑战形象表达潜在的种族逻辑，而是把他们单独隔离而显得特殊。"对巴恩斯和汤普森的明智选择建立了男性气质、运动主义和运动风格之间的'积极'联系，切断了与那种更具威胁性的、无名而贪婪的黑人男性气质的刻板印象的联系。"其最近使用黑人名人和运动员，如蒂埃里·亨利，也是同样的道理。

男人身体的色情化已然成为主流，男性气质表达的范围和类型都在增多。在有些广告中，前面所描述的无须肌肉男模特仍然占据着主要地位，但是另类的、显然是同性恋的形象也可以找到，还有更瘦的、外表更柔弱的男性"流浪汉"形象。2003 年，迪奥在欧洲国家的广告中使用了裸体男模，从而打破了对男性身体的表现禁忌。展示阳具与展现模特脸部和身体上的毛发几乎有着同样的意义——标志着他远离了早期的男性身体形象。

3.3.7　酷儿时尚

过去十来年，广告中的另一个重要变化是女同和男同（双性恋、变性人相较而言要少点）形象的流行。2004 年 6 月，在名为"商业橱窗"的一个监测同性恋主题广告的网络机构的数据库中，就有来自 33 个国家不少于 1700 条的广告。这种广告增殖的部分原因在于艾滋病毒和艾滋病消退之后蓬勃发展的LGBT（注释：女同性恋者、男同性恋者、双性恋者与跨性别者的英文"Lesbians""Gays""Bisexuals""Transgender"首字母缩略组合）的创造性，酷儿媒体日益增长的自信，以及公司对"粉红经济"重要性的承认。

然而，在欣然接受可视性上的这种明显变化之前，应当对之加以更详细的检视。让人惊讶的是酷儿理论在广告中是一种审美化和拜物教的方式，而不仅仅是一种不同的性别认同。事实上，女同性恋或者男同性恋很少会不带评论地出现在广告商通常使用异性夫妇的地方——几乎没有酷儿是标准化或者主流的；相反，它的所指是通过"超性别时尚"而不断增加的。

广告商所重视的同性恋表达的增加部分主要是那些以"口红女同"(lipstick lesbian)为主题的广告，例如，在这类广告中，两个富于魅力、带有传统女性气质的年轻女性表演亲吻、抚摸或者拥抱。最近的例子包括法国的希思黎（Sisley）时装，西班牙的好彩（Lucky Strike）香烟广告。值得思考的是，这不仅扩展了媒体对女同性恋接受的边界，而且也是对女性主义的回应。有人将这种色情化形象的增加解读为主要是为异性恋男人展示性，其从色情中常常可以找出设置精巧的密码。也有人将之解释为这是广告公司继续将女性身体客观化或者性感化的方式，但是其可以避免受到性别歧视的指控——因为，如果这与女性之间的欲望有关，怎么能是性别歧视呢？

因此，女同的性感描绘通常和我们前面谈到的"愉悦我们自己"这样的话语联系在一起。在一个由 Saathi&Saathi 设计的内衣电影广告中，一个优雅的裸体女人走进卧室，缓慢地穿上她性感的黑色内衣，然后穿上黑色的外套，进入一个餐馆，她早先穿内衣的镜头中闪现着餐馆里男人们艳羡的目光。随后，她来到她短头发的伴侣身边，我们只能看见这个人的背影，她们相互热吻。只有到这时，才揭示了这个女人的伴侣是另一个女人。然后，"男人值得拥有吗？"的问话闪现在屏幕上，紧跟着的是答案"不"。根据广告的创意导演所说，广告的目标对象是"愉悦你自己，没有必要去愉悦男人"的女性（引自维罗尼卡·李，1996）。然而，其清晰的信息是"Boisver"内衣对男性（他们不值得拥有它）而言太好了，很难相信广告只是针对富裕的女同。恰恰相反，跟前面讨论的许多胸罩广告一样，他在书中引出了异性恋男人最古老的迷恋之一——观看女性亲密的性行为——虽然其暗含义是购买这种内衣完全是因为女人想要自我愉悦或者是愉悦彼此。正如维罗尼卡·李（1996）已经注意到的那样，"男人收到的信息远不是'我们不需要你们，男孩们'，他们可能清楚地接收到的信息是'另一个女人对之渴望已极'"。

发人深省的是，除了这种高度性征化的方式，女同性恋很少出现在主流广告中。相反，男同性恋之间却很少被刻画为亲吻或者爱抚。当然也有一些著名的例外，比如，在斯密斯和卡尔文·克莱（Smints & Calvin Klein）的"吉他之吻"系列广告中，男人相互拥抱，虽然比较纯洁，但是大多数时候，男同基本上以风格化的魅力外表或者类型化的长相为标志。实际上，男同的男人气质似乎主要是一种风格的身份认同，而不是以吸引人的身体、脸庞以及美丽的衣服为标志。这并不否定为男同性恋观众提供愉悦，也没有低估将男性身体表现为被动的欲望对象（甚至有时候弱不禁风）的突破性意义（戴尔，1982；辛普森，1994；爱德华兹，1997；布奇宾得，1998）。但是，与广告的当务之急相当的是，长时间存在的对将电视上男同性恋表现为无性的这一现象的批评——也就是说，只允许其存在于网络电视上，前提是他们永远不会实际参与到对性别认同的定义之中。《威尔与格蕾丝》可能是最典型的例子，描绘两个主角的通常是用来形容吵嘴的老年异性伴侣的修辞。威尔和格蕾丝都是"ABM"（除了结婚啥都行）——在其之后的系列中有关婴儿的故事讲述，更是如此。

有趣的是，广告中的男同通常是作为直女的欲望对象出现的（而不是别的男同的欲望对象）。常见的主题（参看下一节）是女性发现她看上的魅力男是个同性恋的性失望。这被运用在了1997年英国一则著名的山猫（Lynx）防臭广告中，该广告吸引了公众的大量注意力，引发了公众对此近乎膜拜的追捧。最近，这个主题已经发展成了"商业橱窗"所谓的"酷儿世界"广告了。一个很好的案例是"占星术"（Astrology）——一则西门子手机广告，其场景如下：

> 一个年轻的女人独自来到一个人群拥挤的跳舞俱乐部。当她进入舞池时，一个穿着精致的女人充满渴望的看着她，不久一个男性气质的小伙子拥着她开始亲密地跳舞。

> 这个舞有一定的色情意味，当他们深望着对方的眼睛时，她抓住她的胸部。她注意到他戴的项链，其显示的是占星学上的双子座符号——双胞胎，然后她拿出了手机。尽管仍然在和他很性感地跳舞，但她熟练地进入了占星网上去测试她和小伙子的匹配度，占星结果显示他们是"完美的结合"。她也注意到了第一个女人越过他的肩膀朝她微笑。

> 画外音说："你知道用一种性感的方式去连接网络。但是无论你用新的西门子C35做什么，它都会对你有所启示。"

> 此时，另一个更男孩子气的男人出现了，很明显他是和前面的第一个男人一起的，而且很清楚的是项链暗示他是个同性恋，而不是双子座。

> 但是没关系，因为她转过头，那个她一直关注的女人在那里。最后的画面是，当她看着这个女人时脸上浮现出了调皮的微笑，她点点头。广告口号是"来点儿想法"（引自 www. comercialclose. org）。

"商业橱窗"在讨论这个广告时，将之称为"来自欧洲的最积极的同性恋广告之一……令人惊讶的是，当一个红唇女同和一个男同都只是玩玩时，结果每个人都是同性恋。最后没人不高兴留下来，因为双方都有自己的搭档"。毫无疑问，这种显得直接、坦率的"酷儿范"对一些女同和男同观众而言是非常令人愉悦和打破常规的。然而，性取向之间的随意转换也被视为是轻视性别认同（除非广告被解读为男人和女人都是双性恋——这标志着真正的违反常规）。"商业橱窗"网站上的其他评论对广告的解读是，广告中的女人根本不是女同性恋，而是"竞争的朋友"，最后发现追求的男人是个同性恋（这是已讨论过的最常见叙事）。

平心而论，一些同性恋主题广告继续以一种非常同性恋的方式呈现。以码头工人（Docker）牛仔的"遇见双亲"广告为例。在这则广告中，一个年轻男人牵着女朋友的手到了他富有女友家的豪宅。打过招呼后，她的母亲走到男人身后，在他背后偷偷打量。在巨大的餐桌前就坐后，这个年轻男人突然感到他的双腿间有双脚在挑弄他。旁边的女友在假笑，但接着，他看到女孩的母亲也在害羞地笑——这个年轻男人自己也带着矜持的笑。但他仍然不确定这是谁的脚，然后他转向女孩的父亲，女孩的父亲抬了抬眉毛，一副斯多葛学派的表情。周围环绕的音乐这时戏剧化地变成了不和谐的恐怖声。年轻男人脸上的笑容消失了，他皱了皱眉头。最后，也没有说清楚这到底是谁的脚。然而，很明显的是，同性恋在这里被暗示为（即使是幽默的）是恐惧和拒绝的焦点。在许多广告中都可以见到这种情况，即我们作为观众被主观想象的永久的"恐同"话语所召唤。在许多情况下，换性者或双性恋的形象更糟糕，前者常被说成是捕食者、皇后、恋童癖、色情狂，后者则常被说成是两面三刀的骗子。

因此，总的说来，虽然和十多年前比起来同性恋在广告中更常见，但其象征符码是高度特殊化、高度性感化的。酷儿时尚看来可为产品添上"神经紧张""冒险"以及"性感"的标签，这些产品常与直男和传统的性别歧视关联在一起。出于这个原因，啤酒、时装以及香水等更老套的产品都逐渐采用了这种广告风格。

3.3.8　性别逆转

我们迄今为止所讨论的转型引发了一个重要问题：我们是否正在见证性别表达模式的一种逆转，女人被表现为自信的赋权的个体，而男人是为视觉消费而编码的性感客体。性别逆转的观点近年来充斥于广告之中，男性不仅仅以性客体化的形式出现。许多产品广告已经展示女性在高级管理位置上掌控着权力，而男人在奋力清理浴室或者做饭。然而，有趣的是，近十年的大部分广告都在努力向观众保证（尽管外表变了）传统的性别关系依然没有改变（与一些女性主义者宣称的有所不同）。比如说，广告当中，当"新男人"在做饭时和被编码为平等的女性搭档，通常强调的是为了兜售一个可以允许他"骗人"的产品——表面上看好像是他从头至尾做了一顿精美可口的午餐，但实际上却只是加热事先做好了的饭菜（其余时间都消磨在男子的爱好上，比如说看球赛）。在这类广告中（所有的都太相似了），女性总是会"发现他们""偷工减料"，但只是耸耸肩表示她不在意而且无论怎样都爱他——性别权力关系恢复现状。这样的广告可能被视为对男人的冒犯，暗含着做饭或打扫厨房地板超越了平常男性的智慧。然而，它们常常同样冒犯了被塑造成"话痨"或者显得"多余"的女性。

性别逆转最有力的例子可以在使用性感形象的相关广告中找到。在某种程度上，男性身体客体化的常规表达方式在性别关系中造成了一种反转。不过男性身体的客体化并没有减少女性身体的客体化。女性主义者对女性在广告中被客体化的愤怒并没有终结这种行为，而只是将之扩大到了男性身上——现在我们都被客体化了。

尽管广告商的兴趣在于玩弄性别逆转的观点，但是很难想象这样的广告案例，其潜在的颠覆性暗示既不尝试恢复社会秩序也不惩罚那些越界的人。消解标准异性恋性别关系威胁的常用手段是幽默。一则热巧克力饮品老广告"选择"阐释了这点。它展示的是一个有着诱人长腿的黑人妇女在一大堆不同口味的热巧克力中试图决定选择哪一种。每种不同口味的香包（例如橘子味的巧克力、薄荷味的巧克力）都由一批几乎没有穿衣服的男人举着，摆着猫步的姿势，这个女人被刻画为在男人—饮品中间做一个艰难（但仍然是激发性的）的选择——环绕的音乐是"决定，决定"。她最后决定了，选了一个香包和这个男人离开了屏幕（好像模特在跑道上一样）。这个广告的"点睛之笔"是接下来的一幕：当每个男人都模仿一个同样的水壶重新出现时，这个女性想知道的是"现在我将倒哪一个水壶"。这个"玩笑"广告借助美人盛会或者猫步将男性刻画为沉默的性别客体，从而消解了潜在的挑战和担忧。任何色情指控都在这种逆转情景下被无与伦比的笑声削减了。

相似的方法也见于英国电视（以及其他地方）上播放的健怡可口可乐（Diet Coke）的最新长期广告。在这个广告中，许多魅力女性（35 岁左右）出现在一个未说明的办公室环境中，声称是为了她们的"11 点约会"。摄影机的镜头切入她们到达之后被接待以及在休息室入座（在那里，她们每一个人都明显处于性期待中，涂口红、呼吸沉重、整理头发等）的场景。直到此时，摄像机才揭示了她们激动的原因——一个很有魅力的工人，身穿印着梵文的 T 恤，在窗外的看台上停下来喝他的健怡可口可乐。选择工人很有意思，因为建筑行业中的男人已经成了一种特殊的"咄咄逼人"的性别歧视反讽符号。在那里一般是建筑工人向女性暗送秋波，广告戏谑地暗示，现在是女性向他们暗送秋波。然而，正如"选择"那个案例一样，夸张的女性欲望以及 11 点约会的喜剧特征给广告打上了幽默反讽的引用标记。在这里男女之间的交换观看是不对等的，其也不是对男性观看女性的权力关系的简单直接逆转。部分原因在于，每一个个体的注视都在我们关于"看的政治"的集体知识背景下发生——如约翰·伯格（John Berger）的名言所说："男人看着女性，女性关注她们的被看。"（伯格，1972）这同样受到长期以来"美丽神话"历史文化的衡量，其中，女性总是不断遭到对她们外表的审视和评价。女人观看男人并不能逆转这个现象——没有这个历史，也没有男人观看女人的真实的、有参考价值的案例。

戴维·布奇宾得（1998）谈论过在澳大利亚电视上播放过的探索注视与权力领域的三个广告。这个广告是为一种名为"Underdaks"的男人短裤品牌做的。这些广告都有同样的叙述方式：在机场，所有乘客都要通过安检处。安检装置由一个女安检员掌管，画面上一个帅气的、颇有男子气概的年轻男人通过安检时，发出了报警声。安检员要求他脱掉裤子，"他不可置信地恼怒地看着她，但还是遵从了，之后大步走过大门，这次报警声没有响。当他从安检员身旁经过时，他表现出一副混合着沾沾自喜的得意和挑战的傲慢表情"（布奇宾得，1998：15）。另一个女安全员关注着整个场景，她是在男子走进来、落入第一个工作人员的圈套时走过来的。她拉下一个电铃装置（安检器的警报装置），对她的同事说"你总有一天会被逮住的"。到下一组镜头，则展示了这个男人仍然只穿着内裤，跨过大门，胜利般地回过头看这两个女人，他的目光再一次显露出胜利和挑战的神情。当他从我们的视线里消失时，我们听见了第一个安检员说的这个广告的最后一句台词——正是这句台词使这个广告的各种版本产生区别：在一个版本中，那个安检员（暗示性地）说"很好……行李"；在另一个版本中，她（神情落寞地）说"他可能是个男同性恋"；第三个版本中，她评论道："总有一天我会走运。"（布奇宾得，1998：16）

这则广告之所以著名，是因为它将男性塑造为遵从女人要求的"温顺"形象，而且是女性可注视的对象（布奇宾得，1998）。这样做也可能会助长积极的同性恋凝视。据说广告结合了色情化的男性身体形象和被描绘成主动的欲望主体的女性形象（之前探讨过），特别是"总有一天我会走运"这句台词，暗示着传统女性气质观念所无法抑制的好色的女性欲望。然而，布奇宾得认为，

"正是在这个案例中，尽管女性欲望得到了展现，但也标志着其欲望受挫"，尽管老玩这个小花招，但显然她还没有"走运"。这暗示着男性和女性权力上的不平衡，这在复杂的眼光交换中可以找到证据。尽管作为一个航管官员，女人有权力让一个漂亮的陌生男人脱下衣服，但是作为女性的权力是不足以让他屈服的——他被激怒了，他是轻视女人的（再次可见戈夫曼所说的相对比率），他的表情是傲慢而胜利的。他保持着主动的主体性，这从他的姿势、他的蔑视中都可以看到，最终，他并没有屈服和成为客体。

有趣的是，事实上，电影理论对权力与相互观看的探索是这类广告的主体。珍妮斯·温西普（2000）认为，比起以前的广告，给女性赋权的广告提供了一种不同的视觉领域，常常将饱受女性主义质疑的观看政治作为其主题。

3.3.9 报复性广告：性别之战

混乱的性别关系已经是上个时代的特点，当今广告里冒出来的另一个主题已经是性别之战和复仇。不满足于戏谑性的转换性别角色，报复性广告将假想的男人和女人之间的"爱恨"关系——性别之战——置于了舞台中心。在其无伤大雅的连续广告结尾，大众汽车广告悲叹道，"但愿生命中的每件事都像大众汽车一样可靠"，将男人和汽车不相宜地比较，而雷诺汽车广告则厚脸皮地（而且是重复的）暗示说"尺寸很重要"。2001 年款菲亚特汽车"庞托"（Punto）系列电视广告也用了这样幽默的腔调：镜头中，一对年轻美貌的异性伴侣驾车穿越欧洲城市。女人（正在开车）不停看她的男友，并注意到每当街上有魅力女性出现时，他就会盯着车窗外。很显然她被激怒了，最后她停下车，摇下车窗，激情亲吻一个帅气的男性路人。这个广告告知我们，这是"庞托精神"（spirita di Punto），一种可能混合了女性主义、报复幻想和纯粹"生活乐趣"的精神，暗示着扭转局面是唯一的解决方式。

然而其他的广告更有威胁性，甚至是恶毒。有一个案例，高跟鞋是女性力量和性主动权的象征，具有威胁男性的作用。在"李"（Lee）牛仔裤广告中，一个裸体男人俯卧着，他的头刚好在镜头之外，一个女人的靴子压在他的臀部上，她的细高跟鞋来势汹汹地徘徊在靠近他肛门和睾丸的地方。广告设计者说，广告语强化了形象的暴力色彩——"再踏上一脚"——旨在使人们注意到这款牛仔裤是"靴型裤"。在英国，这个广告投放在数以百万计的黄金广告牌站点，引发了一场争议风暴。报纸专栏要求知道是否任何一家公司都梦想着以这样的方式来表现女性，如果不是的话，为什么对于男人来说这是可以接受的。一些人甚至暗示，性别权力的钟摆已经摆到另一极端，男人们现在需要一个专门的政府部长去保护他们的利益。

其他大量同类广告使得男人们意识到自己正遭受着不公平的攻击。英国"百威"低热量啤酒的招贴广告上，魅力十足的年轻女人在嘲笑广告目标群体的啤酒肚——比如，"我不会追跑不动的男人"。男性评论家认为，广告把男人"减少"到徒有其表，并暗示超重意味着他们并非有价值的性伴侣——当然，这是几十年来女人一直被暗示的，但因某些原因却没引起评论家注意，直到这些发生在男人身上！在日本，一个旨在提高男性在家庭角色中的地位的公共服务运动展示了一些知名的、极受尊重的日本男人参加各种各样的作为父亲的活动，并附有大胆的标题——"你们不能将一个不照顾孩子的男人叫作男人"，这在一些男人中间引起了很大愤怒（伯杰，2001）。

在本章前面，笔者探讨过广告中广泛流行的（危险的或潜在的）对女性的暴力。现在，男人似乎也成了暴力的对象——通常是由女性施暴的。正如迈亚·麦克唐纳（1995 年）所指出的，现今女性的幻想似乎就是对男人进行复仇并摆脱他们。这是对真正的女性主义目标的曲解，女性主义无数的解决方案中没有一个是要与男人翻脸和要对他们进行针锋相对的挑衅。

珍妮斯·温西普（2000）讨论过以针对男人的暴力的两个广告系列——尼桑的"你借之前先问问"和沃利斯（Wallis）"服装杀手"。在尼桑的广告中，男人们的生殖部位受到暴力攻击，因为他们没有经过允许就用了伴侣的车。在其中一个广告里，男人将他的手放在腹股沟上，似乎要保护他的生殖器以免被踢。在另一个广告中，报纸展示了取材于真实生活的"波比特"案件（一个女性割下了她不忠实的伴侣的阴茎）。尼桑的广告公司袒护这个广告，声称它们并不是关于对男人施加暴力，而是关于女人"感觉比以前会更强大"，无论她们怎么想，其对男人们的反应都是自由的（引自 2003，BBC）。相似的是，"李"牛仔裤广告成为"流行英国的女孩权力氛围"的象征之冠（引自 2003，BBC）。

温西普（2000）认为，这与沃利斯的"服装杀手"广告迥然不同，因为正如之前章节所提到过的，它突出了对男性注视的质疑。在这些广告中，注视女性会给男性自身或者给另一个男性带来致命的后果。比如，在"撞车"这个广告中，一个男性司机由于注视街上的一个女性，而撞坏了他昂贵的跑车。在另一个沃利斯广告中，被窗外的女性分神的理发师割伤了不知情的顾客的喉咙。在所有的这些广告中，男性观看女人让他自己或者另一个男人付出了昂贵代价，但是女性对此却毫无觉察。温西普认为，这是广告"转变的证据，争辩的是男女之间的关系"，这是建构可能的女性身份的先驱者，围绕着自主/独立而不是围绕愿望/欲望来建构（温西普，2000）。不过，她也注意到了广告是模棱两可的，因为尽管它预示了观看的危险，为常常被男人描绘和客体化的女人们提供了象征性的复仇，但是其也依赖于性征化的刻板印象，这主要是为表面上受到了挑战的男性凝视而设置的。

3.3.10　火星与金星：取悦父权制

性别之战的另一方面以某些方式提出，在某种意义上扩展，形成了男人与女人不同却又相互补充的观念，这一观念在 20 世纪 90 年代和 21 世纪初很流行。约翰·格雷的《男人来自火星，女人来自金星》一书抓住了时代精神，即男女之间的任何紧张冲突都可以参照他来自不同星球这个比喻来理解。格雷认为，男人和女人本质上不同，幸福和成功的关键是承认这点，而不是与之作战。

> 火星人看重的是权力、才干、效率和成就，（然而，当他们来到金星）就变得看重爱、交流、美和关系……女性不是以目标为中心，而是以关系为中心，她们更关心的是表达她们的善意、爱和关心（格雷，1992：22）。

格雷的著作人气惊人，因而产出了大量的抄本手册，并与其他探讨固有性别差异的重要理论（如进化心理学）产生共鸣，所以这种观念最近在广告中流行也就不足为奇了。

最直接重复这种观点的是性别类型产品广告，这种广告中的环境全是女性或全是男性。伯杰（2001）将这些广告描写为——根据群体的骄傲来设置主题。比如，啤酒商品可能展示的是一个男性的友情世界，他们聚在一起合谋将女性"踢出男人世界"一个下午，这样他们就能看球赛并和他的同伴喝点啤酒。伯杰认为，最近获奖的百威广告以非裔美国人的谈话模式，如"Whaassup"这样的轻松问题形成愉悦、骄傲的氛围，"有点酒，看球赛"这样的电话内容也构建起男人们的群体。

这可能会被理解成对"另类的"边缘化的谈话模式的商品化，而这些模式先前是和伦理结合在一起的，但现在却被视为都市酷范儿的缩影。部分原因在于，广告商在很大程度上认识到，黑人男性正被年轻人视为比其他人更"酷"（梅杰斯和比尔森，1992；康耐尔，2000；弗若斯，菲尼克斯和帕特曼，2002）。

火星/金星话语特别吸引我的一点是，它试图重新将性别差异色情化。它不仅断言存在天生的心理上的性差异（这种理论本身就受到很多争议，且能够被大量的研究证据驳倒），还主张让我们认识到它们的存在而不是抵制它们。这些所谓的差异是相当令人愉悦的。在这种争论中，火星/金星思维不仅使心理学上的性别差异具体化，也冻结了不平等的权力关系。利用这种思维的广告以其取悦父权制的方式令人印象深刻。就像火星/金星是个整体一样，这种广告必然被理解为是对女性主义的回应。这种广告试图采用对不平等性别关系的女性主义批评，并以这种方式重新加以包装，使之成为愉悦之源。"小伙儿杂志"《男人帮》的系列广告中就有一个很好的例子。这个杂志以 18—34 岁的男性为目标群体（参见第六章）。20 世纪 90 年代中期，我在伦敦地铁第一次看到它。

在它的其中一个广告里，五六个特别漂亮、衣着暴露的女人坐在"朋友"风格的沙发上，上方的标语写着"他让我欲仙欲死"。女人照片下面的文字看上去是对她们之间对话的记录。给人的印象是，这是我们女人之间的私密谈话，话题是男人。谈话的范围涉及大量的"男人糗事"——比如，上完厕所不将马桶圈放下来，或者傻呆呆地注视"少女"日历的方式。不过批评的语气是幽默有爱的，把男人显得有点气人又可爱。这样，女性主义关于男性行为以及优越性的争论显然是被允许的，但从男人的角度看，这又是琐碎的，他们被再现为具有可爱的怪癖的形象。这个广告传递了一种观点，即男人和女人永远不会真正地相互理解，以杂志上的广告总结语来说就是："这是一个人的事。"尽管女性主义可能会注意到同样观察得到的现象，并追问社会为什么会以这种方式构建，但是，这些广告却暗示这是天生的、不可避免的，而不是社会造成。

这则广告和其他这类广告一样非常有趣，因为它们似乎的确承认了普遍的女人的抱怨或者关注男性的行为。它们与许多女性经验产生了共鸣，所以对于女性来说也是有吸引力的，因为它们确证了女性的优越性（比如，相对于"孩子气"的男人，她们显得成熟），并围绕展示女性的胜利而组织。比如"少女日历"广告，通过把"他的"色情日历用作猫拉屎的线路，女性回到了她自身（正如她所见）。然而，广告是在很大程度上用来肯定男性——至少不是男人们焦虑的那样，即女人们聚在一起是对男人进行人格毁谤和性别损毁——这是在向男人展示一个女性的世界，广告肯定这类谈话的确发生过——不过你的女朋友或者妻子将在这之后直接回家，而且她仍然爱你。它建构了一个对男人没有威胁的女性聚集的"同性恋社会"，但却兼容于性别与异性恋的父权制标准（斯托尔，2003）。当然，在更普遍的层面上，广告也暗示《男人帮》的读者中也将会有这样的一个"女孩"。

3.4 结语：赞助商给我们的最后忠告是反讽意味着永远不用说对不起

对当代广告的讨论是不可能不提到反讽的，也就是说包罗万象的反讽策略允许广告从中分一杯羹。在表现具有挑逗性的性感女性形象时，同样也暗示这是一个精心设置的、众所周知的后现代笑话："它不是半裸女性的客体化形象，而是对 20 世纪 70 年代广告的反讽性评论，或者更具体而言，是对愚蠢的金发女郎这一刻板印象的滑稽讽刺。"

反讽在后现代消费文化中随处可见，在广告中也不例外。反讽使广告得以有意将大众注意力导向其反讽情形而抵制批评。现在，反讽通常与怀旧相连，复归男性至上（威尔汉，2000；威廉姆森，2003）。利用"时代风格"（通常是 20 世纪 50 至 70 年代），广告使得性别歧视在对过去怀旧的掩饰下大行其道。威廉姆森还认为，"复归的男性至上是一种不在场的男性至上，同时出现于过去和现在，既清白无辜又心照不宣，有意参照另一个时代，而非无意识地驱使我们的部分自我"（威廉姆森，2003）。除了将男性主义的批评词汇锁定在过去，威廉姆森还认为，它使得令人苦恼的性征化客体形象被视为前卫激进的，而非被利用的。

这是反讽与广告另一潜在倾向的关联（贯穿于整个当代流行文化之中，甚或一般文化之中）——"色情区域"的扩张（迈克奈尔，2002）。"色情时尚"或者"主流的色情化"（迈克奈尔，2002）是女性形象的转变。这类案例常常引起公众的愤怒——其中最著名的一个例子是鸦片（Opium）香水广告。这个广告描绘的是俯卧的苏菲·达儿（Sophie Dahl），她的胸部隆成杯状、背拱成弓形，显然处于性高潮的狂喜中（Figure）。但是比任何个案更有意义的是，现在的广告日益普遍而常规化地借用色情习语、姿势、舞台布景以及词汇。事实是模特用一种"赋权"的语言言说，决不偏离这个转向的影响——实际上它仅适于抵制批评。有人会认为，主体化只是让我们今天学会如何"做"客体。但是女性仍然居于其身体之中，的确，作为身体，尽管是贪婪的异性恋的欲望所在，女性身体也与在传统的色情描写中一样。

这促使我们回到这个问题，即发生了多少变化。我希望这章已经讲清楚了近几年广告发生的意义深远的重要变化：今天的广告从业者建构了完全不同于他们 20 世纪七八十年代的同行们所建构的性别。很明显的是，与同性恋运动一样，女性主义显然也对广告产生了重大影响，尽管这两个方面都没有带来大量直接以女性主义或者挑战恐同为特征的广告。

　　尽管广告中有对新东西的关注和新颖的性别和性建构，但是重要的是不能忽视还有很多东西与以前保持了一致。新的刻板印象并不是必然代替旧的，但却可以与之并肩共存，或者可能只是影响了它们的风格。因此在 2004 年模特秀广告中，女性不是像她们二十年前那样微笑（色情和顺从），而是另一种汇合着温和的色情和冒险的电脑游戏的女性气质形象。但是在从被动到主动、从微笑到板脸、从顺从到赋权的这种转变之中，车与性感女人之间的纽带并没有被切断，性感"宝贝"依然在卖车。

4. 新闻、性别与新闻业

　　尽管几十年来，对新闻进行批评性考察一直是媒介研究关注的重心，但直到最近这种兴趣才聚焦在对性别的持续性关注上。早期研究集中在"是什么在产生新闻""有价值新闻的评定标准是什么""为什么有的事件可以是头条新闻，而其他事件却可以完全忽略不计""在同一时间点发生在世界上的所有事情，其中一些是如何被选定成为新闻故事的"等问题上。对"新闻价值"的研究针对的是新闻强有力的"事件指向"（意味着过程通常是被忽略的），主要聚焦于社会、政治和文化精英，聚焦于精英国家（在愤世嫉俗的新闻里看到国内死亡 1 人等同于西方其他地方死亡 100 人，或者等同于世界其他地方死亡 10000 人），也聚焦于新闻的"个人化"趋势，以及极其重要而珍稀的新闻官方资源——这决定了新闻故事通常是从哪个视角来讲述的（比如战争中的国防部或军方简短声明、和抗议者活动相关的政府和政治部门等）（科恩和勇，1973；加尔通和鲁格，1973；惠特克，1981；柯伦和斯顿，1981）。

　　许多毋庸置疑具有全球意义的事情却从来不会成为新闻。在过去的几十年里，发展中国家差不多每年有四十万人死亡，他们的死因在于本来完全可以预防的饥饿、干净水源匮乏以及很容易治愈的传染病。正如我们看到的，从阿富汗到加沙，示威者们吟唱着"这里每天都是 9 · 11"。但是，这种关于人民生活的信息几乎不可能出现在全世界的新闻杂志和电视屏幕上，因为这和当下的新闻价值以及当代新闻的时代/事件/视觉要求是不相适宜的。相反，新闻中充斥的倒是不可计数的无关紧要的事件——好莱坞女星的着装、球星的"绯闻"或者电视主持人的性倾向。新闻研究已经揭示出了新闻本身被高度建构的实质，并指出，新闻与肥皂剧或女性杂志一样，绝不仅仅是对现实的反映。但是，新闻是一种文化产品，这种产品反映了主流文化的假想，其假想内容包括谁以及什么是重要的——这由种族、性别、阶级、财富、民族所决定，另外还包括社会关系以及社会安排中那些注定是常态的、自然而然的不可抗拒的内容。因此，说大部分新闻是——男人们为男人而设计的有关男人的新闻就不会令人感到意外了。

是什么让一些东西具有新闻价值？女性在新闻中是如何被表达的？女性记者和她们的男同事讲述的故事是不一样的吗？电视新闻正在"暗哑无声"吗？我们正在见证"新闻业的女性化"吗？这些只是本章考虑的部分问题，本章旨在引起的话题有新闻的专业性、媒体中女性和性别议题的表达以及消费产品正从公众服务到市场导向的转变。除此之外，本章还考察了新闻报道中的一个议题——针对女性的性暴力。

本章有四个章节。首先考虑的是新闻中的女性形象，强调女性在新闻故事中相对遭到忽视，对她们的描写性别化、琐碎化。本章还特别关注对女性政治家的报道。接着，本章考察了新闻的专业化，注意到新闻业里女性从业人员的数量在增加，还考察了与长期存在的性别歧视的"老模式"并存的新的歧视形式。本章还辨析了所谓新闻正在"女性化"的说法，认为女性记者写作的是有异于她们的男同事的"不同的新闻"。本章第三部分揭示新闻业的一些方式正在发生变化，如"信息娱乐化"（infotainment）抑或"新闻娱乐化"（newszak）的诞生，探讨了它们的起源及其对新闻本质的影响。最后本章分析了有关女性性暴力的新闻报道，揭示新闻书写对强奸的本质及其发生率的误导和扭曲。

4.1 女性在新闻报道中遭到忽视

4.1.1 这是关于男人的新闻

1995 年，针对媒体（包括 71 个国家的报纸、新闻和电视）中的女性形象进行的首次大规模的跨国研究中，人们发现，世界新闻主题中只有 17％是关于女性的（《媒体观察》，1995）。在亚洲，有关女性的新闻的比例更低一些，差不多有 14％；北美最高，有 21％。女性很少出现在关涉政治、政府、商业或经济的新闻中，关于女性的新闻更多是关于健康、社会议题以及艺术等传统上女性占主要地位的内容。全球媒体检测项目首次给出了女性在新闻中不被关注的国际性图景。2000 年的后续研究表明，女性新闻人物的比例仅从 1％增长到了 8％。到 2005 年，这个数据也只有 21％——甚至在那些做得"最好"的国家中，女性也只占据了新闻主角中的四分之一多，而且在政治经济领域，从字面上来看女性仍然是遭到忽视的——86％的代言人和 83％的专家都是男性，而新闻中的女性受害者形象差不多是男性的两倍多（《全球媒体检测项目》，2006）。

对这些结论的反应之一是，这意味着新闻可能是现实的反映——现实中女性依然在许多领域掌握权力和负有责任呈现缺席状态。但这种观点经不起细察——即便在斯堪的纳维亚国家中，女性参与决策和公共生活的程度虽然挺高的（比如，斯堪的纳维亚的女性在国会议员中占据了 43%），但（极富戏剧性的是）她们在新闻媒体中仍然遭到忽视（埃伊，1998）。埃伊的研究发现，在电视节目中很少有女性会在数量上超过男性，但在儿童节目中女性更常见。

认为这"反映了现实"的看法遭到的另一个反击，来自于柬埔寨玛的格丽特·加拉格尔（Margaret Gallagher，2001）的研究，认为柬埔寨战争的长期影响是女性在成人人口中占了 64%，在劳动力人口中占了 55%（这是世界上女性参与率最高的了），而且三分之一的家庭事务由女人操持。尽管这样，柬埔寨只有 6% 的新闻是关于女性的。而且，其中 22% 关于女性的新闻会被国际记者联盟和柬埔寨女性媒介中心归为"猥亵"一类。该领域研究清楚表明，新闻并没有反映现实，而是一以贯之地坚持男性主导的社会视角。

然而，不只是新闻中的少数女性是我们关注的对象，我们还关注当女性变得"有新闻价值"的时候其被描述的方式。研究发现，大部分关于女性的新闻都集中在她们的外表上——事实上，许多新闻编辑如果不对女性魅力有所评价，或至少描述一下她的年龄、头发的颜色，就不会讲一个女性的故事。葛·塔奇曼（Gay Tuchman）对媒体报道未成文的规则之一的描述在今天看来似乎是令人沮丧的，她写这些的时候是在 1975 年：无论她是谁，媒体几乎都会以两种方式之一来表达她，要么是她的家庭角色，要么是她的性吸引力。这对女性政治家、"普通女性"以及日益充斥每天的报纸的娱乐名人来说都是一样的。

在英国，通俗小报的特征通常是每个版面都刊登一些年轻有魅力的女性的照片，这些女性穿得很少，照片通常是彩色（同时关于男人的新闻通常是黑白照片，除非是在运动版面）。优质的报纸紧跟这种趋势，用的是年轻女性的大幅照片（一般是在首页或者底页），通常与所报道的新闻没有多大的联系。1999 年针对新闻业中的女性展开的调查发现，所有被认为与故事"不相干"的照片，即只是用以提升阅读兴趣的照片，80% 都是年轻女人的照片。其他地方的研究结论与此很相似。中国的一项研究指出，事实上，比起女人的行为和观点而言，女性的形象可能更容易在新闻中出现——"男人对于读者来说是发言人，而女人则往往是读者凝视的对象"（袁，1999：4）。

这个问题的另一方面是，无论出于何种原因，不符合"秀色可餐"这一媒体要求的女性都容易受到诽谤。如果女性不符合媒体要求的魅力标准就会遭到抨击，这令人不寒而栗。当克林顿总统和莫尼卡·莱温斯基的丑闻在英国爆出时，人们的反应是异口同声——"天，他怎能这样"，而不是从政治或道德上去讨论任何有关这位现任总统的行为；莎拉·弗格森（Sarah Ferguson），英国王子安德鲁（Andrew）的前妻，其外貌也是敌意的媒体密集抨击的目标；著名的《太阳报》开了一个专栏，邀请男性读者给"你想和谁约会，菲姬（Fergie）还是山羊"投票（引自《富兰克林》，1997：4）；甚至好莱坞女星凯特·温丝莱特（Kate Winslet）也遭到大众媒体的抨击——和莱昂纳多·迪卡普里奥（Leonardo di Caprio）一起主演《泰坦尼克号》之后，她被取了一个外号"泰坦尼克凯特"，一些杂志还给她开出了节食计划。我们无可避免地得出这一结论：对于大部分媒体而言，女性的价值完全建立在其性吸引力上。

有助于我们理解新闻如何报道女性的一个简单策略，是将之与新闻中的男性描写进行比较。与女性不同，男性的外表魅力通常极少被描写。事实上，如果男人的外表的确是具有新闻价值的话题，那么其很可能会以变化的方式被报道——因此，大卫·贝克汉姆（David Beckham）作为性感象征被讨论，不是他身体本身，或者他的身体仅仅被描述为更广的故事的一部分，比如有关年轻男孩们如何模仿他的"范儿"。相比对同样著名的凯莉（Kylie）的报道，媒体称她的屁股是"无与伦比的自然美"，常常连篇累牍地对她的身体进行淫荡描写（对大部分其他女性流行明星和好莱坞女演员来说同样如此）。

有趣的是，我们发现，当对男人进行加以评价的外貌描写时，其目的似乎是为了贬损他们或蔑视他们的观点。2003 年初，反对袭击伊拉克的反战积极分子就受到了这种待遇，他们经常受到这种对待，甚至连自由的"品质"报纸的专栏作家也对他们如此。在那年 1 月《卫报》的报道中，大卫·阿罗诺维奇（David Aaronovitch）把一个激进运动者描述为"看上去挺可爱的小伙儿"，继而描写他的发型（金色的），然后开始抨击他持论天真。

考察这类评论男性外表的方式有助于揭示对女性的性化描写并不是毫无目的的，这是权力运作的一部分，目的在于将女性视野琐碎化，并让她们"安分守己"。

4.1.2　性别、政治与新闻

近几年研究的一个重点，是媒体对待在重要政府部门担任高级职务的女性的方式，并将之与相应的男性进行比较。公正地讲，研究结果并不令人觉得受到鼓舞。比起她们的男性同事而言，即使在考虑到她们只是少部分人的情况下，女性政治家得到的报道依旧要少得多。不仅如此，她们被描述的方式也与一般的女性描述一致，与对男性国会议员们的表述形成鲜明对比。女性的年龄和婚姻状态通常都会在新闻报道中被提到，在提及女性时通常只用他们的名，采用的她们的照片也以家庭而不是以议会为背景，她们的体貌外表也被记者着迷似地百般挑剔（罗斯，2001）。沃克斯兹和肯斯基（1995：10）不得不得出这样的结论：在美国，正是第一个国会女性成员简尼特·兰肯（Jeanette Rankin）为新闻报道制订了蓝图并延续至今，这个蓝图指出，"媒体关注她看上去如何，穿着如何，而不是她的立场或成就"。

在对英国、南非和澳大利亚的女性议员的比较研究中，凯伦·罗斯提供了媒体痴迷于女性外表以及女性政治家对此产生的许多愤怒反应的案例："女性永远没有合适的时候，我们要么太年轻，要么年纪太大了；我们要么太瘦，要么太胖；我们要么是妆太浓，要么是妆太淡；我们要么裙子太浮华，要么又太不修边幅。似乎我们做的事没一件是对的"（国会议员道恩，引自罗斯，2002：90）。

更令人震惊的事实是，几乎所有相同的判断都来自男性政治家，而女性在这三个国家的报道中都不断被重复评价其年龄、外表以及来自她们同事（缺乏）可信性的评价，比如"她的头发今天看上去更有光泽了""你的裙子太短了"以及"这并没有超过你上床睡觉的时间吧"（皆引自罗斯，2002）。2005年11月，英国保守党"准"领导大卫·戴维斯（David Davies）激怒了一位高级女记者，其言论是关于金发还是黑发更有趣的话题，不过他紧接着的谈话（如他一贯那样）却主要集中在他的妻子有一头棕色头发这一事实上，而报道则说他偏爱金色头发！这支持了罗斯的观点，她认为议会和媒体共谋贬低和羞辱女性，以削减她们的权力和可信度。

除了外表，对议会中女性的报道的另一个关键主题是不断重复强调她们的性别角色、家庭和看顾孩子的责任。接受报道的女性政治家通常会被问"谁照看您的孩子"，问题甚至是带着同情的，用的是她们如何成功地游走在"家庭"和"工作"之间的这一类语言，其潜文本"几乎总带有非难的意思"（罗斯，2002）。正如英国工党议员格棱达·杰克森（Glenda Jackson）指出的："似乎一个女人为了让家人在一起，早上六点出发，打扫办公室，抚养她的孩子，她就被视为英雄。如果她想管理她的办公室，她将被视为是不正常的女性，甚至更糟糕，她会被看作是不正常的母亲。"（引自罗斯，2002：87）有趣的是，政治中的性别歧视话题本身也用来当作不尊重女性政治家的一种方式。正如有人宣称的："下一个记者在下议院再问我厕所和托儿所之类的话，我就掐死他。"（引自罗斯，2002：156）她有如此感受，是因为这种关于她的生活方式和工作环境问题的连篇轰炸让她没有时间去讨论其政策的初衷——她当初成为一个政治家的原因。

　　这里强调的事情之一是针对女性的性别歧视的可变性，其中，不同的刻板印象会被引发出具有不同目的的变化，甚至明显支持性的问题或者评论也可能用来削弱女性。另一个刻板印象被变化使用的例子是有关对印度孟买第一个女市长的报道。媒体促进会发现，有关对她任命的报道中充满着连篇累牍的自相矛盾的刻板印象。因此，一个评论可能以放松的口吻说她"并不符合有权力地位的人的刻板印象"，但接着又说，"她的行为像一个典型的家庭主妇，而不是一个积极进取、如饥似渴的掠取者""不是疯狂的女性主义者，她不排斥男人"。玛格丽特·加拉赫（2001）在讨论这些报道时注意到，媒体花费如此多的时间把她塑造成一个快乐主妇，以至于观众永远别想听到她在新职位上的工作计划和目标。

　　在对权力女性形象刻画的这些研究中，一个更重要的发现是，她们面临着无处不在的双重标准衡量，也常被陷入双重捆缚的处境之中。对 20 世纪 90 年代晚期大量女性进入英国议会案例的研究，将有助于解释这两个问题。1997年，120 名女性赢得了议会席位，新人们被卷入托尼·布莱尔（Tony Blaire）的权力之下，在一个现在已声名狼藉的照片上，一群女性围绕在新首相身边，其标题为"布莱尔的宝贝们"。许多议会内部人士认为，拍这个照片的时机很不明智，它将女性政治家们既幼儿化又性别化了。这为媒体在接下来的竞选中的女性报道奠定了基调。然而，很快，"布莱尔宝贝们"让位给了另一种报道风格，这种风格对女性工党议员而言甚至是更严重的批评。正如记者逐渐表明的看法，她们只是简单的"只会说同意的女人"（yes-women），没有独立的政治信仰或者自己的观点，总是不假思索地支持政府，"宝贝们"就变成了"克隆"或者"夫唱妇随的妻子"。

　　当大量的女性工会党议员投票赞同政府削减单亲家庭福利的时候，这个论题成了首要问题，激起了那些本希望女性工党议员能更具有女性主义立场的人对她们的失望，她们由此被斥之为"背叛者"。同时，不以女性主义为立场的媒体发起了对女性工党议员的抨击，把她们描述为软弱的毫无原则的"只会说同意的女人"。不过，此时许多以女性工党议员为目标的敌对专栏对选举结果的"女性主义"性质并不关注，却十分卖力地呼吁质疑女性作为选举代表的资格问题。这样一来，一个事关女性主义者重大利益的问题就被部分媒体趁机抓住把柄，成为恶意的性别歧视工具。

　　新选出来的女性工党议员发现自己被双重绑定了——如果对政府表现出忠诚的话，她们会被攻击为"布莱克的小狗"或者"夫唱妇随的妻子"；但不对政府表现出忠诚的话，她们又会面临更强的敌意。由于那些与女性同意政府削减福利（以及其他许多问题）相一致的评论，可能会有人期望媒体拥护或表扬那些忠于自己良心而没有这样做的女性。但事与愿违，媒体对于那些宁愿放弃原则观点而不是"不假思索"地支持政府的女性怨愤最大。总的来说，女性发现，无论是她们采用哪一种姿态，她们都是"该死的"。

在英国，经常被媒体抨击的一名女性工党议员是克莱尔·朔特（Clare Short），她曾带头（并不成功）试图取消日报上赤裸上身的模特。这招极大地惹怒了报界，报界利用她据说缺乏吸引力的外表来质疑她讨论这一话题的可信性，并暗示她是出于嫉妒（对于"第三页"的魅力模特）、假正经而想要毁掉人们的乐趣。2003 年，在她因批评首相布莱尔攻打伊拉克的决定而失去了内阁席位时，《太阳报》为她发了一个（带有政治色彩的）讣告，讣告用了一张照片，将她的头直接接到了一个相当年轻的赤裸上身的模特身上。报纸双面都用了这样的标题《她怀恨离去，信誉尽失》，诽谤她"背信弃义""背后伤人"，因为她早年放弃收养一个孩子而说她"心地不良""令人扫兴"。

另一个充满着性别歧视的领域是对战争的报道，其往往以性化的方式来报道。2001 年末，美国轰炸阿富汗，《太阳报》用《踢屁股》做标题，辅之以一个露出"屁股"的年轻模特的照片（布莱斯顿，2002）。与此类似，新闻报纸常常发起"模特"远赴海外的军营里进行娱乐表演，以鼓舞军队士气。

大量有趣的研究探讨了有关希拉里·黛安·罗德姆·克林顿报道的许多性别问题。布朗和甘迪拓（2002）认为，作为第一夫人，她被建构成一种"对性别的僭越"，因为她超越了传统的妻子和公民形象（虽然她早年曾尝试以分享曲奇饼干食谱来表现出这种形象）。当她在纽约投身政界后，对她的报道就变为将她描述为具有超强的野心和渴望权力。只有在她丈夫和莫妮卡·莱温斯基的绯闻之后，她成为"委屈的妻子"，才获得了媒体一再同情的报道。正如帕里·吉尔斯（2000：221）指出的，这会产生一个令人不安的结论——"我们害怕有权力的女性，但是尊重处于受害者地位的女性"。

4.2　新闻的专业化与性别化

4.2.1　新闻业的性别化文化

在考察了新闻中女性表达的一般模式之后，现在是时候转向对新闻产品以及新闻文化的考察了。从历史上看，与其他的媒体职业一样，新闻业已经成为男性主导的领域，尽管现在它正经历着一些变化，但仍然持续地存在着横向和纵向的隔离。"横向隔离"指的是传媒产业以及传媒产业中的不同角色存在性别隔离，女性集中在传媒产业中地位低下的部分（例如地方报纸以及女性杂志）以及特殊的角色类型（管理和后勤）之中。"纵向隔离"是存在这样的事实，即便在同一领域（比如电视制作），她们倾向于集中在等级序列中的较低点，与此同时，男性则占据着高级的管理地位。同样的工作，男人和女人之间存在着显著的待遇差别。众所周知，就算是片酬最高的好莱坞女星，比如说朱莉娅·罗伯特和凯瑟琳·泽塔·琼斯（Caterine Zeta Jones），比起与她们同等分量的男星来说，明显要挣得少得多。不仅如此，用"丑闻"做头条，已是整个行业单调乏味的准则。

自 20 世纪 80 年代晚期以来，一些研究证明性别隔离可能会变化（克里顿，1993；凡·祖伦，1998；穆罕默迪和凡·祖伦，2000）。克里顿指出，几年前，美国新闻专业的学生中有一大部分是女性，比如广告和公共关系已经开始成为"粉领"聚集区，白人女性在其中占据着重要的地位（也可参见比斯利，1992；塞巴，994）。然而，这并不值得我们为之庆祝。拉夫基（1989）认为，我们正在目睹"职业隔离死灰复燃"的过程：女性正在步入此前由男性占领的领域，但我们发现，正是她们在此领域中数量上的日益增长而导致了其地位的下降和收入的减少。不仅如此，更新、更复杂的歧视形式开始出现。比斯利（1992）发现，比起她们的男同事，女记者很少结婚或者很少拥有长时期的情侣关系。这暗示着女性为她们事业的成功付出了代价，其中有一部分是以她们长期的亲密关系受到影响为代价的。所有关注这个问题的研究表明，这些女性显然也很少有孩子（比如，拉夫基，1991；赛哈特和亨利，1998）。女制片人、女导演、女记者在数量上的简单增加，不能被当作女性获得更多平等的直接证据，因为，是女性，而不是男性，在得到这些的时候付出了她们生活中其他方面的巨大牺牲。在男性能够而且希望"拥有全部"（事业、伴侣、孩子）的时候，大部分身处媒体高位的女性却仍然面临着严峻的选择。

在传媒工作中，特别是新闻工作中，我们发现了其中的一个原因——一些"记者"的职业理念要求他们必须每天 24 小时待命，而且一声令下，他们就需要到任何地方出差，这和男性或者女性的家庭责任所需是难以调和的。很多新闻机构几乎没有或者根本没有产假，明确表示不满女性花时间去生孩子。关于女性因休产假而被解雇（技术上是不合法的，但尽管如此这种情况并不少见）的传闻充斥业界，同样流传的还有这样的报道——编辑们认为年轻女性"冒风险"请了太多的假，那就不要再回来工作了。正如《明镜日报》的编辑皮尔斯·摩根（Piers Morgan）半开玩笑地在新闻业女性组织会议上所说的那样：

> 我们只是解雇了她们。我认为我们是循规蹈矩的，这些是有章可循的。毫无疑问，如果，你的顶梁柱怀孕了，这是极让人讨厌的事，当然，事实是这样的，你不想失去她们六个月。甚至更让人生气的是，如果她们一个接一个的生，连着生 5 个，那么你会有 4 年都见不上她们，当然，的确，我怀疑怀孕的 20 个女性中有人会回来而且表现得无可挑剔，但总有人不是这样的（《女性在新闻业的论争》，1998 年 10 月，《程序记录副本》）。

在新闻业界，决策者的态度对于试图进入或者保持地位的女性而言明显是个障碍。里斯本·凡·祖伦（1994）用许多国际案例来论证这点，包括公然的"潜规则"（译者注：指通过性交易换取职场利益）："然后，副总统走过来，而且站得和我如此之近，以至于他的鼻子几乎碰到了我的鼻子，说道，'我们现在没什么瓜葛，但我们也许可以做些安排。你约吗？'"（引自凡·祖伦，1994：52）

性别歧视并不总是以这样明显的形式出现，但总有无数男人认定了"自己的形象"（比如"最爱的儿子"），他们认为与女同事共事感觉"没那么舒适"，还使用"老男孩网络"来招募成员。家长作风很强的态度在编辑部中很多，一些编辑让女性记者去报道战争或者难民的冲突。然而，许多其他媒体（特别是电视）倒置了旧有的性别歧视的形式，现在特意招募女性去做国外战争通讯记者，他们相信，女人在冲突区域出现会给战争报道带来令人恐惧的战栗和戏剧性。在《时代周刊》上有一篇文章写道："世界的战争区域，到处是凯特·埃迪（Kate Adies）式的女记者，她们在一些不重要的地方，冒着生命危险，满怀希望能讲述一个宏大故事，因为她们知道，大众想要的是来自于身穿防弹背心的（最好是漂亮的）女性的前线报道。"（引自凡·祖伦，1998：44）有趣的是老牌战争报道记者凯特·埃迪最近对这种趋势的批评是，电视台雇佣"面孔可爱、屁股可爱，此外啥也没有"的女记者会使新闻琐碎化（引自《卫报》，2003 年 1 月 30 日）。一个微小的失误就会让女性战地记者名声扫地。2001 年10 月，《星期日快报》（Sunday Express）记者里德利（Yvone Ridley）被塔利班逮捕，这件事激起了其他记者对她的能力以及（甚至更让人担忧的是）她以一个"母亲"的身份去做这份将她带入险境的工作的齐声厌恶："她的稿件是如此的绝妙，以至于她觉得值得让她的孩子成为孤儿？……这可能是个陌生的战争，但也是实实在在的战争，不是性别战争。我们需要信息，不是卡其色金发。"（《苏格兰人》，2001 年 10 月 10 日，引自马哥尔，2002）研究证据表明，任何一种情况下，男性作为父亲的角色都不会对他作为记者的工作形成挑战。

编辑部里小伙儿气十足的氛围也构成了女性进入该行业的重要障碍。男性气质文化中的酗酒、猥亵的玩笑和色情消费，疏离并对抗着许多女性新人。《卫报》政治记者乔安娜·科尔斯（Joanna Coles，1997）认为，她的男同事在英国普选中的行为本身就值得探讨。她将在竞选车上的行程（或者是记者搭的顺风车）和"未成年单身派对"联系在一起，男性记者以及摄制组偷看之前从因特网上下载的色情材料，他们分享着头戴耳机，无论何时，当碰巧有漫步在公交车小道的女性走向他们时，他们都会窃笑。

凡·祖伦（1998）也已经用证据证明一些启动仪式上新闻编辑室里新来的女性的经历——带有色情的、暗示的评论，性别歧视笑话，在此期间，被评说的女性们已经证明她们能承受这些，并成为"小伙子中的一员"。不只是一些青年女子会遇到这些。2003 年 1 月，瑞贝卡·韦德（Rebekah Wade）被宣布接管《太阳报》，成为该报的首位女性编辑。第二天《太阳板》第三版刊登的赤裸上身的模特被影射为"来自维普的瑞贝卡"（维普是伦敦的一部分，那里是许多国家级杂志报纸，包括《太阳报》，制作的地方）。是巧合吗？似乎不是这样的，更多的是《太阳报》的男同事似乎给他们的新女老板开的带有敌意的玩笑：你可能是国家级报纸的编辑，但是对于我们而言，你仍然只是一只小山雀。

在美国，对 CNN 主播赞恩·保拉（Paula Zahn）的市场宣传存在同样的问题。广告展示她的剪影和嘴唇，并配以这样的语音——"你能发现早间新闻主播带有挑衅、极其敏锐又有点性感"。"挑衅""性感"这些词同时在屏幕上闪现，音乐结束时，人们听到的是拉开拉链的声音。

女性面临着双重标准——她们被期望能够像男人一样把工作做好，成为"小伙子中的一员"，但她们也被要求施展其"女人的花招"去得到男人得不到的东西。女记者通常被视为"糖罐"般的无足轻重，分派给她们的任务包括"刺激"，即引导她们以女性气质去引出一些以常规方式获取不了的信息。一些编辑执意把这样的双重标准作为"女性"的优势。

由于面临着这些障碍，女性已经不得不具备创造性以进入传媒业，并常常有着与其男同事截然不同的职业轨道。比如，相比男性，女性更可能用秘密途径作为进入电视生产工作的方式，承担卑微的任务并付出 110％ 的努力，以获得重视和参与产品生产的机会（参见巴尔，1996）。对澳大利亚文化产业中的女性进行的重点研究（斯旺森和怀斯，1998）发现，比起男人，女性更可能是个体经营和自由职业者。传媒业中的女性正在逐渐适应不同的职位，丰富自己的职业档案，以在男性仍然占据高级职位的部门中参与竞争。

4.2.2　女性生产的新闻与男人不同吗

越来越多的女性受雇于具有创造性的高级传媒职位，对传媒本身来说是一个重要的目标。但从性别形象角度来看，重要的问题是区别何在——如果存在的话——传媒业中的女性是按照我们每天看到、听到、读到的形象类型来塑造的。如许多人暗自揣想的那样，雇佣更多的女性会带来"更好"的女性形象吗？女性制作的新闻就是女性主义的吗——或者只是女性气质的吗？

一些记者和评论家认为答案是肯定的，他们常断言，女性讲述那些她们不讲就会被忽略的故事，女性讲述的故事在她们的报道中明显具有与男人不同的伦理价值观，她们特别关注所报道故事的人文效果（如犯罪或失业）。一份有关新闻业中的女性的报告调查了这个问题，琳达·克瑞斯玛（Linda Christma）总结说，不论是对什么具有新闻价值的看法还是如何进行报道，女记者都不同于男记者。她认为，大量女性进入新闻行业正在改变着新闻的本质，使新闻变得更关注人类利益，如健康、教育、家庭事件，同时刺激了忏悔新闻的增加，模糊了新闻和特写之间的差别：

> 即使当女性与男性选择同样的新闻内容来写，她们的叙述方式也是不一样的。女性希望新闻是"相关的"，是你能够"与之认同"的新闻，是能够用她们的生活诠释的新闻。因此其议题是"个人化的""人性化的"，以便读者理解这种相关性。这形成了以下认识：
> ·女性更愿意与读者交流，她们把读者的需求置于政策制定者和其他新闻提供者之上；
> ·女性更趋向于以"人"为导向，而不是以"议题"为导向；
> ·女性更重视将新闻放在"背景"中，而不是孤立地去看待新闻；
> ·女性喜欢解释事件的结局（克瑞斯玛，1997）。

这样的诉求通常会得到未经检验的本质主义（比如认为男人与女人完全不同）或（更政治化的多种观点的）女性主义立场（哈丁，1993）的支撑。从这个观点来看，她们谦卑的地位使之获得了一种"怀疑的视角"，这种视角允许她们上上下下仔细打量这个景象，因此得到了更丰富、更公平、更确定的形象。这种多样化的观点并不像认为女性拥有认识论特权（如生产更好的知识的能力）那样离谱，而只是强调女性因为生活不同而拥有不同的视野。由此看来，她们能观察到男性总是看不见的东西，因此女性创造的人物、故事情节以及新闻报道比男性做得更可信、更细致。

尽管这种论点可能有说服力，但我们应该保持怀疑。一方面，这种观点建立这一主观臆断上——女性是一个同质的团体，而社会的重要区别在于男性和女性之间的不同。事实上，女性不只是和男性不同，女性自身之间也是有差别的，我们没有理由去臆测随着中产阶级异性恋白人女性大量涌入新闻业，剧本或者广播产品会在表达黑人、劳工阶层或者女同形象上有任何改进。当然，我注意到，英国杂志的女性专栏作家越来越多，而有关单身"福利母亲"或者黑人劳工阶级女性的故事却在减少。另一方面，自由的"品质"报纸提供了一种让人发腻的白人中产阶级的世界观，其中，女性作家的角色似乎主要是无休止地循环书写一些文章，如有关读书择校、小奥利弗打不打疫苗或是否给他请名牌教练，以及如果你买性感内衣、剃掉腿毛或化妆你是否还会将自己视为女性主义者，如此等等琐细事情。如果文化生产者的结构性地位注定是使其所生产的各种形象别出心裁，那么其中的关键就应该是社会阶级、种族、族裔（在其他事物之中）以及性别的多元化。

然而，即使这样也不一定会带来"更好"的形象，因为关于差异的观点忽视了意识形态和市场的重要性。那些在传媒体制上成功的人，会是那些有着职业价值观和体制意识形态的人：他们在专业上以各种各样的正式或非正式的方式被社会化了，以某种特殊方式来思考、写作、生产或进行舆论导向，总是反映着主流文化的趣味。比如，我们关于什么构成新闻或者什么能做出好电视的观点都与我们对性别、种族、阶级、地理等的主观臆断有关。从这个层面来看，个人的社会定位或出身可能不会像我们所期望的那样与生产媒介产品的决定因素一样意义重大。在这种文化产品的市场保守主义之外，其表明了对电影续集、电视情景剧或新闻的跨媒体议程设置（不同的媒介互相影响决定什么是有新闻价值的）的渴望，你拥有的食谱"更多是相同的"，因此几乎可以忽略生产的人。

凡·祖伦（1998）认为，关于女性和新闻价值的研究揭示了人们广泛认同的关于女性的刻板印象的渗透力。她注意到，男性与女性记者观点不一样，他们感兴趣的新闻不同，报道的方式也不一样。但是，当研究观察的是新闻实践而不是兴趣看法时，两个细微的差异出现了：比起男记者，女记者对观众的需求更感兴趣，或者以之为出发点；同时她们还会更倾向于从女性说话者那里挖掘更多的东西。所有其他的假定都不存在。凡·祖伦指出，没错，新闻价值存在性别差异的看法以女性获得既定的刻板印象或者传统的女性气质及其职位低下而终结，而这恰恰有助于制造和延续已经存在的神话。一些女记者为避免被对号入座而一直积极抗争，争取能写作关于政治、经济政策的新闻，而不是被隔离在充斥着广告的报纸和广播电视的生活节目中。

从这个观点来看，可以得出与克瑞斯玛的观点完全相反的结论，即不是女性的介入导致新闻业的女性化，而是新闻业的转变导致更多女性进入这个行业。那么，新闻业中女性数量的增长可能是整个新闻产业转变的结果而不是原因。下面我将考察这些转变的部分内容。

4.3 变化着的行业：雇用临时工、媒介管理与专栏作家的崛起

在过去二十年的新闻业里最具戏剧性的变化之一，当是新闻行业开始雇用临时工。新闻的大量内容是产自在家里工作的自由职业者。雇佣这类雇员不用支出办公室和设备开销，也不用负担真正雇佣一个职员所需要负担的社会保险、健康及产假福利之类的花销，临时工比正式雇员廉价很多。在富兰克林（Frankline）看来，产生这种变化的原因在于行业经济的重新建构。在英国，四分之三的自由职业者之前都是在新闻行业任职的，他们有丰富的从业经验。这样的个体是从收入颇丰的职位进入自由职业者行列的，在之前的处境下，他们是"计件工"，按"件"领取稿费，现在只有等到作品被采纳了他们才能得到相应的稿费。不用说，这样不稳定的就业不可能培养出有探索和批评精神的分析，更别想写出牵涉需要投入大量时间和资源进行大量调查才能形成的报告了。不言而喻，如果伯恩斯坦（Bernstein）和伍德沃德（Woodward）是在今天做记者的话，我们可能永远都不会知道"水门事件"。

新闻业重建的另一表现是大量增长的公共关系、媒介公关公司及其对新闻内容的影响（富兰克林，1997）。近期研究表明，这类资源在决定新闻内容的范围和要点上发挥着很大的作用。当传统新闻业消退时，公共关系已经得到扩张，其结果是新闻官员在新闻安排上有着很大的权利。我们生活在"自旋的"时代（译者注：指故事组织者用他所希望的方式来讲故事，其内容通常都是谎言）。《公共关系周刊》（*PR Week*）的编辑称，50％的大型报纸的新闻是由新闻官员提供的，而小报和地方性报纸在这上面的比例会更高（引自富兰克林，1997）。许多记者在进入这行的时候，认为他从事的工作是审查，认为自己大权在握，是强有力的"第四权力"，现在却发现现实是，他们的工作单调，通常除了不断写重复性的新闻稿外，能参与的东西很少。正如富兰克林注意到

的，新闻和广播编辑都承认存在两套系统，一种是"高品质"的记者参与到复杂重要的新闻中，代表着精英，与之并行的另一种低层次系统，其是由能处理改写、讣告、结婚报道之类的编辑助理组成的。

在过去的十年里，新闻业的第三个重要变化是专栏作家的崛起。人们常说，视频已经取代了新闻。专栏作家不是专家，尤其不是新闻学某特殊领域的专家，但却是擅长在众多话题领域发表观点的多面手，他们能对每周发生的任何事情甚至是每件事都发表看法。一些报纸雇佣"严肃"的专栏作家来写有关世界大事的反思性文章，但大部分专栏作家是固定在新闻报道的某个方面，并围绕这个领域来建立其正反面意见的大厦。这类新闻的本质是为了有说服力和让读者愿意购买，它必须是对一种普遍现象的辨识或者考察，不过通常只通过两三个例子来搭建。比如，一个专栏作家可能注意到了凯特·温斯特（Kate Winslet）和凯瑟琳·泽塔·琼斯（Catherine Zata Jones）最近都有了孩子，因此他就问："我们正在见证好莱坞婴儿潮吗？"在每天的新闻报纸上，这类专栏都是数以千计的——男人成了"新女人"，因为他们不得不注意到他们的外表；出现了年长女性约会年轻男性的"玩具男"新趋势；为什么同性恋男人能成为异性恋女人最好的朋友？诸如此类。

对于这些故事来说，最重要的是它们证明了新闻业本质上的一种转向——从报道转向阐释。许多记者已经成为文化中介（富兰克林，1991），他们不再将时间花在审慎地报道有新闻价值上的事件上，而是把时间花在了对趣味、价值观、信仰、愿景、习俗以及行为转变的描述和探索上。这些作家将他们的角色视为对从卧室到街上的人类行为的每一个方面进行挑选和分析，把他们的所见放进其发现或创造的某一模式之中，以一种引人注目的——最好是新的——术语来叙述我们是谁的故事的创作者。他们认为，过度反射的单一事件可能是随意的，但一个事件的两个例子就富有暗示性了，如果是三个例子那就形成了主要趋势——无论这个趋势是关于"坏小子"明星要结婚了，还是四十岁的名女人有了孩子，或者是"青春年少"类杂志倒闭了。

除了"趋势的故事"，另外两类专栏也值得我们关注。第一种是围绕第一人称讲述某种经历（与癌症或艾滋病毒抗争、待监狱、堕胎等）而建立起来的治疗忏悔的次类型。第二种是"挑衅/咆哮"专栏，旨在激怒读者或者法庭争议。迈耶斯（2000）认为，"治疗新闻"越来越多，感情越来越优先于对事实的详细报道。举个例子，在2005年7月7号的伦敦爆炸事件之后，大量关注涉事人情感的新闻被放在显著位置，无论是针对受害人还是应急服务人员，其报道方式都与二十年前对悲剧或者灾难的报道相当不同。这和治疗/忏悔新闻更普遍是相关联的（见第五章）。

4.3.1 "趋势故事"与反挫

从性别角度来观察，我们惊讶地发现许多新的专栏作家都是女性。佐伊·海勒（Zoe Heller）认为，目前有三种"新女孩写作"：第一种，是假想的"家庭前沿"专栏，在这当中女性很乐意写懒惰的丈夫和"调皮闹事"的孩子（妈妈，杰妮有一个和大理石一样笔挺的鼻子）；第二种是"严肃批评"类，在公众事件上采用的是混杂着女性主义的观点（外交大臣上一次给小孩换尿布是什么时候呢）；第三种是"水仙花女孩"，在这种文体中，年轻的单身女性喜欢倾诉她关于私人生活的奇思妙想（不要试图在出租车里剃腿毛）。然而，可能总体上最重要的是有关性别的故事占优势，这类故事努力记录男人和女人之间关系的变化并使之具有意义。

当今的报纸专栏与"趋势故事"非常相似，苏珊·法路迪认为，这是针对女性主义的深远影响进行反挫的一部分。法路迪想要探索流行文化中的矛盾。她发现一方面女性总是被告知她们"拥有全部"以及"所有的抗争已经获取了胜利"，但另一方面给女性的一个同样强有力的信息是"你们现在是自由而且是平等的了，但是这更糟糕"。法路迪（1992）观察到，"绝望公告"已贴满了从报纸到电影再到医生办公室的所有地方。表面上，信息每天都是不同的，但是潜在的主题是女性主义对你的身体健康、你的亲密关系和你的精神健康都不利。

> 职业女性现在正在"被耗尽"，她们正遭受着"不孕不育疫情"。单身女性因"缺少男人"而悲伤。纽约《时代周刊》报道称"孩子气"的女性是"沮丧而迷惑的"，而且她们队伍庞大。《新闻周刊》声称独身女性在一种"深刻的自信危机"下"歇斯底里，摇摇欲坠"。健康建议指南宣称身居高位的女性受到突发的"压力诱发的失调"、掉头发、精神不好、酗酒甚至心脏病等健康问题的困扰。心理学书建议独立女性的孤独"代表"了现今生活中主要的精神健康问题（法路迪，1992：2）。

自这项研究面世以来，新闻里仍然充斥着"趋势故事"，其警告职业女性的风险包括"超人般的女性被耗尽"、等待着她们孩子的是不负责任或虐待孩子的保姆、脆弱的情感以及糟糕的业绩。为了避免这些风险，女性受邀加入"新型家庭主妇"之列，她们有着"良好待遇"，但是要"放弃所有的一切，推着婴儿车去商场"。为什么？因为这是有益的（《卫报》，2002年12月12日）。

正如法路迪所论证的，"趋势故事"是成对出现的——一个是背离，另一个就是结合——专栏围绕与家庭形成鲜明对比的信息而建立。在生活琐事列表上，一方面是疲于奔命——"一份给马克思和斯宾塞的现成熟食"，"和她丈夫的飞速电话交流"，"不做爱"，"花在保姆、清洁以及干洗账单上的钱"，"可怕地意识到"她的儿子学会说的第一个词是"出租车"；另一方面是轻松愉悦、自由自在，确知孩子由"最爱的人"抚养的满足，（假想）有一个富裕的伴侣（尽管这个条件很少被提及）。《观察者》的跨页广告一开始就警告上班族母亲在听到"新型家庭主妇"的时候会"悲叹"，因为建构的是一个睦邻友好、社区和谐、家庭幸福的故事。内奥米与孩子们度过的每一天都是完美、充满快乐，与孩子们玩乐的，情感上相互体贴，她丈夫晚上 9 点下班回家，享受"一份成年人的晚餐和一瓶葡萄酒"，这一天才结束。记者告诉我们，"就这样"，"他们交谈着，交换一天的心得"。这是专栏作家莫林·芙瑞丽（Maureen Freely）的主要成就。待在家里照顾年幼的孩子，为晚上 9 点下班回家的丈夫准备晚餐，似乎既愉快又新鲜。然而，当今的专栏却都在报道（或者说建构）新趋势。

另一个人们现在（长期的）最喜欢的趋势是"处于危机中的男人"，在那里女性再次以坏人的角色出现，她们要对男人的每一件事情负有责任，包括男性在学校的失败到其失业问题、健康问题、男性的高自杀率及其各种各样的"被阉割"现象。

我并不是要辩称男性没有面临困难，或者待在家的妈妈（有很多同伴）的生活没有什么吸引力。相反，显然这两种说法都有相当的合理性，而且为许多女性道出了其真实深刻的渴望与经验。但成问题的是，这两种故事讲述的方式——缺乏现实的证据，对不同女性经验的多方排斥，将一两个人的逸事转换为趋势，种族中心主义以及固执地漠视经济的必然变化，等等——这些专栏日复一日的影响政治。从报道性别关系到解释性别关系，这种转向可能已经成为"新闻"的主要话题。

4.3.2 新新闻业

这些变化对现在人们熟知的"新新闻界"贡献不菲。每一代人似乎都有自己的"新新闻业"，它经常被视为是对以往或当下新闻风格的还击，被认为是更感人、更真实和更快速的，如"奇闻趣事"（gonzo）。然而，20 世纪 90 年代末和 21 世纪初的"新新闻业"常常是悲叹多于赞美（兰格，1997），这被认为是传媒环境前所未有的竞争所造成的后果，是市场革新对于公共服务的胜利，是媒体规约的变化（无规约或者规约"放松"）和技术的快速变革。

凯文·格林（2000）认为，当今的新闻风格源头可以追溯至美国20世纪50年代。随着智力竞赛节目丑闻被披露，电视网络试着通过增加新闻和当下事件节目来获取声望和尊敬以弥补受损的声誉。然而，这类节目的惊人扩张，意味着制造商不得不发展新的节目方式来增加电视新闻业的吸引力。20世纪60年代的政治、社会冲突（民权运动、反越战等）为以饱含情感的叙述（以牺牲官方评论为代价，突出让人印象深刻的形象）来产生广泛吸引力的新风格提供了绝妙的机会（格林，2000：21）。新的拍摄手法、对事件即时的参与而不是远离，成为这种风格的主要特征。

地方新闻的兴起也是这场转变的主要特征。地方电台的"新闻家庭"栏目，围绕着一对魅力夫妻来制作，对国内国际新闻节目产生了深远影响，并成为争相传颂、家喻户晓的"肯和芭比的新闻"。这种交际性的新闻风格甚至与其传递的信息一样意义重大——地方新闻节目标志着主持人之间戏谑地"愉快交流"的开始。新闻报道已经成了非正式的和亲密的，部分转向了诺曼·费尔克拉夫（1995）所谓的跨越不同社会领域的"人造的个人化"。

形式上轻便、易操作的相机和音响设备，以及卫星通信等技术的发展也对新闻报道风格产生了影响。但更重要的是卫星和电缆电视（这两者都对网络之间的竞争有影响）在其中所扮演的角色，它转向的是基于娱乐的新闻价值观而不是公共服务。CNN在1980年播出以后，美国的三大网络广播丢失了10%的观众，它们对此做出的回应是，尝试通过与人们日常生活相关的新闻和参与到人们日常生活中的新闻来进一步推广节目。电视新闻已经成为收视率之战的一部分，而且它们也不得不去争取观众，吸引广告商，以使自己的节目与其他类型的节目一样赚钱。

这些变化带来的是众所周知的"新闻娱乐化"（newszak）、"桃色新闻"（bonk journalism）、"信息娱乐化"（infotainment），或者只是个"小报新闻"——这种观念认为新闻、广播以及电视等几乎所有的媒体都小报化了。那么，新闻的特点是什么？

新闻的编辑偏好已经发生了变化。娱乐已经不只是提供信息——个人利益取代了公众利益，慎重的判断让位于轰动效应，细小的事情已经超越了重大事件。肥皂剧、体育界事件以及皇室名人的亲密关系，会被认为比有意义的议题以及国际事件的报道更有"新闻价值"。传统的新闻价值观已经被新的价值观削弱了。"信息娱乐化"十分猖獗（富兰克林，1997：4）。

对于富兰克林而言，"新闻娱乐化"的出现代表着外国新闻报道、调查新闻和严肃的议会报道时代的终结。从根本上来看，它侵蚀着新闻业大量的重要原则——从对理智、客观报道的承诺，到告知公众相关重要事件，再到给民主国家的公民提供必需信息。富兰克林认为，一种标志性模式开始盛行，其偏好的是娱乐优于信息，而且总是偏好事件有声有色的视觉形象（偏好撞车或者坠机），而不是严肃的有深度的报道。它将观众视为消费者而不是公民，把新闻当作对商业规则而不是对公共服务事件的回应。在美国，新闻简报现在是根据观众需要什么的"市场需求"而不是其他任何"什么是新闻"的观点来组织安排的。据报道，在英国，卡尔顿电视网络节目策划的头儿声称如果收视率低，他会裁掉《全球行动》（*World in Action*）栏目（现存的为数不多的纪录片系列之一），即便其项目制作者并未披露严重的司法不公（富兰克林，1997）。同时，他负责第 5 频道的同事认为，他的任务是通过向观众提供较少的政治和更多的娱乐消费、运动新闻，来避免新闻让人感到"痛苦"。

新闻广播正充斥着风格、表现，以及新技术承担的可能性——华而不实的虚拟演播室、令人印象深刻的图表以及卫星连接的双向现场直播。及时生动的呈现常常比实实在在的信息传递更优先（大部分时间是简单重复演播室中已经说过的内容）。"回应式"互动性已成许多新闻广播的核心，在"秀"节目的过程中引入邮件、电话、短信，以回应观众或主持人提出的各种各样的问题。比如，"即便没有联合国决议，布什也应当攻打伊拉克吗"之类的问题被挑选出来播放。

凯文·格林（2000）认为，小报化和后现代主义密切相关，因为小报是形象占主体，优于真实的对于现代重要概念的怀疑（比如，公众与私密、现实与表现之间的巨大差异），碎片化和折中主义导致的是，传媒行业越来越不推崇宏大叙事。在谈及小报新闻转向趋势时，他评论道：

> 它偏好饱满的情感，常常强调耸人听闻的东西。有时大量使用装模作样的反讽、滑稽模仿和广义的幽默，依赖于把现实和反现实表象约定俗成地混杂在一起，拒绝"客观性"、冷静和批评的距离。其话语高度多元，核心是通常被"严肃的"新闻所排斥的不合作的声音以及主流媒介话语中典型边缘化的东西。"奇异的""异常的"通常是其形象表现的中心……它通常不遵从行业标准和"真理"产生验证的程序。它是怪异、丑闻、"异常"的温床。同时，小报媒介将普通之物陌生化，使其充满异国情调（格林，2000：7）。

在当代电视新闻广播中能清楚看到的后现代特征之一，是它会混淆事实和虚构，而且更特殊的是，其使用来自新闻中各种娱乐产品的约定成俗的东西，比如，悬念、续集、侦探故事等。近来，给新闻报道配音的趋势更强化了这种文体借用模式。这个点子似乎是让我们更多地去感受而不是去思考。正如一个荷兰执行制片人提出的："一个没有眼泪的新闻简报不是一个好简报。"（引自凡·祖伦，1998：43）

传统的和当代的新闻风格介绍

旧的新闻风格	新的新闻风格
严肃的	琐碎的
理智的	情感的
信息的	娱乐的
抽象的	个人的
文字的	可视的
现代的	后现代的
公众利益	个人利益
事实的	事实与虚构模糊的
调查的	信息娱乐的
可测的判断	追求轰动效应

上表大致勾勒出了老式风格的新闻价值观与当代新闻价值观的对比情况。很明显，这是理想的划分、普遍的趋势，而不是在任何单一的新闻广播和新闻报纸中找到的固定属性，这是很重要的。正如西门·简科恩斯（Simon Jenkins）观察到的："总会有新闻业的黄金时期，而且总是在人们讨论报纸中出现的新主题的时候。"（引自富兰克林，1997：6）这种尖锐的评论警醒我们有必要意识到怀旧之情——特别是对从来就不曾存在的神话了的新闻业的怀念，这点也得到了约翰·兰格（1997）强有力的支持，他批评对于新闻的普遍的"悲叹"，并认为"另一种新闻"（有关失火、意外、选美大赛、名流、独特的职业以及兴趣爱好、儿童走失、浪漫冒险和命运的改变）长期以来一直是新闻的特点。

从兰格的观点来看，重要的是将这类新闻（与有关政治冲突、劳资纠纷、种族主义的新闻一样多）提出来进行意识形态分析，而不只是哀叹过去时代的流逝。

这些问题的背景之一是，性别、种族、阶级话题和新新闻业的关系急需引起重视。一方面，它（新闻）肤浅，只有美女、性和名流，看起来几乎没有为那些有志于改变社会进程的人提供什么希望；但另一方面，重要的不是理想化新闻业的旧有秩序，而要看重新新闻业形式所带来的机会和挑战。这意味着新闻和性别研究应当不只考察明显是严肃、有分量的议题，诸如那些对女性政治家的表现或者针对女性的暴力之类的报道，而应同时考察越来越居于报纸主体地位的"琐碎"小事：有关饮食或者欺凌弱小的生活文章是如何建构性别的？以哪种方式对像维多利亚、贝克汉姆之类的名人进行报道，会重新强化或挑战常规的性别写作？如果有的话，新闻业为新的不同的声音或者观点留下了什么样的空间？举例来说，在这最后一点上，人们可能会注意到，对政治家和公共服务人员的尊重可能会降低，科学家"发现"或者阐释性别的自然差异则常常会得到尊重（特别是最近爆发的媒体对发展心理学的兴趣）。从总体上来说，证明需要针对性别与新新闻业互动的复杂方式进行具体细致的研究。

4.4 性暴力的新闻报道

女性身体的性客体化，已经是各个媒体领域里的热门研究话题（参见第三章论广告的相关内容），其中尤其受关注的是针对女性的性暴力的新闻报道。全球各地的研究已经凸显了新闻以报道强奸、性侵来炒作性暴力的方式，扭曲了此类事件的发生率和本质（比如过多聚焦被陌生人侵犯、不同寻常或奇异的性侵以及针对年轻女性的犯罪），将女性受到的侵犯大事化小，以一种旨在挑逗或者唤起的方式报道强奸。其往往采用高度性化的语言来描绘女性受害者，如"性感的 21 岁""金发美人""蓝眼睛的女学生"等，这些描述与女性受到侵害的经历（如袭胸）少有联系。不仅如此，用以佐证的照片常常也是有意地充满挑逗性的。一个来自南非的案例很好地证明了这一点。在关于一个女人指控四个男人强奸的报道中，报纸报道故事的标题是"女孩，'心甘情愿的伙伴'"和"性聚会"，完全从四个被指控的男人角度来讲述这个性侵案。报道聚焦在这些男人从受到指控以来所经历的考验，而并未考虑这个女人的经历。照片里的男人衣着整齐，而女人则是裸体的，并且还是在涉嫌强奸的夜晚拍摄的（嘎拉菲尔，2001）。

这令人震惊，但并非少见。在英国，《太阳报》是大量流行报纸中的一种，其特征是每天都有一个"钉点"——第三版会刊登一个赤裸上身的年轻女性。卡特（1998）对其三个月期间的 840 份性暴力报道的研究发现，关于强奸的一些文字被直接放在这个照片旁边（违反了行业规则）——几乎一半都放在这照片的任一侧上，表明这是将强奸报道用作"新闻"性化的策略之一。我自己对英国小报新闻随意做过并不广泛的分析，发现即使强奸故事没有和第三版的模特放在一起，它们也通常是作为另一种女性的"性感"形象放在同一版面，这和《镜报》中的案例是一样的（2003 年，1 月 15 日）。在《镜报》中，有一篇文章是报道发现了一个 21 岁女性遗漏的衣服和手机，这篇报道被放在一个关于两性情趣用品连锁店越来越受欢迎的故事旁边（用了一个穿着黑色蕾丝线条式内衣的女性的照片），人们会认为她被强奸乃至被谋杀了。

在这一章的剩余部分，我想仔细考察新闻业是如何报道性犯罪的，以及媒体报道是如何既以刑事司法系统为食，又喂养了刑事司法系统的。这些论述的关键是分析媒体与警察、法院等机构是如何在一起建构着对性侵及其受害人和肇事者的特殊的复杂认知的。

4.4.1 刑事司法系统和媒体眼中的强奸

强奸是侮辱、贬低、压迫、控制女性的暴力罪行。它涉及对女性身体部分的入侵——这原本是用来获得愉悦和亲密感的，对于一些女人来说是为了孕育孩子的。许多女性将强奸视为一种折磨形式。反讽的是，有时强奸在战争期间是被接受的——这是反人类的罪行。不过在和平时期女性个人遭受到的同样经历，却是不被接受的。大部分女性都视强奸为极大的创伤，而且会在精神和身体上都留下长期的创痕。

在过去的三十年里，女性主义运动增强了对女性性侵的反抗意识，强奸现在被视为重大犯罪。强奸改革运动已经在许多方面取得了成功，给法律、司法程序、证据采集、危机审讯以及受害者护理等方面都带来了巨大变化。更具普遍意义的是，它提出了与受害者、侵害者以及犯罪的本质和意义等传统概念直接相对立的理解模式，反对认为强奸是受到了欲望的驱使、女性受害者要为被侵害负责任、最好把强奸犯理解为是孤独的和没有预谋的精神病患者等观点，而是倾向于将之理解为男性主导的社会语境中的性侵害。

今天，两种类型的强奸概念都普遍存在，公众对性侵的理解充满着矛盾。一方面，性侵罪行激起了广泛的恐慌和厌恶；但另一方面，仍然流行着一种观点，认为如果女性被强奸的话，是由于她们自身在某种方式上有罪，并且她们应对之负责——比如，她们在穿着上富有挑逗性，她们独自夜行，她们"引导男人这样做"，等等。

当今的媒介和刑事司法系统在对待女性的问题上扮演了重要角色。对一些法官来说，似乎只有你是理想的受害者——即中产阶级已婚妇女或处女或有孩子的家庭妇女（表面看来如此，尽管有点自相矛盾）——你才能逃脱诋毁。这种观点又在媒体带有明显的"等级之分"的犯罪新闻报道中被强化，"被殴打、被强奸的受害女性在新闻报道中不被重视，除非她们是中产阶级白人，或者她们对其他女性来说是一个警告"（迈尔斯，1997：98）。在英国，凸显个别法官的性别歧视的故事每隔几个月就会出现在报摊上。1990 年，卡塞尔（Cassel）法官在对一个男子强奸他十二岁继女的案子做出评论和判决之后，被迫提前退休。卡塞尔说，对于一个有着健康性欲的男人，在他的妻子怀着孕对性没有兴趣的时候，他去干这种事是可以理解的，所以他对那个男性犯罪者判决了缓刑。

如果我们更仔细地审查法官的行为，就能看到卡塞尔法官的案子最不寻常的一点可能是他的被迫退休。议案很少被用来针对行业中的个体，一种流行的观点似乎是"不"并不总是意味着"不"。正如，维尔德法官在他的陪审团面前所直言的，"说'不'的女性并不总是意味着'不'。不只是她如何说以及她如何表现才能更清楚地表达她的意愿的问题。如果她不想要这样，她只需要闭紧她的腿，如果不施加暴力，就不可能侵害她，否则就会有使用暴力的痕迹"（引自甘乃迪，1992：111）。值得注意的是，使用暴力的证据不总是会作为女性被强奸的证据而被采信，因为瘀伤可能是防卫"粗暴的性游戏"时产生的。事实上，在法律顾问甘乃迪·海伦娜（1992）引用的案例中，甚至有轮奸犯被放过的案例，其理由是女性喜欢"来得猛一点"。在 1992 年的一个英国案例中，其高级法官中的一员在描述一个遭性侵的 12 岁女孩时说她"不是天使"，暗示她也有罪。简·厄谢尔（1997）引用了许多类似的案例，在这些案例中小到 5 岁、7 岁的女孩也被诅咒，"我很满意我们这儿有不一般的性感淫乱的年轻女人，而且他（被告）对拒绝所知甚少。没有办法让我相信是他（被告）发动性接触的"。——这个案例审判的是一个男人对一个只有 5 岁的女孩的性侵犯（引自厄谢尔，1997：390）。

女性受到强奸的可靠数据非常难找到，并且很难解释。桑德拉·沃克莱特（2001）指出，两种不同的策略通常会让人感到困惑：发生率指的是在特殊时间段里事件发生的数量，普遍存在率指的是在一生中事件的数量。对强奸率的研究表明，在每四个或者每六个女性中就有一个会在她的一生中遭到强奸，在英国，这个比率是每三个人中就有一个会遭到性侵犯；在美国，1990 年的普查发现，有 13％的女性声称她们遭遇过强奸，而这中间只有四分之一的会得到报道（引自厄谢尔，1997）。英国犯罪调查的结果反映出只有 13000 例对女性的性侵犯会被警察记录，而实际上一年估计有 60000 例。

被警察记录在案的强奸数量在过去的三十年里急剧增长。实际上，从 1985 年以来，在英国，媒体对强奸的报道已增加了近 400％。然而，我们必须小心地对待这种增长。它不一定意味着越来越多的女性被强奸，也可能是高报道率的结果，原因是意识增强以及来自警方的越来越多的支持（比如帮助指正"强奸房间"、确保女性官员被指派给女性强奸受害者等）。然而，非常清楚的是，尽管警方的强奸记录在增加，对于强奸的定罪却并没有增加。在所有重罪中，强奸的定罪率是最低的，带到法庭的强奸案只有不到 6％会被定罪。考虑到强奸事件中只有一小部分会被警察记录，而这其中又只有一小部分会被带上法庭，我们发现，只有为数不多的强奸案子会被定罪，其代表的是只有对女性性侵的一小部分被定罪和追责，这是非常让人担忧的。一份由警察和检察部门独立督察在 2002 年 4 月联合发布的报道发现，刑事司法系统在各个阶段让强奸受害人失望，而且发现被强奸的女性比其他犯罪案件的受害人更容易对犯罪审判进程完全失望。报道得出的结论是，更敏感地对待受害人对确保定罪来说更关键。报道建议在强奸案中引进特殊的起诉人，为警察和起诉人提供更好的训练，为起诉人迎战辩护人进攻性的反诘提供指导。

报告并没有涉及媒体对强奸的报道，但显然新闻报道对此来说也很关键，因为至少公众对性暴力的部分理解正是从这里被建构起来的。对性侵的媒体报道的研究只是突出了很少部分话语，这些文本在报道中不断重复出现（本尼迪科特，1992；库克兰兹，1996；穆尔迪，2002）。总的来说，这些系统性的强奸误读为男性行为提供了合理性并谴责受害人。这是我们接下来要谈的结构性神话。

4.4.2 新闻报道中的强奸神话

抹黑证人或受害人（女性）的声誉。有关强奸最广泛和最确定的观念之一是，认为受害者在某种方式（穿着打扮或者行为举止）上诱发了强奸。这个神话是如此的根深蒂固，以至于一些强奸受害人和许多律师、记者以及警察都接受了这种观点。神话竭力限制女性被认可的行为范围，甚至女性为聚会盛装打扮、独自在某处步行或者对男人友善等行为都被建构成是应该遭到指责的。

神话的另一个重要方面是，如果女性自己没有防范"正常"的（如不可控的）男性欲望，她们就被描绘成是罪有应得的。女性的行为有问题，而同时男人只是在其"睾酮激增的时刻"受到激发——这种观点被视为毫无问题。在法庭上，女性的性史可以被讨论，甚至展示她们的内衣也是为了质疑她们，或者因为她正穿着一件蕾丝内衣或者穿得少得只剩一根线就可以表明女性对性是积极有兴趣的。许多新闻对辩护人的辩护进行了毫无质疑的报道，并毫无质疑地重造了对受害者的评论——在报道中，校园强奸的疑似受害者成了家喻户晓的"年度荡妇"，小报新闻界所有接下来的报道都使用这个称号，甚或令人震惊地围绕这个而来认为女性是"容易被引诱的"或者"松懈的"，因而她应该是同意这么做的。这是令人震惊的对女性的贬损。

用性化的语言去描绘女性受害者的记录很多（苏特尼尔和沃尔比，1991）。本尼迪科特（1992）注意到新闻报道中类似的语言所起的关键作用：

> 男人永远不会被描述为歇斯底里、闪闪发光、漂亮、冒失、假正经、活泼或者妖艳，但在我考察的案例中，这些都是用来描述女性受害者的……对男性受害人，很少会用这些性吸引力的语言，而在谈及女性受害者时，却几乎总是会用到这些词……甚至，女警察和女侦探也被描述为"有魅力的"或者"漂亮的"（本尼迪科特，1992：20-21）。

她要求我们想象"活泼的约翰·哈瑞斯昨天在他的家里受到了袭击"，或者"英俊的金发侦探鲁滨逊·保罗今天站在了证人席上"等诸如此类的新闻报道。当然，对此我们不能接受。

这对我们比较对女性、女孩与对男人、男孩所受到的性侵的报道具有指导意义。在针对男性的这些案例中，取代受到批评的受害者的行为或者着装的，是对性侵者权威位置的突出，比如"性变态的警察""教区牧师的无耻之夜""同性恋狂欢派对上的校长"等。这些报道永远不会考虑到作为受害者的男孩或男人的行为可能对他们遭受到的性侵负有责任，比如，面对满健身房身穿短裤的男孩们，一个教师可能不能控制他的欲望，而并没有什么来暗示教师的这种行为是可以被理解的。简而言之，性侵的男性受害者被描绘为没有什么可以指责的，而在这样的案例中，强奸被当作是与权力而不是与欲望有关。同样值得注意的是，有关男孩或者男人被强奸的报道都不会对受害人和罪犯进行露骨的描述（卡普蒂，1987）。

误区一：强奸是性，是非自愿的小事儿。

认为强奸"只是"性的观点依赖于大部分其他关于强奸的流行话语，它忽略了强奸是一种身体侵害这一事实，并鼓吹不应当把它当作犯罪来严肃对待。海伦·本尼迪科特（1992）引用了许多公共领域里的神话例子，其中包括了德克萨斯州共和党候选人克莱顿（Clayton Wiliams）1990年竞选州长时的评论："如果这是不可避免的，那就放松并且享受它吧。"这忽略了强奸是一种暴力侵害的事实以及其受害者是被侮辱、被威胁乃至身体被残害甚或被谋杀的对象。本尼迪科特（1992：14）引用了一个十多岁的强奸受害者说的话："强奸对于性而言，就像在嘴巴里穿孔对于亲吻一样。"这个神话最有害的地方是暗示女性在被强奸的时候是很享受的，这是辩护律师经常在法庭上用到的某种话。这是一种新的恶性发展——特别是在约会强奸的记录数量不断增加的背景下——是辩护人在法庭上利用看似女性主义的话语，暗示女性是在性贞洁要求的压力下"不得不"说"不"，而实际上她们是想和被指控的人发生性关系的。从这个观点来看，一个女人表面的拒绝只是想保持贞洁的名声（使自己不会被贴上"淫荡"的标签），而不是明确地拒绝。

误区二：强奸犯总是黑人或者社会底层的人。

有关黑人男性性欲的种族主义神话已经有很长的历史，向上可以追溯到奴隶时期。在1880年到1940年期间，最常见的"白人们的'审判'是对强奸或者强占白人女性的黑人施以私刑——白人女性是禁果，是不可触碰的财富，是白人男性权力的终极象征"（多德·霍尔，1983）。白人女性被描述为纯真无辜的，而黑人男性则被描述为只是追求他们的性欲，缺乏自制力，通过强奸白种女人来实现他们惩罚白种男人的欲望。事实上，大部分强奸发生在同民族的成员之间，不过，战争期间的强奸显然是个例外。

作为这个神话的结果，被强奸的黑人女性遭受的痛苦更大。她们面临着"所有女性面临的两种强奸神话，黑人女性的刻板印象更可能被认为是她们同意性行为，拥有更多性经历，因而会受到更少精神情感伤害"的刻板印象（肯尼迪，1992）。

四十多年来，在对性暴力报道的广泛分析中，斯科特赫尔和沃尔比（1991）发现了一些种族主义的案例。他们注意到，当被告是黑人时，强奸嫌疑犯的新闻照片会用得更多，正是这点点滴滴导致了性暴力的种族主义臆想。讨论报道强奸的方式，有时候是和政治议程搅在一起的，他们考察了著名的案例"布里克斯顿轮奸案"（Brixton Gang Rape），"轻判"和"种族"经常被捆绑在一起，其制造的形象是"横冲直撞的年轻黑人正威胁着白人女孩的安全，法院判得太轻了"（斯科特赫尔和沃尔比，1991）。

正如贝尔·胡克（1982）和帕特丽·赫尔·柯林斯（1991）指出的，反种族主义抗争也以牺牲黑人女性为代价，给予黑人男性经验以特权，以至于对黑人男性动私刑成为种族主义标志。与此同时，白人男性对黑人女性的强奸会被视为是性别歧视，而不是（如其应当那样）一种犯罪。

误区三：性侵者是受到了欲望的刺激。

有关强奸的更深层次的神话是认为这是被性欲所控制的男人们犯下的事。男性性侵者被认为是饱受着性压抑的折磨，而后在某种特定女性带来的欲望的驱动下做出了超出了他们日常自我控制能力的事。虽然这个神话已经不断受到强奸改革运动的挑战，却仍然在公众意识中占有一席之地，而且通常在新闻报道中含蓄地表达出来——如果不是明确的。事实上，强奸犯的行为不是因为受到欲望的刺激，而是被愤怒或者是想羞辱、掌控女性的需求激发的。强奸有关权力，而不是性享乐。这能在异性恋男人大获全胜的男性强奸中看到。强奸不是一种受挫欲望的表达，而是一种贬低或者惩罚他们的受害者的方式（利斯，1996）。

对强奸的本质和原因的根本性误解的另一面是女性因其"有魅力"而受到谴责。事实上，正如我们已经看到的，在强奸案中甚至连小孩都被表现为是"引诱的"。法律抗辩的一个常见主题（特别是在性谋杀的案子中）是挑衅，包含从挑逗被告到被告拒绝和他发生性关系之间的任何事。斯科特赫尔和沃尔比（1991）引用了这样一个新闻报道，其内容是说一个12岁的女孩被一个17岁的年轻人捅死，是因为她在性游戏之前没有透露自己的年龄。通常新闻报道的假设是女性愿意为对她有兴趣的男人提供性。比如，《太阳报》的新闻标题是"房东对女孩的致命欲望"，其副标题是"房客避之唯恐不及的性"。用"避之唯恐不及"这个说法，《太阳报》给人的印象是，对于女性来说，正常的现象是与她的丈夫发生性关系。同样，在另一个案例中，男人杀了一个搭便车的女性旅行者，《太阳报》的标题是"搭便车的女孩拒绝性"，再一次暗示搭便车这种情境通常会招致有企图的伙伴。

这样看来，在这个神话中，女性（甚至是小女孩）是万能的，而男性是弱势的。正如一个法官所说，"我们都是容易堕落的绅士，我们一定要宽宏大量"——这是他在判决一个男人性侵一个七岁女孩时做出的评论（引自厄谢尔，1997）。

简·厄谢尔注意到，讽刺的一点是，如果女性遵从传统的女人气质的伪装——穿高跟鞋、化妆等，就会被置于邀约甚或寻求强奸之地。有趣的是，正如她指出的，这颠倒了"女人味是'天生的'这一无处不在的观点，其潜藏的意思是女性是有选择机会的"（厄谢尔，1997：391）。

误区四：女性为复仇而哭诉强奸。

对于刑事司法程序和强奸新闻报道的另一个核心观点是一些女性仅仅是在"虚构"强奸指控——可能是为了引起注意，或者是她们后悔性接触和不愿对此负责任的一种方式。很难评估和强奸紧密相联系的这个观点的重要性。毫不夸张地说，所有对强奸的指控都被置于这种怀疑视野之中（在报道性侵的时候，这种怀疑视野对女性来说是主要障碍，因为许多人担心别人不会相信她，这是相当有道理的）。不仅如此，整个机构系统建立起来的规程都是为了应对男人对被诬告强奸的恐惧。比如，医院的陪伴系统不是为了保护女性患者免于被强奸而设置的，而是为了保护男性医生不会被诬告为强奸而设置的。

这种恐惧之下潜藏的观念是容易制造诬告并难以驳回错误的诬告。事实上，情况恰好相反——在所有犯罪中，对强奸的证据要求是最高的，而且陪审团通常会被警告只依赖受害人的证据的危险，并且他们会被建议不要以未经证实的证据为基础来定罪。考虑到这些是在强奸案中经常遇到的情况，其定罪率如此低就不会让人吃惊了。

毫无疑问，少部分女性的确会诬告被强奸了，但并没有理由让我们怀疑对于性侵的诬告会比其他犯罪中的诬告更普遍。与之相反的是，很多证据证明性侵诬告比其他犯罪中的诬告少得多。正如许多女性主义者所追问的，为什么女人要将自己交给性侵检查，让充满敌意的公众审查自己的性关系和行为道德，遭受如此的侮辱之后，看到的却是 100 个强奸嫌疑犯中有 94 个都会得到无罪释放？

误区五：强奸犯是没有预谋的陌生人。

媒体建构强奸报道的最后一种神话是认为"真正的强奸"就是被陌生人强奸。丽莎·库克兰兹指出，这里谈论的对强奸的虚构描写，其"基本公式"潜藏在大部分新闻报道中：

> 受害者遭到一个看不见的强奸者的侵犯，这个人用手捂住她的嘴，强行抓住她，或者把她扔在地上，言语中充满着威胁和性别歧视，这些话包含着对女性以及性欲的陈旧观点。残酷的暴力常常意味着使用武器，强奸后受害者受惊的表现，以及包括拘禁在内的非常规的作案手法。袭击之初通常强调的是强奸者的淫荡……强奸者被描绘成在语言、着装、习惯或者态度等各方面都明显游离在主流之外（库克兰兹，2000：6）。

从对媒体表达强奸的方法的深入分析中，库克兰兹（1996，2000）总结道，在对强奸受害者的同情描写方面，小说的强奸描写一直都比新闻媒体的描写要好得多，她还给出了女性主义有关性暴力观点的理解。舒娅塔·穆尔迪（2002）的观点与之类似，她比较了有关强奸的令人不快的新闻报道和电视脱口秀。

新闻媒体将强奸犯刻画为可辨识的病人和淫荡的陌生人，这误导了我们对强奸的理解。事实上，大部分的强奸都是由朋友、亲戚、邻居或者其他受害者熟悉的人实施的。据库克兰兹观察，在连续 21 年多的时间里，由"陌生人伤害"的性侵害的数量基本上没有变化，与此同时，熟人强奸案的数量却快速增长［《计算机程序系统研究》（*CPS Study*），2003］。在熟人强奸案数量飙升的同时，新闻媒介报道的却只是符合典型的强奸模式的少数罪案。可靠证据表明，大部分的强奸根本不是新闻报道的那样常常只有带有异乎寻常的可怕暴力的最不典型的案例得到了突出报道，而且比起真实的发生率而言，可怕的性谋杀是不成比例地被过度报道了（卡特，1998），这似乎让普通的强奸案看起来没有新闻价值一般。

斯科特赫尔和沃尔比（1991）指出，从对 3000 多份关于性暴力报道的分析来看，这些报道主要是根据三个重要时间点建构的——搜索或寻找性侵者、法庭，还有少部分臭名昭著的案例是在定罪之后。在对陌生人性侵的报道中，兽性的建构是故事的中心，并将有性欲的"禽兽"与其他犯罪联系起来——它们可能有一种相似的特点，或者是在同样的领域里，或者涉及同类受害者。新闻常常在警察之前找出这些关联（如果真的有的话），因此他们倾向于用被动的形式把这些写出来。比如，"强奸犯和约会强奸（M42 rape）中的男人可能是同一人，人们的恐惧日增"，或者"人们越加怀疑二十年前这个地区的两个孩子被谋杀的悬案可能与此有关"。有的时候，这种关联是对的，有时却是错的。问题的关键是，将之与其他罪犯关联起来是讲一个"好的""性欲大发的禽兽故事"的关键。

第二阶段涉及给男人贴上诸如"禽兽""恶魔""怪兽"之类的标签。有时，男人会被以一些犯罪的典型特点来命名，比如"M42 强奸犯"或者"巴拉克拉瓦强奸犯"（balaclava Rapist）。

建构"性欲大发的禽兽故事"的第三阶段是将之与此前的恶魔形象象征性地联系起来，比如约克郡开膛手（Yorkshire Ripper）、德拉古拉（Dracula）、汉尼拔·莱克特（Hannibal Lecter）等，无论他们是事实存在还是被虚构的都根本无关紧要。重要的是，故事开始借用其他犯罪故事制造恐怖，此后"任何"将来发生的事件都是根据先前的故事来描述，比如"开膛手类型"和"像狐狸一样"。斯科特赫尔和沃尔比注意到，同年臭名昭著的强奸犯马尔科姆·菲尔里（Malcolm Fairley）——"狐狸"——很难被定罪的事情被报道，并没有把它看作是某种盲目模仿的犯罪，也就是说，所有关于强奸的报道都是以这个特殊案例为棱镜折射出来的。

有人认为淫荡的陌生人是女性主要的危险来源，与此形成直接对比的是对所谓的"约会强奸"的高度选择性的报道。新闻媒体聚焦小部分臭名昭著的案例，如美国的"威廉姆·肯尼迪·史密斯案"（William Kennedy Smith case）以及英国的"奥斯汀·道里兰案"（Austin Donellan trial），一再暗示对约会强奸的指控是没有根据的。凯蒂·若夫（Katie Roiph）的书《之后的早晨》指责"受害人的女性主义"，认为对强奸的指控是由于原本只是两相情愿地性交之后女性又后悔了，这种看法受到了广泛欢迎（伊菲，1993）。

总体看来，媒体对约会强奸的不信任和对病态陌生人的关注是对强奸的本质和强奸发生率的完全扭曲观念的助推器。

4.4.3 21 世纪的性犯罪新闻

有关强奸的这些神话是从对性暴力报道的研究结果中得出来的（斯科特赫尔和沃尔比，1991；本尼迪科特，1992；迈尔斯，1997；卡尔特，1998；基青格，1998）。并不是每一份性暴力报道都会囊括所有这些神话，因为报纸不同、罪行不同、报道的风格差别很大。然而，平心而论，即使是在 21 世纪，这些观点继续建构着大量的强奸报道和其他的性犯罪。下面的案例会有助于揭示这些神话在具体报道中的发展。

2004 年 2 至 3 月，英国的新闻被两种性暴力的报道占据了主要位置。第一个是"安东尼·艾密拉案件"（Antoni Imiela trial）中的罪犯在新闻中被称为"M25 强奸犯"，因为他主要是在 M25 高速公路附近作案，艾密拉（Imiela）被认定至少对八名女性实施了强奸，2004 年 3 月，他以七种罪名被判处无期徒刑；在艾密拉案件进行之时，另一个性暴力故事也上了报——三名女性声称她们在一个西班牙旅店的房间里被六名英超联赛的球员（来自莱切斯特城俱乐部 "Leicester City Club"）强奸了。

2004 年 3 月 5 日，伦敦报纸《地铁》在第四版和第五版上用两个版面将两个故事并置在一起。放到一起来看，它们包含了我们已经讨论过的神话。关于艾密拉案件的标题是《成为"怪物"的缺乏安全感的孩子》（见下页楷体内容）。在这篇文章中，艾密拉被建构为一个性欲充沛的野兽或者怪物，他的"扭曲的冲动"和"病态的仇恨"似乎来自其安全感的缺乏，或者来自于他在学校被欺负的经历。报道引用一个"犯罪心理学专家"的话说，"强奸犯会受到自卑感的驱使，通过强奸他们让自己感到有掌控权"。心理学说法还认为强奸犯"胡思乱想""想羞辱别人"。这篇文章旨在解释艾密拉是一个异类。在报道中，有两张照片被并置在一起，一张照片中的艾密拉是一个看上去不错的年轻男孩，另一张是他现在的"怪物"形象，这强化了人们对他父亲的粗暴以及他童年的创伤的印象。这一页的另一篇文章报道了对他家人、受害者以及警察的采访。为了让人们关注性暴力，在报纸底部的另一篇文章报道的是警察在处理伊恩·亨特利（Ian Huntley）案子中的失败——2002 年他因性行为动机谋杀了两个 11 岁的女孩（霍莉·威尔斯和杰西卡·查普曼），这个案件引发了全国性的哀悼和强烈反感。

昨天报纸披露，连环强奸犯安东尼·艾密拉坚信他的受害人是罪有应得。

精神科医生暗示他扭曲的冲动来自于他的背景和自卑心理。

艾密拉 5.6 英寸高，他在孩童时可能曾仇恨自己的身体，这种感受让他想侮辱弱势的受害者。

在他的妄想中，他通过认定受害人和他一样是有罪的，来掩盖他在现实中的所作所为。

最开始他在肯特郡的阿什福德性侵了一个 10 岁女孩，震惊了那个小镇，并激起了艾密拉和他的同事戴伦·阿诺德（Darren Arnold）之间关系的争论。

阿诺德先生说，在咖啡馆读到关于强奸的报道后，他评论说如果他的孩子是受害者的话，他会去杀了强奸犯。

听到艾密拉说"可能这是她罪有应得的"，阿诺德气得摔门而出。

但法官认为这个证据太有偏见以至于不能在陪审团面前提出来……

有三个受害者注意到艾密拉阴茎小，而伯明翰大学的犯罪心理学专家安索尼·比奇（Anthony Beech）博士认为，这可能会助长他变成一个连环强奸犯，他补充道："强奸犯可能是由于受到自卑的驱使。强奸让他们觉得自己有掌控权。"

那些认识艾密拉的人提及了他对权威的病态的憎恨。他在铁路上工作，长时间的异地工作和旅行，都让他能有机会召妓。

一个同事回忆他吹嘘一个半大女孩"已经 18 岁，但是看上去更小"。

艾密拉于 1954 年出生在西德的吕贝克，他早期的童年是在难民营中度过的。1961 年他们一家搬到英国，在达勒姆郡的牛顿艾克利夫（Newton Aycliffe）定居下来。在学校他因为其德国血统而受到欺凌，他的父亲也经常打骂他。他 15 岁时因为抢劫被送到青少年管教所，1988 年又因持械抢劫被判处 14 年的监禁。

与此同时，这页的背面讲述了一个与之完全不同的涉嫌强奸的故事。这篇故事里根本没有"性兽"话语，但是，女性提出的控诉不止一个是被质疑的（不同寻常的是，在这个案件中就是这样判定的）。尽管不允许点出她们的名字，报纸却把提出强奸指控的女性描述为"非洲出生"——这与前面讨论的强奸神话有关，而且称她们"想要生活在德国"——这在旧有的对抗的背景下也是意味深长的，常常有意与足球联系在一起。许多小报对这类事件的报道相当排外，它们将强奸索赔视为对英国国家的侵犯，在对这三个女性的报道中主观臆断她们是妓女并同意发生性关系；相反，足球运动员通常被认为是无辜的、被诬告的，甚至如《地铁报》所说，他们是"被欺凌的"。

在这里，我们可以看到关于女性"哭诉强奸"的神话是如何变化的，即报道所说，它是涉嫌性侵而事实上却两相情愿的性行为。进一步深究，报道中有关强奸犯和民族主义的主题意义深远。想想斯科特赫尔和沃尔比（1991）所观察到的新闻中更多使用黑人被告的照片，这同样意味深长。尽管文章竭力将球员们（和艾密拉不同）表现为受了委屈而感到震惊的"正常人"，但是其中采用的辛克莱尔（Sinclair）——他们中的黑人球员的照片可能会挑战这一解释。这张照片是其他照片的两倍大小，（其后的背景）有着源远流长的种族主义的历史，辛克莱尔看上去是有攻击性和"兽性"的。照片或许在不经意间就以这种方式提出了对涉嫌强奸的不同理解——它并非报道清楚地"写出来"的那样。

艾密拉的案子以他的认罪坐牢而告终，与此同时，针对球员们的指控却在其被认为是子虚乌有之后被撤销了。对这两个案子的报道显现出长期以来有关男人、女人和强奸本质的流行观点，是对之前研究所揭示的神话的回应。尽管最近司法系统对性暴力的回应已经有了明显改善，但媒体对强奸的报道仍然存在一些已经过时了的、有害的话语架构，而这些话语从好的方面来说是无用的，而从坏的方面来说则是有危险的。

4.5　结论

本章考察了21世纪早期新闻的变化——在市场压力的驱动下，它变成了取悦消费者的娱乐产品。这标志着重要的转向，与早期作为公共服务的国家新闻已经相去甚远——国家新闻教育公民、给他们提供信息以促使其参加民主生活。性别已经以大量各种自相矛盾的方式与这种转向紧密结合在一起。一方面，新闻报纸、广播、电视公司想要占有更大的市场，渴望吸引更多的广告商，与之同时也受到政治压力，这有助于为更多女性提供记者职位，而今女性已经在想做记者的比例中占了较大比重。然而，同时，大量的女性进入记者这一行时恰逢大刀阔斧的改革——收入和地位下降，临时工数量增加——现在大部分女记者是以临时工或者自由人的身份来工作的，靠稿费谋生，没有什么权利和保障。

从公共服务转向以消费为导向的新闻，建立在新闻日益性征化的基础。在女性主义的第二次浪潮时，对女性身体的非必需使用得到了控制，但是之后过了十或十五年，新闻呈现出了戏剧性的重新性征化的趋势。像《太阳报》、英国的《日常之星》、德国的《图片报》之类的流行报纸那样，新闻媒介报道的每一期都挑逗性地放置了一些裸体或者衣着暴露的年轻女孩的图片。报纸杂志和电视甚至更趋向于以女性的身体魅力来评价她们，无论她们是明星还是政治家。

性别话题的讨论本身业已成为新闻转向的核心部分，以男人和女人根深蒂固的纠葛为特点。无论男女都面临"新"的问题或者关于性的"科学发现"。当代记者从新闻报道者转换为阐释者角色，用单调乏味的规律证明（或者建构）了有关性别的"趋势故事"——表面上饶有趣味、引人入胜，证据令人眼花缭乱，并常常以对女性主义的局部反挫来报道，比如抓住一两个高收入女性生孩子后放弃工作这样的例子，来宣告"新的家庭主妇"的诞生。媒介对从进化心理学而来的单纯性别童话的渴求，与哀叹男性气质危机的流行新闻联系在一起，也显现出"社会学建构"是如何将新闻转换为性别话语的重要场所的。

然而，与上述变化相伴的是，仍然有很多一成不变的东西。本章重点关注的是有害的神话，它们继续建构着许多对女人的性暴力的新闻报道。我们看到，报道有条有理地误解甚至歪曲有关强奸的性质以及发生的事实，并形成了一种氛围，使得多数强奸犯得以逃脱对他们罪行的指控。

研究性别与新闻的关键是，既要考察其连续性，又要考察其发生的变化，当然，最重要的是，针对将性别臆想与新闻臆想密切扭合在一起的方式，要保持警惕。

5. 脱口秀：电视上的女性主义？

在畅销"时尚文学"小说《游戏终结》（帕克斯，2001）中，后女性主义主角乔卡斯塔（Jocasta）就职的有线电台陷入了困境。她面临着来自上司的最后通牒——必须制作一个收视率高的节目，否则"有她好看"，乔卡斯塔陷入了绝望。她忧心忡忡地试图想出一些以前没有做过的东西，或者能给旧节目加些新创意。可是，她一个独创的点子也想不出来，看上去她就要失去工作了——直到她最好的朋友乔诗帮她解了围。在偶然的闲谈中，他谈及那些将要结婚的人去"勾引"前任这种情况非常普遍，这不经意间给乔卡斯塔提供了价值百万美元的灵感——《与前任偷欢》诞生了。

《与前任偷欢》是包括娱乐节目、电视真人秀以及忏悔脱口秀等在内的多种娱乐节目的混合物。这个节目是用来测试将要结婚的情侣的，其方式是通过安排这对情侣中的一方与他或她的前任见面，看他或她是否会受到诱惑。不变的是，这个节目包含在现场观众面前给三个主角播放"诱惑"以及"堕落"的录音带，并拍摄主角们面临显而易见的背叛时不可避免的哭泣、指责和愤怒。

《与前任偷欢》是个虚构的电视节目（至少现在是，除非有眼里闪着灵光的制片人读到了这部小说，或者帕克斯给了电视版权）。但是，它也可能是真的。它包含了许多当代脱口秀和真人秀的元素——聚焦于普通人、个人经验优先、流露原始情感，强调对抗，观众既是参与者又是被观看者强调对抗。其中所有元素都被主持人协调好了，旨在激起嘉宾和观众的愤怒、悲痛、嫉妒、喜悦或者其他任何强烈的情绪。正如劳拉·格林斯达夫（2002）所指出的，这些节目制作者的主要目的是，让嘉宾在眼泪中崩溃、在愤怒中咆哮，或者表现恼怒的嘉宾被限制去袭击其他嘉宾的场面，并以此来赚钱。

"冷开场——不要音乐，不要掌声！"导演喊到"三！二！一！倒带！"摄像机定格在第一个嘉宾身上，卡伦是童年性骚扰的受害者，她讲述了在她叔叔来访的每个假期，还是个孩子的她所遭受到的侮辱。她嗓门大而且口齿清楚，带有隐约的南方口音。节目主持人戴安娜敦促她讲述更多的细节，受到了逼迫的卡伦，眼泪在她棕色的眼睛里打转。我能感受到演播室里的紧张气氛，同时我们对她的遭遇感到恐怖，不敢相信她会在电视机前的全国观众面前讨论它，以及很高兴她能带着这样激动的情绪来当嘉宾——特别是 10 月收视率马上就要飙升了。当女人开始啜泣着描述她的叔叔和朋友一起"分享"她时，制片人脸上胜利的表情告诉我这个节目实际上就是"扫除机"（格林斯达夫，2002：19—20）。

在 20 世纪的头十年中，虚构的女主角选择制作反映现实的脱口秀并不令人惊讶，因为这些是无所不在的，它们是电视节目单上的中流砥柱。其制作成本很低，超级流行，具有巨大的影响力，也饱受争议。一度还出现了这样一种状况——如果你想贬损一种文化产品，过去可以把它比作肥皂剧，现今也可以用脱口秀来比喻这种不屑一顾。需要注意的是，它们都与大量的女性参与者或者女性观众相联系，而且这一点并非巧合。实际上，一些术语开始被用来谴责脱口秀——如廉价、简单、低俗——而这些词通常是对女性性欲的负面评价。

对于那些对性别有兴趣的人来说，研究脱口秀的原因远远不止这些。脱口秀身处当代一系列重要的争论中心：有关赋权、民主、性和种族差异多样性以及多样性在媒介话语中的转向，和对公共领域/私人领域划分的转变。如何理解从专家话语向个人见证的转向？脱口秀代表着我们对时代忏悔吗？它们已经形成了新的被女性化了的公共领域吗？脱口秀让哪一种性别的、种族的以及阶级认同的方式被观众或者参与者所接受？它们是否正在重新定义政治的本质？这些只是有关脱口秀当代争论中的一部分，也是本章致力于探讨的问题。本章共六部分。首先，介绍脱口秀的简短历史，在众多不同形式和类型中追踪其源头，在美国以及英国广播的政治经济环境中为其定位。接下来的一章将讨论不同的脱口秀以及介绍如何区分不同（不断增加差异性）的电视节目类型。接下来的两部分考察脱口秀中用到的主要理论工具：哈贝马斯的公共领域观点，以及福柯关于忏悔、戒律和日常化的观点（特别是在性别和性这几方面）。最后将对大量重要的女权主义者的争论展开进一步探究，这些争论包括：赋权，脱口秀的意识形态地位，脱口秀中的种族、阶级认同以及政治的个人化等。

然而，首先要考虑的是有关脱口秀的一些公众辩论，这些辩论已经蔓延到了学术领域之外的报纸、电视、政治集会和慈善的宗教机构，甚至在美国政府中也有支持脱口秀参加者的团队。这些论争（关于脱口秀的言谈）自身也很重要——不仅有助于解释脱口秀如何被理解，而且也不断增加了对脱口秀的反思。比如，公众批评脱口秀主持人剥削个体、仅为个体提供极少甚或根本没有的精神支持，于是媒体就决定陈列式地展示他们为嘉宾提供的心理咨询服务。不仅如此，关于脱口秀的公共话语指向了观看这些节目的宽泛的潜在方式，包括"坎普"以及对其饱受责难的"琐碎无聊"的讽刺挪用。

5.1 脱口秀之争

很难想象有比脱口秀更能引起争议的节目类型了，直播节目，可能越来越会是一个强有力的与之旗鼓相当的对手。对于这两种节目类型常见的批评是他们操纵和利用了嘉宾——为了戏剧性效果而利用他们（通常给他们设下埋伏），然后就把他们丢下，不会为他们的幸福着想。正如评论家指出的："要求制片人描述他们是如何操纵嘉宾，就像要一条鱼去描述养鱼池如何。"（引自格林斯达夫，2002）1995 年著名的斯科特·安莫德谋杀案，就发生在他出席珍妮·琼斯的节目之后，这个案件为这些批评提供了令人惊悚的依据。对安莫德行凶的乔纳森·施米茨，被告知他有一个秘密的仰慕者，而且被邀请到"暗恋谁"节目中。施米茨是个异性恋，当他在发现自己的仰慕者是个同性恋男人时，显得不知所措，他感觉受到了公众的侮辱。节目播出三天之后，他枪杀了安莫德。

施米茨被判处二级谋杀罪，此案的民事案部分以有疏忽罪为由判处珍妮·琼斯节目的责任人华纳兄弟两千五百万美元的罚款。对公司处罚的部分理由是他们事后缺乏心理学分析，没有发现施米茨不稳定的易变性格以及他对同性恋的恐惧。作为一个极端的例子，这个案例也表明需要在脱口秀参与者参加节目之后，为他们提供帮助，而且美国心理联合会建议用行为编码来规定参与者应知晓哪些节目内容，并敦促媒体在节目播出之后为其提供长期的心理咨询。

对脱口秀的另一类批评集中在其"真实性"问题上。1999 年，BBC 节目《凡妮莎》（*Vanessa*）被揭露节目中的一些嘉宾是假的，他们是被节目制作者从娱乐机构有意招聘来，再把他们训练成有宿怨的姐妹、被虐待的受害者以及其他类型的嘉宾，之后这个节目被砍掉了。美国也有类似的丑闻。这里引起关注的是节目对观众的利用，背叛了观众对声称是"真实"发生的节目的真实性的信任。

然而，除了对节目真实性或对待嘉宾的方式的特别关注，大量更广泛的指控在于"脱口秀"对当代文化的影响。一种观点认为，脱口秀导致美国文化（可能也包括播出脱口秀的其他国家的文化）根基不稳，并走向堕落。它们被公然抨击为粗鲁、没有品味甚至色情，是异想天开的节目，变态的供应商，并被比作垃圾罐、厕所以及妓院等（格林斯达夫）。在维基·阿布特（Vicki Abt）看来，在日间电视上谈论你的问题就像"在公众面前大便"（引自格林斯达夫，2002：23）。在美国，一个公司邀请人们把他们家里的垃圾送过去，许诺将这些垃圾直接扔向杰瑞·斯普林格（Jerry Springer）——这个脱口秀主持人因"文化污染"而被授予了"银质下水道"奖章（斯忒纳和伦特，2005）。

美国参议员约瑟夫·利伯曼和威廉姆·贝奈特在20世纪90年代中期借助新保守主义智库"赋权美国"发起了反对新一代脱口秀的运动。利伯曼认为它们正在"冲破文明和道德的界限，摧垮其他的文化"（引自夏图克，1997：142）。保守派的态度在两极之间摇摆不定——在我看来，他们有点自相矛盾。首先，脱口秀被指责是因为其"定义变态"，而且有效地将变态行为（或者先前被看作可恶的行为，或者在常规行为界限之外的性变态）常规化。然而，第二点是，脱口秀被控告是偷窥狂，被指责将人们表现为畸形人（因为他们是如此远离常规）。无论哪一种方式，脱口秀都要比道德败坏复杂。

经常被反复提及的关于脱口秀的讽刺之一是，在美国观看脱口秀的人比在国家选举中投票的人还多。正如我们之后将要讨论的，这已经导致了关于脱口秀是否形成了新的公共领域的争论。但是它让人们开始担心脱口秀给民主带来的潜在威胁。尼尔·波兹曼（1986）认为，我们身处"娱乐至死"的危险中，而且脱口秀代表着将公众从应当关注的真实而且重要的事情中转移开去。吉尔·尼尔森（Jill Nelson）提出了稍微有点不同的观点。她指责脱口秀因缺乏社会意识而威胁到了对没有任何社会、政治背景意识，完全只关注个人表现的当代议题的集体理解。从某种意义上来说，她认为，脱口秀是"权力的暴风突击队"（引自夏图克，1997：224）。

和这个批评紧密关联的是用阶级剥削的术语理解脱口秀的观点——在社会压迫中最弱势的阶级，他们被置于较好的境况中。芭芭拉·艾伦瑞克指出，在脱口秀中，你听不到投资银行家为《瑞奇湖》（Ricki）争吵，也不会看见蒙特尔·威廉姆斯（Montel Williams）为哭泣的教授推荐治疗方法，"'嘉宾'是如此需要社会支持教育和物质资源以及自尊，以至于他们误以为自己确实已成为集中被关心和尊重的对象"（1995：92）。

艾伦瑞克认为嘉宾不能从脱口秀的浮华表面区分真爱并获得尊重，虽然这一说法有点牵强，但却有力地指出，社会召唤的幽灵正偷偷地消费着这些最弱势的人。这一看法建立在其他以阶级为特征的批评的基础上。与此相对的是，其他批评看起来要么是暗含阶级优越，要么借用朱迪斯·巴特勒和皮埃尔·布尔迪厄的术语来说，是用谈脱口秀来"显摆他们的中产阶级性"。正如凯文·格林（2000）所观察到的，几乎所有白人中产阶级批评家对脱口秀的评论都不禁令人质疑：它实际上就是伪装的阶级对抗吗？对指涉脱口秀的嘉宾和观众的"可怜的白人垃圾"这一术语的使用支持了这种解释，同样也强化了种族等级制，暗示肤色、贫穷和堕落的生活方式是自然联系在一起的，以至于当白色人种有这样的行为时，"就需要特别指出他们的白人属性"（格林德思达夫）。在后面的章节中，我们还会回到这些话题。

最后，对脱口秀现象广泛流行的公众批评认为，对脱口秀"麻木"也就是让我们自己"麻木"。约翰·多维（2000）指出，矛盾在于，我们对自我的思考和以自我为中心的经历变得前所未有的微妙和复杂，与之相应的电视却似乎向我们提供的是围绕简单的两级化形象建立的更简短或更卡通的自我版本。其他评论者认为，脱口秀将人们描绘为"相互谈论而不是相互交流，总是相互打断，而且极少详细倾听别人不得不说的东西"（库伯斯，引自格林，2000：199）。不仅如此，脱口秀嘉宾的愤怒和痛苦总是被商品化，在这种商品化的愤怒和痛苦的持续轰击下，我们对真实遭遇的痛苦会变得不再敏感，这最终让我们容易变得对令人动容的情感反应迟钝。总而言之，这些批评指责脱口秀有害于交流，将自我漫画化，减少了我们的同情心并且伤害了我们的感情。

5.2　电视脱口秀之源

以上这些批评有的为读者所熟知，认为电视（以及每一种新媒体）是更为普遍的道德恐慌的一部分。但其中一些批评与一种相当新奇的现象有关：普通人在数以百万计的观众面前讨论私人情感事件。在 20 世纪 80 年代之前，很少有"普通人"上电视——上电视的都是专家、名人、政客和演员，但实际上通常也需要能在电视上看到一些真实的或者特殊的人。正如伊莱恩·瑞平指出的，在 50 年代以前，电视给我们提供的是"白人中产阶级男性……让我们确信他们知道的最多"（瑞平，1995：378）。

在过去的 20 年间，政治、经济、制度以及技术的转向已经改变了电视产品。电缆、卫星网络的发展，管制规定的解除，私有化以及不断增加的国际竞争，相对便宜又便于携带的摄像机和录制工具的制造，一起催生了"第一人媒体"的产生（达维，2000）。

论及意大利的状况时，丽塔·克里斯奇（1997）仔细地用图表标识了私人网路（主要是 Finnivest Mediaset）和公共（RAI）频道电视（节目单）之争带来的影响，引证了竞争在公众及私人网络中给通俗剧改编所带来的深刻变化，并增加了对浪漫、忏悔以及情感现实主义的依赖（也可参见巴瑞尔和饶，

1992；裴特立和罗马诺，1993）。

正如克里斯奇为意大利、格林（2000）和达维（2000）为美国和英国所做的展示和论证所言，日间脱口秀节目的发展已经是这个转向的中心。然而，这种节目类型并非无中生有，而是有大量有影响力的先驱者。首先，广播脱口秀可以追溯到 20 世纪 30 年代，并形成了主持人、专家和"普通市民"参与谈话的典型特点。韦恩·曼森（1993）记录了 20 世纪 70 年代的一次转向——以男性为主要参与者的政治/公共话题节目转向一种新型的，有更多年轻女性观众参与，关心人际关系的脱口秀。在美国，这样的脱口秀吸引了很多评论，并以非正式的"无上装广播"闻名。然而，在那之前很久就有关于家务安排、食物准备以及孩子抚养等方面的无线电建议类节目，其目标观众统一指向在家里收听节目的女性听众（参看米切尔在 2001 年和巴纳德在 1989 年有关"家庭主妇广播"的讨论，以及摩尔斯在 1998 年对广播女性化和家庭化的讨论）。

这些无线广播节目是从出版界延伸而来，与以女性为目标的建议专栏有着天生的密切相似性。简·萨达图（1997）将之追溯到 17 世纪小型文摘出版对于当代电视脱口秀的影响，虽然她的切入角度是 19 世纪富有社会意识的"黄色新闻"——这种新闻用生动有趣、多姿多彩的散文来民粹派地关注"普通"美国人所遭遇的不公。其中，通过比较 1884 年普利策的头版头条与 110 年之后日间 TV 脱口秀的标题，她发现二者的语调惊人地相似，并且都同样对犯罪和离经叛道感兴趣。

现今脱口秀的第三个著名先行者是 20 世纪早期首次发行并一直存活至今的真实存在的忏悔杂志。正如劳拉·格林斯达夫（2002）所指出的，尽管它们和脱口秀有着惊人的相似，但却在大部分的谱系中被忽略了。这些相似性特征表现在以第一人称叙述不幸和痛苦，采用听起来与日间节目话题惊人相似的标题"我的医生让我成了他的性奴""被邻家男孩鞭打""我把自己的父亲送进监狱"以及"我的小女孩说的三个单词：他伤害了我（he Kint me）"（引自格林斯达夫，2002：54）。

电视脱口秀的其他著名前身是嘉年华的畸形人节目、19 世纪剧场的歌舞杂耍表演和早期的大巴莱表演。二者的相似性关联在于对娱乐的建构和施加于受邀的观众形式。盖姆森（1998）注意到这些异想天开的节目关键因素在当代脱口秀中被进行了特意的重塑，比如情感煽动策略以及专家和"畸形人"的对应等（也见于伯格丹，1988）。而且，嘉年华的畸形人节目和 19 世纪早期的影院是社会常规的"制约松弛之地"和避风港，人们被允许"在比社会上所受压制更少的内外压力下来表现他们自己"（莱文，1998：68）。

当今脱口秀除了这些特殊的祖先之外，一个对其更广泛的（但是最终更重要的）影响是 20 世纪 70 年代和 20 世纪 80 年代兴起的社会运动，特别是女性主义运动。被女性主义提上议程的议题几乎都是脱口秀的日常话题——孩童时代遭受的虐待、暴力的伴侣、破损的亲密关系、自卑、对女性外表以及行为的限制形式、饮食的不规律等（还可以继续在这个清单添加内容）。正如伊莱恩·瑞平（1996）所辩称的，这个问题冗长而枯燥，已经存在了很长时间：女性主义所提供的是一种这些东西"不公平"的感觉，正是这种感觉将它们从"生活事实"变成了政治问题。女性主义也在一个更广泛的意义上被牵扯进来，后现代化了的西方社会也帮着把所有过去确定的传统和元叙述都扔进危机之中，使得每件事都变得"大家都有份儿"。

5.3　脱口秀类型化

与我们期待的一样，日间电视脱口秀似乎是形式多样的。今天我们几乎没有意识到，在提及"脱口秀"的时候好像其只代表一种自证的单一类型。随着脱口秀的发展，它们之间的差异越来越大。在这一节里，我将对脱口秀进行粗疏的划分，以辨识其差异。

脱口秀的划分存在不同的方式——有的以时代来区分，有的以主题来划分，有的只是在某个国家的背景中起作用，另一些则试图更具普适性。无论它们的合理性是什么，分类的形式并非从来都是毫无根据或者只是描述性的，而正如我们在第二章中所见，其总是有关秩序、排除以及让某种说辞更有说服力——简而言之，都不可避免地存在于权力/知识的链条之中，不过这并不意味着毫无助益。

在这里，我把脱口秀分成三种类型：观众讨论型节目，通常围绕公众和政治话题争论而建构；以话题为中心的治疗类节目，关注的是个人的问题和困境；对抗型的脱口秀（通常被唾弃为"电视垃圾"），很少关注问题的解决，相反更多关心的是情感冲突的场面。这些节目实质关注的东西不同，而且其布局、背景设置、主持人权力的性质，邀请或者允许进入的参与者，观众的年纪、阶级、伦理以及性别的构成都是不同的。

5.3.1　观众讨论型节目

这种节目通常由一个单独的主持人来协调讨论，讨论双方为与讨论话题有直接经历的"普通人"（现场观众）和大量的"专家"（如心理学专家、医生或者律师）。在这样的节目中，主持人通常介绍话题或者问题，然后（实际上）在观众中传递麦克风，以征求专家的观点和其他人的个人证词。在节目之初，很明显，参与者是"预先设置好了"来发表意见的，节目主持人通过叫名字的方式来和他们打招呼，直接征求他们的意见。然而，在开头几个回合后，观众会有更多的自发行为（表现为经常性的打断以及要求说话的示意）。节目主持人的任务是有技巧地掌控谈话，在来自各种观众的反应中穿针引线，编织出一个复杂的故事。

正如利文斯和伦特注意到的，这类节目通常在不同的话语模式中移动——各种假设的散漫争辩模式、治疗会或者罗曼司叙述：

> 观众讨论型节目和罗曼司一样，我们从一个直接影响现场观众的社会问题开始，这些观众代表着这个"王国"的居民……主持人扮演了英雄般的中心角色，这个英雄肩负着解决困扰着这个王国（公众）的问题以及重建社会秩序（通过建议、理解或者经验的合法化）的重担。结果，他或者她在神话的王国（现场）中漫游，带着象征着他或者她的剑（话筒）开始一个发现之旅。在途中，英雄遇见了那些能提供信息、建议的人，也遇见了那些制造问题以及破坏信息的妨碍者……最后达到了目标（一种理解、一个决定、一堆证据），然后英雄将胜利归还给需要帮助的居民，对于这些居民而言，社会秩序得到了重建而且值得为之庆贺（利文斯和伦特，1994：59-60）。

相较于我们将要考察的其他两种脱口秀类型，观众讨论型节目只获得了相对较少的关注。大部分研究关心的是这些节目中哪些细节被理解为对专家权力的侵蚀以及对节目将优先经验文化作为主要知识来源的长期影响的大量思考。与此密切相关的是，将脱口秀视为新的（电子化的）公众领域的争论，这一点，我们将在下一节讨论。另外，针对观众讨论型节目的女性主义文献相对很少。

5.3.2　治疗型脱口秀

治疗型脱口秀节目在《奥普拉》中得到了最好的诠释。《奥普拉》制作于美国，在六十多个国家播出。这个节目的安排始终如一——每一集中，"奥普拉·温弗瑞都对着摄像机读日常话题的概要，和嘉宾谈话，引出来自观众的一些问题，引入一些专家的观点，然后带着麦克风在观众间走动，每个片段中都穿插进嘉宾、专家以及观众成员的评论"（斯奎尔，1997：100）。参加《奥普拉》的现场观众以女性居多，同样，节目中的专家百分之八十也都是女性（斯奎尔，1997）。该节目直接专注诸如困扰、上瘾或者毁灭性关系的心理话题，聚焦诸如失业或者女性帮派的兴起，同时还包括名人访谈和大变妆秀。可以说，节目内容五花八门，颇为复杂。

然而，无论节目关注什么，《奥普拉》的话语主要是心理学的。每个话题（比如"从失业员工到成为名人的经历"）都用心理学术语组织，通常强调了个人的感觉。《奥普拉》——同样的有《萨莉·杰西·拉斐尔》（*Sally Jesse Raphael*）、《杰拉尔多》（*Geraldo*）以及其他的"治疗"型节目——充满着心理学语言，压抑、欲望、拒绝是这些栏目中触目可及的概念，而它们是从弗洛伊德、美国的自我心理、理智的情感治疗以及集体行为方式机械地抽离出来的，与一知半解的美国十二步计划（比如从酗酒中恢复）和对谈话的治疗效力十足的信任混合在一起。每个节目的叙述都致力于解决心理封闭问题（因为表达出来以后往往会感觉好多了），以给公众注意带来一个话题，如更好地理解其真正想要东西的艰难话题。

那些对在治疗室外广泛使用心理策略表示担心的人指出，这些节目在论坛中（通过没有接受专业训练的人）使用角色扮演以及治疗策略是危险的，因为在节目里，嘉宾通常需要在面临超过两千万观众面前表现自己的紧张压力（以《奥普拉》为例）。他们更普遍关心脱口秀的肤浅介入以及"以深层次的心理承受力"为代价的行为改变——比如，在《奥普拉》中，"冲动购物"被理解为一系列刺激性行为以及针对节约用钱的"惩罚"，但是没有考虑到是什么原因导致他们一开始就没有节制购物（萨达图，1997）。这类节目需要个人在参加节目之前对他们的"问题"有积极的和自觉的认知（比如，他们必须已经有自我认知）。如"爱得太多的女性"或者"过分挑剔的人"以及其他固有品性，被节目一贯使用的字幕加强，以成为容易被理解的短语，这像望远镜一样放大了个人的性格或者问题。而且这个节目的娱乐功能意味着很容易先入为主地泛化对个人特殊困境较深层次的理解——节目常迅速从一个个体案例转变为诸如"提升自尊的小常识"或者"帮助你的孩子避开暴徒的方法"之类更广泛的建议。通常是专家有他们自己的惯月伎俩——治疗小建议，这是从他们最近的书中引用的——比如，一个熟知家庭法的律师，在《萨莉·杰西·拉斐尔》节目中，反复念着"协商、交流、承诺"的咒语作为解决所有问题的基础（2002年12月10日，该日期为英国广播日期）。

治疗型脱口秀已经成了女性主义特别感兴趣的类型。一些评论家在这些栏目中，看到了一种潜在的女性主义的电视经验元素——在数量上占优势的女性主持人、嘉宾以及专家聚焦于女性特别关心的话题，给女性提供谈论她们自身经历的空间——以肯定的和合作的倾听氛围。相反，其他人已经写过关于节目的主宰性规范，她们坚韧的心理主义，以及脱口秀对疾病和治疗模型递增关注的方式，是用摒弃女性主义政治的目的来换取的。所有的这些话题将在本章后面进行进一步探讨。

5.3.3 对抗型交谈："电视垃圾"

简·萨达图（1997）认为，诞生于20世纪90年代的脱口秀是对上一代脱口秀的回应。它们推动像《奥普拉》和《萨莉·杰西·拉斐尔》这类娱乐节目的边界以及隐形的禁忌——邀请一类不同的观众，他们更年轻、在经济上更缺乏优势以及更有可能来自一个少数族裔群体，像瑞其·雷克、珍妮·琼斯以及杰瑞·斯普林格采用的诸如不忠实、虐待以及"重复利用"嘉宾，将嘉宾推入极端境况中之类的话题。如果你在《奥普拉》中被邀请讨论男性的婚外情，那么，在《杰瑞·斯普林格》中出现的嘉宾则可能是一个同性恋的老奶奶、一个怀孕的岳母或者一个换性的兄弟。

与其他脱口秀相比，对抗型节目引起注意的方式与之差异明显。在这里，用第三人称表达关切的冠冕堂皇的标题快速地转向第一或者第二人称的惊呼——例如"我和一个同性恋男人结了婚""你和你丈夫的兄弟睡在了一起""令人吃惊吧——我正和你的母亲约会"等口语的、急切的而且通常是咄咄逼人的表达。这是更普遍的"对抗型"节目的语言。这些节目广泛摈弃了其他类型节目中的那些合理性和机制上的可靠性：嘉宾和现场观众以非标准语言说话，高度借鉴非裔美国人和西班牙裔美国人的说话方式；参与者经常相互打断，讲话很激动，而且嗓门很大，（该话内容充斥着）大量的赌咒发誓，就像观众在家里经常听到的，几乎持续不断的声音就像其内容不过是"伪装"一样——这构成了极端碎片化的观看经验。嘉宾和观众的身体语言也与其他脱口秀有着惊人的差异：

> 嘉宾的身体在荧幕上出现了，他们昂首挺胸，十分悠闲地走进来……晃动拳头，站起身来，鼻子对鼻子。他们试图相互攻击，又被主持人和保安人员拉开——这或者因他们受到了爱人或者家庭成员的虐待，或者因受到了普遍意义上的生活打击。他们咆哮着、哭泣着，他们相互诅咒、相互侮辱、相互攻击，他们讲述被背叛的性混乱的故事，被虐待的、被遗弃的孩子，酗酒，嗑药，以及其他能想象出来的这些故事的变异组合（哈尔蔓，2001：60）。

这些脱口秀与观众讨论型脱口秀、治疗型脱口秀之间的另一个关键区别在于观众的位置。正如露安娜·哈尔蔓注意到的，在其他脱口秀节目中，现场观众在某种意义上代表着在家里观看节目的观众——用佩克（1995）的术语来说，它是一个"身份认同之桥"。而在这个更新的更具对抗性的脱口秀中，现场观众被置于与家里的观看者不同的位置上——他们大声地交流，挥舞着支持这个嘉宾或者另一个嘉宾的海报，愤怒地介入，这些画面和嘉宾的故事一起构成了整个景观。举个例子，在珍妮·琼斯的节目中，有一集是讲那些外表令人感到耻辱的同胞（《姐妹儿，给那个疲惫档踹上一脚》，2002 年 10 月 29 日），现场观众要举牌子来回答"她穿得好还是坏"的问题，并喊出他们对此是喜爱还是憎恶，以此为每个衣着邋遢的女人投票。镜头花在观众对每个女人的反应上的时间与花在对抗节目中的主角身上的时间一样多（通常是两姐妹）。

把观众作为主要的参与者变为把观众作为主要景观的模式，意义十分重大，特别是从像《瑞其·雷克》和《杰瑞·斯普林格》节目现场观众的人员结构上可以看出——他们中的大部分都是年轻的工薪阶层女性，并且以非裔美国观众居多。人们通常认为，他们正被纳入美国中产阶级白人消费的景观中。

正如一些评论家指出的那样，在像美国这样种族和阶级高度隔离的社会，观看《瑞其·雷克》节目可能只看到"美国的中产阶级"文化被曝光为一种已经从经济和地理上分隔开了的文化："如此多不同的姿势、发型、时尚以及行话景观会震惊那些政治家，他们以前所认识的人们只是从统计案例中来的，为电视节目所制造出来的人"（斯蒂芬·希夫，引自夏图克，1997：140）。不过，这种震惊可能是有价值的——这类节目建构和宣告了一个"不舒服的"国度。"他们的确暴露了那些在保守的礼貌行为之外的美国人：没有教养的穷人、拒绝国王英语的贫民窟黑人、不愿做家庭男人的男同、吹嘘她们的欲望的女同以及并不像看上去那样过得好的白人中产阶级"（夏图克，1997：145）。我们在之后的章节将重回这些争论——有赖于这些分析，什么样的边缘化非优势群体可以被允纳，它们遭到反对或接纳的程度或者被允许掌控自己的表现的程度是什么样的。

种族是脱口秀生产的核心，这在 20 世纪 90 年代变得尤其突出。尽管像其他电视节目一样，这类脱口秀节目的制作人员主要是受过良好教育的中产阶级白人，但其产品指向的却是"黑人"——在那里黑人象征着"街道"，而街道等同于"街舞"；黑人的术语、俚语、身体语言等通常受到白人嘉宾和主持人的欢迎，特别是《瑞其·雷克》影响着一种话语，像她总是和她的"居家女孩"吊在一起，她的姐妹或者"女朋友"这类话语总是那些通常来自黑人街舞的专用语。

当然，这里的问题是，当那些权力在握的白人采用黑人的话语和文化形式时，他们认为"做黑人所做的事很酷或者成为黑人很酷"，却又与任何影响年轻非裔美国人的负面结果无关意味着什么（比较美杰丝和比尔森1992年有关《酷态》的论述）。

也许，这种脱口秀和其他两类脱口秀最大的不同是他们已经广泛地——尽管不是全部——抛弃了对治疗内容的任何虚饰，放弃了处理与不公正有关的社会问题的努力。正如夏图克（1997）所指出的，这些节目完全剔除了政治内容，强调的反而是年轻和明目张胆地破坏规矩。其在目标上几乎没有任何假装，而且节目明白无误地站在一方的立场对抗另一方："你毁了我的婚姻"或者"我要我的孩子"。从"热身"开始，节目的道德都受到严格控制和精心安排。伊恩·赫特西白（2001）指出，在故意推动对抗的节目中，有着大量的富有特色结构的谈话，比如介绍参与者（抱怨者）的方式，主持人有意强调特别可抱怨的行为，以及受访者或者对抗者被介绍的方式。

在《瑞其·雷克》节目中，这种结构总是通过对观众进行冠冕堂皇的提问来完成的。在介绍完关于嘉宾 X 的所有错误行为之后，瑞其会转向观众，问道："你们想和 X 见面吗？我们应当将他或者她带出来吗？"随后，观众发出尖叫以表示同意。

在对《杰瑞·斯普林格》节目的分析中，格雷格·迈尔斯（2001）勾勒了在这类节目中建立和解决冲突的四个阶段。它们包括定义和陈述立场；让立场变得有争议；让争吵戏剧化（有张力和高潮的故事）；最后，把这个特别的故事普泛化，在一个更广泛的水平上让争论变得有意义。第三阶段（在这个阶段，争论被弄得更富有戏剧性）通常会有"伏击"，在那里，嘉宾会被带进意料之外的对峙。通常，嘉宾被邀请出席节目，但是却受到话题的误导，不仅如此，之后他们会发现自己将遇到前任情人、朋友或者配偶的伏击。在《珍妮·琼斯》节目中，乔纳森·施米茨（Jonathan Schmitz）被介绍给斯科特·阿门德（Scott Amedure）就是这类案例之一。另一个臭名昭著的案例是，一个女人被邀请出席《杰瑞·斯普林格》节目，她被告知这个节目是有关婚姻调解的，而且她的丈夫想重新回到她身旁——事实上，这个女人被带进节目，出现在"事先安排好的"观众的尖叫谩骂中，而且与节目事先告知的事实相反的是，她的前任丈夫和他的新伴侣要她从他们的生活中滚出去。据斯特纳和伦特（2005）的统计，人们现在在美国电视上平均每小时能看见 16 个"伏击"。伏击是让冲突更富有戏剧性的一种方式。

另一个用于节目中的舞台策略是包括报复、惩罚以及戒律在内的戏剧性形式——嘉宾通常会"自尝苦果",受到惩戒,或者被送到可怕的真正的"矫正营"(boot camp)中。人际交往冲突的戏剧性已经无数次地被比作摔跤比赛。格瑞德斯达夫(2002 年)认为,像《奥普拉》这样的节目是建立在"女性的金钱崇拜"上——同情和眼泪的色情拜物教——这种新型的更具轰动性和戏剧性的节目还发展出了以愤怒和攻击为基础的男人版本。一个著名的案例是1988 年热拉尔多·里维拉(Geraldo Rivera)的一期节目《青少年讨厌流言》,在这期节目里,随着一把椅子被扔出来,以有着白人优越感的年轻人为中心的打架爆发了。在随后的斗殴中(很快被保安制止),里维拉的鼻子被打破了。然而,节目并没有停止录制,相反里维拉还迅速多录了两场,脸上和衬衫上的鲜血是他坚持真实矛盾和冲突的戏剧性证据。简而言之,正如阿克兰(1995)所观察到的,这场打架及其可见的后果完全适合新型节目的需要。

毋庸置疑,这里所论及的三类脱口秀之间有着深刻的差异,但是这些差异会随着时间的流逝而发生变化。20 世纪 90 年代中期,为回应对抗型脱口秀这一新浪潮,《奥普拉》和《热拉尔多》转向提高道德尺度来将他们的节目同其他节目区别开来。奥普拉完全放弃了以冲突为基础的话题,转而关注"道德和精神的提升",而热拉尔多创建了"权利和义务清单"来鼓励更有道德的产品(格瑞德斯达夫,2002)。然而,《萨莉·杰西·拉斐尔》采取的完全是另一条道路,反而缩小了她自身节目(最初的治疗性风格)和该领域新类型的差异——在 20 世纪 90 年代,她的节目直播了第一次"伏击"(关于妻子欺骗丈夫的),以及那之后不久的"家庭欺骗"。这里需要关注的两个关键点是,脱口秀节目的灵活变化及其彼此之间的相互影响。尽管这三类分法有一定用处,但值得记住的是,所有这些脱口秀的节目范围都很广泛,而且都采用了不同话语风格(大量相互借鉴或从其他媒介产品中广泛借鉴)。

5.4 脱口秀的理论工具

5.4.1 作为新公共领域的脱口秀

关于脱口秀最有激情的辩护之一是,认为它们是新的公共领域。正如詹姆斯·格兰(1997:193)所指出的:"电视作为全国辩论的核心论坛已经侵蚀了议会,它现在是在国家和家庭之间的公共空间进行交流的主要渠道,是公民参与影响舆论和社会发展方向的集体谈话的主要方式。"问题是,电视是在何种程度上实现了赋予它的功能，它促成了一个公民的集体社会吗，还是如一些人暗示的，其内容仅仅是"粗野和瘙痒"（电视分析，引自达维，2000，17）。

争论的一方声称脱口秀是当代的沙龙和咖啡馆，是自由和公开辩论的讨论会，是人们聚集起来就重要事件发表话题的地方。派迪·斯坎内尔（1989，1991）认为，收音机和电视通过建构国家公共时间以及将私人经验和愉悦带进公共知识领域等方式，已经深刻地将人们的生活重新社会化了。脱口秀这样的论坛将公开演说从一个从狭窄有制的小范围带入更放松、更社会化、更有广泛代表性的模式之中，从而对延伸公共生活做出了贡献。脱口秀中的演讲是非正式的和自发的，而且任何人（不用考虑他们的资格）都能加入。这象征着民主化运动的开始，在那里甚至主持人和嘉宾之间的传统界限都已经被打破了（卡皮格纳娄、安德森等，1990）。正如史蒂夫·克拉克所指出的："广播中的世界对全体人民而言是普通的、世俗的、可接触的、渊博的、贴心的、可识别的、明了的、能分享的和可交流的。它是每一个人都可以谈论的。"（引自达维，2000：158）

在这些激烈争论的某些"变种"中，脱口秀所代表的公共领域被视为"反击"的公共领域，或者对抗的公共领域、女性的公共领域——在那里，于传统的政治论坛里听不到的声音能够被说出来，而且其知识形式并不会用主流的政治文化来衡量（比如经验或者情感的知识）。简·夏图克做了这样的总结：

> 节目不仅仅带来了交流和争论，而且也消除了观众和舞台之间的距离。它们并不依赖专家的权力或者资产阶级教育。它们将常识和日常经验提炼成了真理的标志。它们扰乱了公共和私人之间的区分。节目是关于作为公民的一般女性所谈论和争辩的议题和经验（夏图克，1997：93）。

反对它的批评声音则不同意脱口秀构成了一种新的公共领域（无论是女性的或是其他方式）的观点。他们认为，脱口秀表面的开放和民主是虚假的。批评家指出要仔细审视脱口秀的嘉宾及其拒绝潜在参与者的方式——他们要么由于年纪太大（从广告商的人口统计角度看），要么因为"情感不够丰富"等原因遭到排斥（博格斯和德曼，1999）；脱口秀中的谈话是被高度控制的，其对抗也是由脱口秀工作人员挑选了在争论中处于对立面的人们以形成戏剧性。

博格斯和德曼指出，即使观众讨论型脱口秀也是只有小范围的话题会被讨论，而且一些论题——比如贫困或者环境——是被视为枯燥的而且是复杂的。在这种节目中，"比起重要的国际国内问题而言，高度受控的无关紧要的话题更具优势"（博格斯和德曼 1999：75）。脱口秀的结构偏爱肤浅的嘲弄以及快速反应，而不是平衡地相互交换观点，也不是对论点进行更有批判性的反思。他们认为，这样做的结果之一是，激进的看法——特别是那些在政治领域中处于左倾阵营的人的观点——是被自动排除在外的。

这种批判很受尤尔根·哈贝马斯的影响，他的著作《公共领域的结构转型》（1992）是这些争论的中心。哈贝马斯论证了欧洲 17 至 18 世纪公共领域的兴起，它存在于国家和资本之间或之外的公民社会的独立空间。对于哈贝马斯而言，公共领域的定义来自其独立于任何派系的利益，其话语建立在理性的批判讨论上，与自由出版以及在 18 世纪末期出现的民主政治机构新形式这一先行者紧密相连。哈贝马斯将资产阶级公共领域的衰退归结为 18 到 19 世纪随着垄断资本主义推进而产生的商业和官僚势力的殖民。他的现代性批评（与其他法兰克福学派理论一起）致力于批评的是媒介，认为这种媒介是"没有批判性的大众""取代行动的安定"的媒介（1992：164）。在哈贝马斯看来，资本、国家和公众领域之间的区分已经消失了，大众媒介迅速替代了独立的公众思想，生产着公共观点，声称自己代表公共观点。批判性的公共讨论已经被带有民主伪装的媒体所掌控的奇观化公众关系所取代，消费主义代替了公民权。

哈贝马斯的观点已经得到了广泛讨论。女性主义批评家关注到了他对公共领域的定义及其隐含的与私人空间的对比，而这一点的价值是被低估了的。南希·弗雷泽（1989）认为，他书中对女性的"性别潜台词"是负面的——它过于强调理智辩论的男性公共空间的重要性，而认为家庭私人空间（传统上是女性的空间）是次要的甚至没有重要性的（也见于约翰逊和劳埃德，2004）。哈贝马斯也因为他公共领域观点中深含的资产阶级意识而受到批判——其所需的话语模式属于上层阶级，而其达成共识的程序以及模式显然是资产阶级的（格林，2000）。这种说法不仅诋毁了工人阶级的公共空间、西方民主中的流行文化，而且建立在对远离现代西方的许多非理性文化的无知妄断基础之上。

哈贝马斯（同其他的法兰克福学派理论家一样）通常被批评为带有"怀旧"色彩，书写着对过去了的黄金时代的缅怀（而这个黄金时代很可能根本就不存在）。但那些发出这类批评的人自己通常并不是没有怀有类似心理的、政治的投资。事实上，正如受哈贝马斯影响的脱口秀批评可以被解读为对未能构建"恰当的"公共领域的一种政治缅怀，那么脱口秀的捍卫者通常是在流行文化（女性主义也好，工人阶级也好，酷儿或者其他什么也好）中对可能遭遇的抵抗作无望的表达。朱迪斯·威廉姆森（1986）认为，在英国的撒切尔时代（即美国的里根/布什时代），左翼社会理论家对在街上或者工会斗争中对右翼挑战的失败深感失望，以至于他们转向在流行文化中寻找抵制力——从时尚到肥皂剧，他们从每种东西里寻找（并且找到了）颠覆的线索。这与关于脱口秀的当代写作是并行的。随着晚期资本主义的发展，西方民众被传统政治所疏离和遗弃，一些评论家满心期待地在居于传统政治竞技场之外的论坛上重振公共舆论和公共批评。

利文斯和伦特（1994）认为，普通媒体，尤其是脱口秀正在扮演新的角色：它们充当人民的代言人，跟政府和精英顶嘴；它们提供政治家对公众直接负责的论坛（比如，当政客们出现在观众讨论型节目中被质问对一些特殊议题的计划时）；它们还代表着在公众自身之间进行交流的社会空间。脱口秀是独裁话语模式到民粹主义和民主风格大转变的一部分（斯坎内尔，1991；菲尔克劳夫，1995）。较之是否能形成一个新的公共领域而言，更有意义的是脱口秀重新定义了公共空间的性质，重新描绘了私人和公共之间的界限。相较于二十多年前，现在电视处理的已经完全是超出它先前范围的事件：性功能障碍、虐童、家暴等。正如简·达维评论的，当克林顿总统和莫尼卡·莱温斯基的性丑闻出现在报纸上时，他听到的是远远超过他想象的对总统更多细节的讨论——这个以前被视为禁忌而且不适合观众消费的话题突然充斥着电视，成了日常交流中的一部分。关键在于，曾经是私密的事情业已变得公众化，脱口秀在其中扮演了一个重要的角色——虽然是跨媒介的（正如我们在第四章看到的），疾病、丧亲之痛、结婚、生孩子等，已经成为新闻标准的通行证，催生了一种全新的自传/忏悔文学。

脱口秀改变的不仅是媒介中讨论的话题，而且还改变了讨论的方式。新的主要模式是主体经验和情感表达确保了论战和冲突的真实。在见证了戴安娜王妃死后的群众情感宣泄之后，妮兹·杰拉德（Nicci Gerard）在《观察者》中写道，20世纪90年代产生了"情感的革命"，这是治疗年代的一次革命，在这里，主观性是我们唯一稳定的东西，对英雄主义的呼求十分令人悲观（也参见梅耶斯，2000）。

这个观点的确得到了关于脱口秀研究的大部分支持，这些研究考察了专家知识以及普通人话语定位的不同方式，指出了主观经验的流行以及专家建立自身可信度的困难。利文斯和伦特这样总结：

> 专家是为别人代言，而观众是为自己说话。在屏幕上建构一个真实可信的人物对于专家来说是很困难的。不仅如此，是真实、可信正在被建构为话语规则，而不是知识分子争论或者核实的经验。专家受到的训练是推动辩论、详尽地引用有力的证据、对驳斥进行反驳，并且他们注定要在谈话节目中失败。他们的表现是碎片化的，而不是整体性的，是冷酷的而不

是温暖人心的，而且与其说它是真实可靠的，不如说是不合群的（利文斯和伦特，1994：129－130）。

哈尔蔓（2001）注意到，对专家不客气的挑衅，是观众讨论型节目常有的特征，这可被视为其类型特点，而且在语言使用的本质差异上明显可见。面对引人注目、饱含情感、能言善辩的个人故事，专家抽象专业的概括性话语没有获胜的机会。韦恩·曼森（1995）认为，虽然专家拥有医学、心理学或者家庭法律知识，但他们真的不适合出现在有着复杂情感经验的嘉宾旁边。然而，话语分析研究表明，个体经验的特权本身是复杂的互相作用形成的，并不是某种不证自明的东西：

> 关键是"常识的胜利"不单是因为经验叙述必然可以担负起对真实性的浪漫吁求……毕竟个体经验和任何其他东西一样是话语建构。可以说，脱口秀中的相互冲突是紧紧围绕着电视观影需求建构的，而且多数受到作为传媒网络代理人的主持人们的追捧（伍德，2001：87）。

因此，"个体经验"的说服力不单是让参与者发声，而且涉及由主持人参与共同制作并使其戏剧化的那种将经验带入公共表演的复杂转变（索恩博柔，2001）。

较之观众讨论型节目，在治疗型脱口秀中，专家的地位在某种程度上显得更加矛盾。在《奥普拉》节目中，五分之四的专家是女性，而且温弗瑞也尝试将黑人"机构知识分子"专家提到节目中——很明显是精心策划的积极策略。然而在节目中，总有一些时候专家的评论会受到主持人的质疑，也就是温弗瑞以怀疑语气说的话，比如"我们觉得很难相信，难道不是吗？亲爱的观众朋友"，这是有意让她自己获得观众的认同的表现。

在这类节目中，无论如何专家总是绝不可信的，但他们还是占据着一席之地。他们必须为"个体经验"提供洞见，而且也必须在紧要关头阐释（总是心理学的）其中普遍潜在的问题。但是在这样做时，他们必须注意语言不能太抽象或者太远离具体的（通常是痛苦的）嘉宾带来的感情故事。正如大部分专家被定义为中产阶级的教授那样，他们也必须处理阶级差别和与观众的距离这样微妙的问题。他们被置于论坛之中并呈现新的凸显个体主观经验的"真相政体"。这也是我们下面要转向讨论的福柯的观点。

5.4.2 作为"新式忏悔"的脱口秀

福柯的观点已经被广泛地用作理解当代脱口秀的一种方式。特别是一些评论家已经在福柯之前对忏悔型脱口秀与治疗型脱口秀做过类比，他们认为，在治疗型脱口秀中，个体在电视上讲述他们的个人故事，讲述他们的私人生活并且在电视上忏悔他们已毁的亲密关系或者偷偷地大吃特吃的行为。这些讨论中心的关键问题是忏悔脱口秀参与到权力实践中的程度。

正如我们在第二章讨论过的，福柯认为，忏悔是西方自我意识的基础——"忏悔的义务在我们心中是如此根深蒂固，以至于我们不再将它视为约束着我们的权力影响，相反，似乎对于我们而言，真相附着在我们最隐秘的天性之中，而'需要'只是附在表面"（福柯，1978：60）。我们受到鼓励"说出来"——"这将使你感觉更好一点"；忏悔被视为可宣泄情感、净化心灵，是天赋的权力。然而，福柯同时认为，谈话带来解放、忏悔抵消压抑、"真相"清除权利，这些主观假设在根本上是错误的。相反，（在《性史》中最为突出）福柯揭示出权力是如何通过知识生产来运行的，而忏悔则处于"权力个体化过程的核心"：

> 忏悔是西方最重视的生产真实的技术之一。我们自此已成为非常态的忏悔社会。忏悔的影响已经非常深远，在社会正义、医疗、教育、家庭关系、情人关系等日常生活的普通事件以及庄严仪式中，忏悔都扮演着一定的角色。人们坦白罪行、罪恶、他们的思想、欲望、他们的疾病以及困惑——无论其是否是难以讲述的，他们都打算最大限度地予以准确讲述。无论是在公共场合或者私下场合，人们都要忏悔……西方人已经成了忏悔动物（福柯，1978：59）。

从福柯的观点来看，脱口秀可能被视为权力的实践过程——人们被催促说出一切以解放自身，但在这个过程中，人们前所未有地被紧紧捆绑在了权力的网络之中，在其中，个体不断增强着对自我的警戒和约束。

然而，最近的一些著作已经开始质疑以福柯对忏悔的分析为基础来解读脱口秀的有效性。达维认为，尽管这是有用的，但福柯的解释"太干净利落，太整体性，太接近一个模型了"（2000：106）。和天主教徒忏悔的集中化过程相反的是，达维认为，电视提供了一些不同的谈论自我的模式，并不是所有这些都是忏悔。事实上，脱口秀中嘉宾的谈话可能是任何东西，但就是没有对有罪的忏悔，有的只是骄傲而自信的演说。忏悔和脱口秀之间一个更大的不同是治疗师、对话者与病人、忏悔者颠倒的治疗逻辑。正如简·夏图克指出的，当代脱口秀中的权力关系比福柯的理论更复杂、更让人眩晕：

> 谁是治疗师？谁是专家？谁是嘉宾？谁是现场观众？谁是病人？诸如

"女性帮派成员""乱伦的幸存者""丈夫将她栓在床上"或者"我们"是观察者吗？或者如奥普拉，总是一再袒露她受到虐待的童年以及她对自己身体的不满，让她自己以如此支离破碎的命名标签出现在舞台上。而且，忏悔、情感及其相互作用在何种程度上被理解为"真实"（夏图克，1997：113）？

忏悔是一种封闭的私人过程，是私密的，因此不可能在公众领域中公开地民主化地演讲。脱口秀代表着忏悔成为一种公开的话题，在这个话题中，亲密交谈被证实为"呼求身体健康的部分，是自我权力的部分"（达维，2000：107）。这是增加还是减少了其间的权力运作？格林（2000）采纳的是后一种观点，认为在脱口秀中没有需要忏悔的权力，"开处方且欣赏它，并且为了判断、惩罚、原谅、安慰以及调和而对之进行干涉"。这样的权力（按照格林的观点）在脱口秀中受到了挑战：

> 福柯式忏悔肯定和强化的是占主导地位的真实和标准化的判断，而脱口秀的特点则是使不稳定的真实和身份性别化、声音多样化、违反规则，是源于社会所排斥的力量的自发性爆发（格林，2000：218）。

在争论中，人们所采取的立场某种程度上取决于脱口秀是否强化了标准判断。对某些人而言，脱口秀是"怪胎顶嘴"的地方（杰森，1998）；而对于另一些人而言，它们制定了一场"社会包容的戏剧"，把不确定的个体聚拢起来（阿克兰，1995），试图让他们回归到道德和精神健康的特定模式中（达维，2000）。

这是一个很重要的论题，我们将在本章的最后一部分再回来去详细关注性别、种族以及性（sexuality）。但是，首先要注意的关键点是，没有为暗含于权力关系之中的脱口秀制定特殊的判断标准。也就是说，比由脱口秀标准化的任何单个特殊的权力关系更重要的是心理治疗话语的整体规范。因此，这一占据主导地位的特点可以说是电视脱口秀主要的真实/权力影响。我们在脱口秀中所见到的无非是用心理学术语对常识进行的重构。在这个层面上，对于我们被鼓励只在心理学范畴中思考这些议题而言，无论节目最终是否赞成男同性恋有结婚的权力或者女性享有艾滋病隔离治疗的权力都不那么重要。

这代表着一种新的"真实领域"，即尼古拉斯·罗斯（1989）所谓的"自我治疗文化"。脱口秀保持并有助于形成自我作为内在世界的新观念，并通过心理学方法对此来加以监督、监控和关照，以使个人通过净化、放松、保持平静达到良好的（个体精神）生存状态。这种个人的观点与新自由主义的民主论完美契合，结构性的不平等或者权力差别在这里都快速消失了，个体被劝告通过自治、自我革新以及无限选择来生活（维柯丁和露西等，2001）。正如尼古拉斯·罗斯指出的，当代新自由主义主体"承担着沉重的自由的重担"，然而，他们身上无法减轻的约束可能是他们有责任让自己的生活有意义，似乎每一种生活的轨道都是其自我实现过程中自我选择的结果（罗斯，1996；维柯丁和露西以及梅洛迪，2001）。

5.5 脱口秀与女性：电视播放的女权主义？

在最后这部分，我想回到女权主义者关于脱口秀的一些争论上。我们已经看到，女性主义作家已经成为新的公共领域或者充满争论的、新的忏悔的脱口秀中心，但在女性主义的争论中还有大量其他的重要争论。在这里我的目的是考察主要被争论的三个问题：

- 脱口秀赋予女人（以及其他处在边缘的群体）权力了吗？
- 它们处于意识形态状态还是规范状态？
- 脱口秀与"个人的即政治的"这一提法之间的关系是什么？

5.5.1 赋权给女性？

伊莱恩·瑞平认为，脱口秀"观察那些人们，对他们说来，由于种族、阶级、性别、地位等原因他们常为人所忽视，整体上不被'比他们优越的人'所尊重，这是有点让人愉快的"（瑞平，1995：38）。当女性、少数族裔群体以及社会经济底层的人们开始讲述他们的故事，并在数以百万计的观众面前挑战或者藐视专家时，这种情况常常出现。因此，问题的关键在于脱口秀可以赋予传统的边缘化群体权力程度的大小。

争论的"赞成"方认为，给人们赋权的关键是将发声权交给那些在主流中并不常听见的声音，并且允许他们代表自己说话。有人认为，脱口秀是这样做的，让性工作者、虐童受害者或者那些在他们的性关系中居于主导或附属地位的人们，向观众讲述他们自己的故事。与发声一样，他们也使自己的身体可视化，以藐视女性气质的规范标准，拒绝戒律，僭越限制（格林，2000）。不仅如此，脱口秀主持人、专家、嘉宾以及现场观众都是女性，这一事实本身就象征着一个挑战——脱口秀打破了在其他大部分电视中几乎都是白人中产阶级的局面。

科瑞内·斯块尔（1997）认为，脱口秀声称为边缘人赋权，不仅仅是因为它让主流之外的人们发声或可见，而且也因为大量脱口秀是从女性角度来建构的。像《奥普拉》和《萨莉·杰西·拉斐尔》这样的节目，几乎每一集的话题都是关于不公平社会中的女性生活的经历，包括家庭暴力、饮食无规律、性虐待、不抚养孩子的父亲、对肥胖的歧视以及主流形象对女性身体的压迫。节目展现（自由的）女性主义争论，有关婚恋关系、兼顾工作与照顾孩子的困难等问题。尽管如此，在提及《奥普拉》时，斯块尔提醒不要把这一切想得太简单了：

> 与脱口秀自身所定义的相反，女性没有权力难道不是其最有力的证据吗？对赋权的叙述建构了每一集节目，但对受害的反复讲述似乎又常常颠覆了它们。在每天讲述了女性使她们的生活安排妥帖的成功故事之后，你们知道明天你们将再一次重新开始体验女性的悲惨经验，她们的生活又将陷入被虐待、疾病或者贫困之中（斯块尔，1997：102）。

可能《奥普拉》更成功地与种族关联在了一起。大部分的脱口秀避免谈论"种族"和"种族主义"，其配置的是一套"色盲"系统（弗兰肯伯格，1993；威廉姆斯，1997）。由于挑战种族刻板印象失败，节目通常简单强调一种含蓄的种族性，正如热拉尔多做的帮派成员节目，几乎所有的嘉宾都是黑人或者西班牙人——但是并不谈及种族话题。与这种背景不一样的是，奥普拉的节目非常与众不同——它是由一个非裔美国女性制作的，而这个女人是世界上最富有的女性之一，她拥有制作节目的制片公司，提携黑人专家，书写黑人成功的故事，其大量剧集讨论黑人观众特别感兴趣的话题（从社区间的歧视到黑人头发和皮肤的护理问题）。奥普拉·温弗瑞的读书俱乐部也因推广黑人女作家的新书而著名。

正如斯块尔注意到的，奥普拉总是避免对种族政治进行任何讨论，但是她的确使用了作为主持人的权力去质疑某些有问题的要求或者去"讽刺"某类谈话。比如，在一期有关约会的节目中，她质疑一个白人男子之所以只约会黑人女性的言谈："是黑色素吸引了你。"（引自斯块尔1997：104）

作为一个在白人占主导地位的脱口秀（通常是电视脱口秀）世界中的黑人女性，奥普拉的地位意味着她受到"代表黑人"的巨大压力——一件不可能完成的任务以及一个不公平的"表达的重担"（默瑟，1994）。她因易于被接受的面孔和对掌权的白人的利益太不具威胁性而遭到批评，同时也因为符合白人对非裔美国人的想象而受到批评。很明显，后一种批评使她处于一种两难的境地——因为如果她选择做一期有关"抛弃孩子的父亲"的节目，而里面没有非裔美国人嘉宾，她会被谴责为排斥他们；但如果她将他们请到节目中，她又会陷入说她强化了白人对"不负责任的黑人父亲"的偏见的指控。

当没有明说"种族"时，奥普拉最有可能为黑人观众赋权，简单讲就是这些情况下，节目颠倒美国主流文化的"白人标准"，用一个黑人家庭去代表"家庭"，使一个黑人领养者进入一个关注度很高的领养议题或者以黑人律师代表"律师"。这是让黑人的视角也成为主流，而不是将他们视为特殊的或者部分的趣味。这可以被理解为奥普拉人道主义的"反种族主义"，这种观点倾向于关注身为人类的我们所共同分享的东西，而不是关注我们之间的差异。

赞成脱口秀是赋权的第三种观点，是嘉宾以及参与者成功地质询了社会的权威认知，给公共议程带来了挑战性的议题。让·格洛丽亚·马卡帕认为，对脱口秀如此多的责难意味着它里面一定有什么颠覆性的东西在发生："批评和评论总是旨在非难女性谈话场景的即席言论，使女性将愉悦带入谈话之中，即便在谈论令人痛苦的话题时也是如此。"（马卡帕，1991：82）凯特·伯恩斯坦（Kate Bornstein），一个女同性恋变性人，经常在脱口秀做嘉宾，她将出席脱口秀视为表达其他文化身份抗争的一部分。虽然他将脱口秀比作 19 世纪的畸形秀，但是他认为："现在所不同的是，作为畸形（节目），我们（在其中）正在说话。"（引自斯块尔 1997：93）

5.5.2 脱口秀与标准

与是否"畸形在说话"同样重要的是他们被允许谈话的方式以及他们在节目话语中的位置。当我思考这个议题时，我想起了一张"左翼"老明信片，明信片上画的是，在一个电视讨论节目中，主持人宣布："现在，为了确保一种政治平衡的讨论，请让我从极端分子的角度来介绍狂热的小跑。"这个卡通漫画中的"玩笑"就在于"介绍"，这保证了平衡，但其目的在于确保社会学家所说的任何事物都被视为狂热的愚蠢行为的正确性。这种事情在脱口秀中真的有吗？其议程是如何安排的？反标准化信息被创造出来并为人所知了吗？

正如伯恩斯坦和凯文·格林（2000）所说，脱口秀是"离经叛道的人们能够反击并掌控他们的表达"的论坛。《多纳休》（Donahue）节目讨论的是有关性关系中居于主导和从属地位的人，在对这个节目的分析中，他论证了嘉宾能用提供给他们的公共平台去抗拒或者驳斥标准化的标签。尽管许多观众和电话来电都抱怨嘉宾"有病""不正常"，但嘉宾们很快地建立了他们新的性认同，重新定义了诸如"功能障碍"等标签。比如，女施虐狂杰奎琳（Jacqueling）小姐劝诫观众："我们能别用'殴打'（beat-up）这个词吗，因为我们，我们宁愿……说'打屁股',或'鞭打',或'绑起来'。我们不会殴打任何人。"（引自格林，2000）她继续解释 S/M（性虐）场景：

> 它是相互的。我们在这舞台上的所有人都以一种非常非常有责任的方式进入场景。我们会预先谈好……我们不强迫任何人，而只是相互愉悦、取乐。这真的是一种非常亲密的关系，因为你正向人们表达你最深层的内在自我……这与疼痛无关，而是与愉悦/痛苦有关。这是表达有关你自己的小事件。比如，我看到许多人就喜欢变装（引自格林，2000：194）。

格林认为，通过制造一种与普通人相对抗和对立的话语，脱口秀嘉宾常教育别人更好地理解和尊重他们之间的差异性（据培崔克·普瑞斯特 1995 年的论析，这是参与者为他们出现在脱口秀节目中的最重要原因之一）。格林坚信，脱口秀最好被理解为不是"已经稳定的身份被分裂的空间，而应当是随着场景的不同，演员们在协商如何表达他们自身的身份认同"（格林，2000：195）。

他引用了《瑞奇·雷克》节目中关于同性恋的另一个例子。他解释说，在舞台上自诩为女皇和在观众面前"好玩"的直男之间的"玩笑"，削减了人们对双性恋的恐怖以及对男同和女同的厌恶。但是，他将脱口秀视作没有背景的世界，而且对在它之外发生的事情也不加考虑。即使现场观众的确表现得"好玩"（我对这唯一的解读方式持怀疑态度），我们也没有理由相信它们的这种态度在表演结束之后还会继续。

格林（2000）对脱口秀可能具有的抵抗性表现得很兴奋，但他忽略了对不同类型的节目进行区分。显然，他关于身份协商的观点肯定不能运用到对抗型节目中。人们恰恰是在这些节目中被从固定还原的身份带入冲突之中。对观众讨论型节目和治疗型节目的分析也有对这一乐观立场施以清醒还击的观点。德博拉·勒普顿（1994）分析了另一个节目《多纳休》，并提供了一种比格林的看法更悲观的解读。勒普顿考察了其中的一个节目，这个节目的特点是异性夫妻中的一方为双性恋。她认为这个节目是有双重标准的，即嘉宾被邀请"忏悔"他们的双性恋身份（作为自我表达的一种积极的赋权形式），但这仅仅是为了让其被多纳休在随后的道德义愤话语中设计陷害作铺垫。在勒普顿看来，多纳休总是强调他的观众是"正常的"，同时突出双性恋嘉宾的非正常性和另类特点。她总结道："这样的节目可被视为忏悔的现代形式和世俗形式，在这里，犯规者被放到公众面前受其嘲讽并因他们的罪恶受到惩戒，他们接受惩罚是为了通过宣泄减轻罪感"（勒普顿，1994：61—62）。

这种解读受到斯块尔对《奥普拉》节目所进行分析的支持，斯块尔强调了脱口秀中潜在的彻底的异性恋主义，并暗示双性恋（在脱口秀中）被视为"特殊的问题"——"一个反面"（斯块尔，1997；海明斯，2002）。更常见的是，达维（2000）认为，在围绕"性"问题讨论时，这类节目中标准的保守主义会特别活跃（也参见迈克拉芬 1993 年关于卖淫话题在脱口秀话语中的分析，瑞平 1995 年关于饮食无度话题的脱口秀的论析，以及布鲁姆库尔卡 2001 年关于以色列脱口秀《与梅尼在一起》（*With Meni*）中去政治化效果的论述）。

艾尼斯佩斯·普罗宾（1993）注意到，大部分脱口秀都以家庭妇女为对象并在白天播出，她将政治经济观点带入论争中。她认为，脱口秀的话题与家庭消费品推广的结合既扰乱又强化了"正常的家庭生活"。在英国，像《珍妮·琼斯》和《萨莉·杰西·拉斐尔》这类脱口秀，一个紧接着一个在天空一套播出（电缆卫星网络），同时广告非常不当地向社会经济地位最低的人倾斜，这些贷款公司的广告气势非凡，即便这些公司为信誉极差甚或背有县法院的官司的人清债。正如詹尼斯·佩克（1995 年）指出的，被视为"亲广告者"的需求极大地影响着在脱口秀中哪些东西能说和哪些不能说。但由于多数脱口秀会进行"自我审查"，并且因为其他原因还要围绕着规范的社会价值来建构，因此不可能完全区分开广告商对最终产品的影响。

5.5.3 作为政治的个人

最后，我想转向的问题是，脱口秀是如何被定位来与"个人的即政治的"这一女性主义原则相关联的。一方面，脱口秀明显受到女性主义的影响：它们适合大规模提升意识的小组工作方法，但在意识提升小组中，谈论隐私话题、亲密关系和日常生活的部分目的在于，通过感觉她们不再孤单（或者发狂）这种特殊方式来打破女性的孤独状态；发掘女性经验的模式化特点，从政治上进行定位，这样，让她们觉得像被困在家里或者不喜欢和她丈夫性交这类问题就不再是简单的个人问题，而是政治问题。所有这些效果都是在安全的机密协商的语境中实现的。

另一方面，我想指出的是，脱口秀已经完全背离了这个规则，甚至已经将这个规则倒置了。今天的脱口秀不是将个人政治化，而是将政治个人化，这就重塑了个人主义话语中的每个议题，消除了任何有关社会或政治的意义。

贾尼斯·佩克（1995）分析了《奥普拉》中反种族主义的十三部分系列，并认为，其中自由主义话语、治疗心理主义话语与新教话语相互作用，在反种族主义意图掩盖下再生产了种族主义假定。她认为，这三类资源扭合在一起，天然地偏爱对种族主义的个人主义理解，这使那些想用社会或者政治范畴来解释种族主义产生原因及其后果的参与者感到非常困难。佩克将其视为是"通过个性化施加控制"这一更广问题的一部分，在其中经验通常被理解为会产生"有毒的耻辱"，这种"有毒的耻辱"是需要通过忏悔而不是将其放入社会背景来解决的。她认为，在脱口秀世界中，似乎所有的问题都适合治疗介入。

> 治疗的话题将政治问题转换为了心理学问题——问题是个人（或者家族）的，而且在其自身的精神历程之外没有根源或者目标。把这些语言与政治语言相比较，如说"我生病了，我被虐待了，我需要康复"跟说"我很生气，我被压抑，对我的剥削是建立在我们社会结构的不平等上，我要和其他那些必须为了社会变化而和我一起工作的人分享我的经历"之间是有差异的（佩克，1995：75—76）。

这里的观点不是要贬低治疗介入（它们很重要），而是指出伪治疗正在代替政治意义，或正在代替对由经验所产生的广泛语境的理解。正如爱普斯坦以及斯坦伯格（1996）所指出的，一些脱口秀每天讲的都是出问题的异性关系的各种情况，然而在讨论这些议题时，总是不提任何关于性别不平等的话题，相反却趋向于不断提及家庭功能障碍或者孩童时代没有解决的问题。洛伊丝·迈克内认为，我们所看到的，是由女性主义、酷儿或者其他理论提出的问题的"再隐私化"。

> "再隐私化"的这些话语是通过吸收对立话语要素并将之非政治化来实现的。因此，"再隐私化"话语试图讨论的议题只是那些最近公众争论的问题，比如男同、女同权力或者虐妻等，即将它们打回私人领域，从而将之去政治化（迈克内，1992：87）。

通过将他们的话题不断地个人化和心理学化，有意避免或拒绝诸如虐待、欺骗和每天暴露在观众面前遭受痛苦这样可怕又平淡无奇的模式，"节目走进了死胡同——活该如此。除了让我们去有更多止疼片的药店，它们不能引导我们去任何地方。只有共同选择并包含真正的政治变化，这些节目才能生存"（瑞平，1995：382）。

5.6　结论

脱口秀只是众多转向以现实为基础和以第一人称角色为主的传媒节目的案例之一，这类节目还包括了场景肥皂剧、应急服务电视以及像《老大哥》（*Big Brother*）、《幸存者》（*Survivor*）和《诱惑岛》（*Temptation Island*）之类的真人秀节目。随着事实和虚构之间越来越难的区分，表现普通人自我的节目数量不断增长，节目话题不断被个人化和性征化。可以说，新千年的电视重新发现了自我，而脱口秀在其中扮演了关键角色。

本章已经表明，大部分女性主义论著对脱口秀的态度是模棱两可的——但我们很容易看到原因。它们表面上是为"让通常情况下无声的女性发声，这些女性包括工人阶级女性、家庭主妇、女同、性活跃的年长女性"，"她们说出对在'男人世界'中女性处于从属地位感觉到的沮丧"（夏图克，1997：136）。但是，它们提供的"赋权"和"可视化"是有问题的。约书亚·盖姆森（1998）关于脱口秀是如何处理女同、男同以及跨性性征的论述，提到对忍耐/敌意的强调，认为只有在"保密""不吹嘘"等情况下，其酷儿身份才能被接受——换言之，脱口秀所做的恰恰是酷儿行为主义打算挑战的东西。他评论说：

> 一切都表明，脱口秀让"好的宣传""正面形象""确定无误"等描述都成了难以秉持的概念。脱口秀让人们看到多样性，即便这扩大了内在的阶级冲突；脱口秀让人们看到赋权，即便其使得让各种亚人群之间达成共识变得更困难；脱口秀塑造出了重要的新公共领域，即便其将公众的怪异行为与公共礼仪的衰亡紧密相连。这意味着，脱口秀使之变得可见并不是正面的或负面的策略，而是必须被看作一系列的政治协商（盖姆森，1998：113）。

脱口秀为"抵抗"话语进入主流文化提供了机会，并特别为那些被建构成"离经叛道者"的人们提供了关于他们自身身份行为的叙述。然而，这是以其不得不忍受不断出现的大肆谩骂攻击（你们是病人/异类/让人恶心的/应当为你们自己感到羞耻的，等等）为代价的，不仅如此，在节目中，"怪异"通常需要好好调养以恢复到健康和道德的标准范围内。即使在它们最有进步意义的时刻，脱口秀也很少能超越通常意义上的"活着并让他们活着"的哲学，在这种哲学中，"忍耐"是最大的美德，而政治被消除了。

可能脱口秀最有意义的影响是对公共/私人划分的重新定义，正如达维（2000）指出的，就像女性主义本身一样，脱口秀帮助那些曾经是沉默的和禁忌的东西成为公共议题，并让它们变得"任何人都可谈论"。但正如我们所见，从压抑到坦承的转变并不纯粹，而是卷入了戒律和规则的新形式。它带来了个人主义自我治疗模式的盲目生产（这种自我是必须被监测、建议、纪律化以"康复"的）。正如瑞平所注意到的，这些话语表面上非政治的性质或许正代表着它最有力的政治力量：

> 你恨你自己或者恨你丈夫（对你体型、身材的审视）却不能停止吃东西因而不得不对之进行容忍吗？好吧，不要介意产生这些感觉的原因，或者这是否公平——"这里有一套规则可以整治他们"，康复专家声称，"在你余生的每一天都记住这些规则，别让任何人或者任何事让你分心，因为它们很重要，它们是你生存的关键"。正是这个信息使得这种活动看上去似乎不那么非政治化，而是，恰好相反，其是以最反动和最压抑的方式所形成的高度政治化（瑞平，1996：7）。

6. 杂志中的性别：从《时尚》（*Cosmopolitan*）到《阔佬》（*Loaded*）

　　杂志是媒介图景中的主要景观。从（刚出）摇篮到坟墓，每个人一生都有杂志的陪伴。令人讶异的是，即便是那些以两三岁儿童为目标受众的杂志，其所提供的也是明显两极化的性别脚本：战斗、交通和冒险行动属于男孩，美貌、善良和公主做派属于女孩。杂志是历久不衰的代表性媒介，其魅力并不因所有那些试图取代它的技术——从无线电广播到电影再到电视和互联网——而衰减。不管在人生的哪一阶段致力于何种兴趣爱好或者有何者性别认同，很少有人不定期阅读杂志。的确，不仅新闻报纸杂志化，而且从大型超市到抵押放贷者等各种商业体创办自有杂志也已成为日渐发展的趋势，这是杂志这种媒介形式受欢迎的明证。

　　本章研究杂志中的性别问题，聚焦三种广义上的杂志：青少年杂志——如《杰姬》（*Jackie*）、《J17》、《极乐》（*Bliss*）、《蜜糖》（*Sugar*）以及《时尚》（*Cosmopolitan*）和《她》　（*Elle*）① 的副刊《亲爱的姐妹/女儿》　（*Baby Sister/daughter*），异性恋熟女杂志以及迅速扩张的男性杂志。本章共分为四个部分。第一部分探讨意识形态这个概念，强调政治经济视野对于理解当代杂志的重要性，这一概念常被用于杂志话语研究。接下来的一部分着眼于青少年杂志的细节，以图表形式显示罗曼司（romance）意识形态转向基于消费的新型符码，即男孩观看（boy-watching）中的美色和名人的模糊转向，各种问题专栏的扩展也在这一部分的讨论之列。第三部分转向对女性杂志的探讨，但不仅仅停留在一两处细节上，而是还检视关于愉悦与压迫、文本与受众之间相互矛盾又相互关联的论争以及女性杂志和女性主义话语之间的关系。最后一部分呈现男性生活方式杂志"新浪潮"的简要历史，阐释新型"小伙儿"（Laddish）男性气质的建构。此部分追问如何理解男孩杂志数量激增的原因，比如对女性主义的抵制、对"新男人"形象的反动以及对男性气质特定的阶级

_____

　　①　中文版刊名为《世界服装之苑》。

化和种族化的清晰表达。

6.1 女性意识形态

马克思主义意识形态概念（相关讨论见第二章）曾被大量应用于女性杂志分析领域。这一概念指导我们不仅要着眼于杂志内容，同时还要审视内容产品背后潜藏的势力庞大的商业组织。这一点凸显了政治经济因素在赋予杂志文本意义方面的重要性。杂志既是文化文本，又是日趋集聚型的传媒帝国（其大部分市场被业界屈指可数的几个大公司所掌控和支配）中众多媒介的组成部分，同时也是一种将高度细分后的消费者群体打包售卖给广告商的手段。

过分强调广告对杂志的重要性并非易事。杂志内容首先为广告商们所支配：女性时装杂志平均 50% 以上的版面都贡献给了广告推广。譬如 2003 年 9 月发刊的英国版《魅力》（Glamour）就有整整 160 页的广告——其中还不包括赞助比拼或特殊促销所占的额外 20 页。杂志的利润来源于广告位售卖，而其中只有很小比例来自杂志封面上的售卖价格——这就意味杂志的发行方要尽可能多地吸引广告商。刊载吸引特定类型读者的内容，并将他们打包售卖给广告商——杂志发行方通过这样的方式诱使众多广告商将经费投放在杂志而非其他媒介形式上面。在一些案例中，可观的读者人数代表着一个特殊的利益市场（比如摄影或者泛舟爱好者），但通常来讲，最受广告商欢迎的是年轻而雄心勃勃的读者群体，他们的社会经济地位处于上行趋势，还拥有大量的自由可支配收入。英国最畅销女性时装杂志《魅力》（Glamour）的出版总监在一本专门提供给广告商的宣传册上提到，他们的杂志已经吸引了一个五十多万的读者群体——"这是一个最高质量的读者群，平均年龄 27 岁。这些读者位居高端消费市场，开支高昂且雄心勃勃。这些特质都是广告商们梦寐以求的。"（西蒙·基平，《魅力：原理与概貌》）他继续写道："《魅力》的女性读者平均家庭年收入在四万五千英镑左右，她们每八天就会购买一件时尚单品，每九天购买一件美容产品。她们每两年度一次假，而且她们需要一辆光鲜亮丽的座驾来彰显个性或者带着她们逃离繁忙的生活。"简而言之，《魅力》是这样的一本杂志：

> 《魅力》杂志
> 只为成功、独立和时髦的，了解如何获得乐趣，（热爱并懂得）穿着和消费的女性打造。
> 她们做的事：购物、交友、逛吧、旅行

她们不做的事：只逛不买、宅家里、问题开支

她们买的东西：衣服、鞋子、化妆品和珠宝；参考每月最新一期的《魅力》（Glamour）更换自己的手提包

她们是：ABC1C2女人，年龄在十八岁到三十四岁之间（西蒙·基平，《魅力：原理与概貌》）

在将这一份令人满意的"人口统计"数据提供给广告商的同时，杂志发行者还会售卖他们同杂志读者间友好而亲密的关系。因此，《魅力》的发行者康泰纳仕公司底气十足地宣称他们的读者十分信任《魅力》杂志，而且读者会就购买什么样的美发美容和时尚产品向杂志寻求意见。最重要的是，杂志为他们经营的广告提供了一个有助益的环境，并对它们关照有加。

这意味着许多不同的涵义。一些例子充分地证明，发行者给了那些大主顾广告商们承诺：他们竞争对手的产品绝对不会出现在杂志上。而更严重的问题在于，杂志刊载文章的编辑材料会故意凸显广告中的宣传主张。珍妮斯·温西普（1987）在她的研究报告中提到，以一则1965年的女性杂志上的广告为例，某个尼龙长袜（紧身衣/连裤袜）生产商投放了一个昂贵的跨页广告，并明确要求在这份杂志的其他任何页面都不能提到有关自然纤维的话题。

毫无疑问，虽然类似这样的协议以后还会有，但在当今时代，这种协议可能更大程度上是一种"正常的""非正式的"或"既有关系网"中的惯例作用——而非真正施压的结果。出现这种局面的原因在于，杂志和时尚美容领域以及各大公司之间的关系十分复杂。美容编辑们经常会收到一些化妆品公司寄过来的大盒免费礼物，以期能够为自己公司的新产品争取到一篇"捧场"文章。时尚编辑们从设计师那里"借"衣服，在时尚商店和衣服店里面取景拍摄或对服装进行描述；旅行公司为了帮助航空公司、酒店或者自己获取信誉而支付旅客时尚写真的费用等。在这个已经"三百六十度"品牌化（见第三章）和公关为王的时代，广告商直接的强制已经没有必要。通过这种惯例，也就不难理解，如果欧莱雅的代理商曾为他们的新款睫毛膏投入五万英镑的广告费，那么在一些关于"如何让你的眼睛更大"的主题文章里，美容编辑们当然会经常把这款睫毛膏作为美容建议了。

从广义上讲，杂志打造的这种对广告商关照有加的环境，意味着广告不会被当作一种破坏信息流的干扰因素，而是会融合在信息流中，并成为信息流的一部分。正如麦克拉肯（1993）所言，广告和文本编辑内容的界限会逐渐模糊。这是源于广告环境的助益。一是凸显与主题相关的链接，比如说洗发护发用品的广告就紧挨着以头发保养为主题的文章。麦克拉肯（1993）指出，社论

式的搭售广告,甚至连占星术都可以应用其中——引用一个关于加勒比海度假的特写专题——几乎每一个星座的人都被告知去期待获得一次去那儿旅行的机会。二是品牌互惠和广告的引用,比如使用广告中的图片但过滤掉图片说明,或是从广告上直接照搬内容——语言、语调、色彩和风格,还有广告软文、广告促销和特别搭售广告,好像广告里的东西就是毫无疑问的事实一样。的确,麦克拉肯(1993)认为,所有女性杂志从整体来讲都可以被看作变相的广告。这些女性杂志的部分目的就是赢得对其关于女性的特殊性建构的赞同。

女性杂志有许多重要的共同特点:都倾向于使用像朋友一般的亲密口吻同读者对话;围绕共同的快感和女性劳力(labors of feminity)组织构建;总是被一成不变地建构成男性的对立面(其关注点集中在"女性拥有的都是凭借女性这一身份得来的"这一观点上面),而且同时将关乎年龄、种族、性别和阶级的因素悄悄剔除,采用一种个人主义语言,强调以去集体社会或是去政治斗争为代价的个人解决方案。

尽管(女性杂志)有如此之多的相似之处,女性意识形态这一概念也造就了不同杂志上的各色女性气质版本。在《女性》(Woman)杂志中被建构出来的女性气质和在《时尚》(Cosmo)杂志中被建构出来的女性气质之间,有着巨大的差异。比如说,一个关心的是国家和传统、家庭中的愉悦和困难以及怎么做一个成功的妻子和母亲,而另一个仅仅着眼于两性关系、美貌和事业的成功。

同一本杂志也会随时间流逝出现显著的变迁。正如珍妮斯·温西普(1987)所言,女性杂志适时地为女性提供一些生存之技,用以应对特殊时期女性所面临的困境和难题。因此,《女性》杂志在19世纪40年代暂时采用了一种男女平等的论调,强调女性要独立和"走出家门去工作"的观点。但是在50年代,它又开始呼吁女性重归家庭生活,赞颂家庭主妇的美好品质,鼓励女性去营造更清洁的家庭环境和购买新的日用消费品、家用电器来让家变得更加舒适宜人(强森和洛艾德,2004)。

虽然我们如今都已了解到,早在20世纪初,女性杂志最基本的组成元素就已被建构完成(班拉斯特和比瑟姆等人,1991),但社会、政治和经济方面的转变,包括女性主义的兴起、避孕药的出现和女性大量涌入劳动力市场等现象,引发了女性杂志的重大变革。20世纪90年代早期,在女性杂志的文本内容中就出现了一些可以被觉察到的转变,内容罗列如下:

• 日趋聚焦于名流——这可以在新出现的杂志内容里和现存老牌杂志的改版内容中窥得一二。比如为了反映甚至推动一种对好莱坞明星生活方式、饮食

养生、婚姻和性生活前所未有的着迷和高度关注的文化。

· 引人注目的身体性征化倾向。美容产业背后的未竟之语，是强调对于女性身体的视觉（或感觉）并将其视为女性气质的重要构成部分（巴特基，1990；沃夫，1990）。

· 杂志对于性别平等语域和话语的逐渐接纳，对被控和自我愉悦的强调。

· 聚焦在外工作和居家生活的有机结合——关注活动、兼顾以及团体组织。温西普（1991）曾提到，"新传统主义"的兴起伴随着一种"轻快效率"（brisk efficiency）的论调，提供了一种可能的设想：可以兼顾工作、抚养孩子和举办引人注目的晚宴，并有空投身于一些日常的"家庭项目"，譬如弄个花园池塘或是拼个马赛克图案等。

· 逐渐重视异性间性爱。为了取悦男人并满足自身，性爱成为关注的焦点。

这些转变在以青春期少女为受众的杂志中清晰可见，这使得我们可以转向下面的探讨。

6.2 青少年杂志

1997 年，安吉拉·麦克罗比在她关于《杰姬》杂志的分析文章中开创性地指出：罗曼司（romance）是一个普遍存在的显性主题。对罗曼司的"美妙一刻"的图解在相关的每个故事中都可以找到踪迹，比如求婚的画面、订婚戒和婚礼等都备受青睐。面对罗曼司，性爱显得晦暗无光（因为性爱通常被描绘成肮脏而又污秽的）。罗曼司的表征通常用它的社会影响来替代，比如夫妻身份、同英俊的男友出双入对或者订婚戒折射出熠熠生辉的光芒等。麦克罗比（1991）认为，对这样的主题而言，讯息用这种方式传达相对而言比较稳妥——这也就是说，一个女孩必须努力去争取一个男人并保持同他的关系，同时她决不能信任别的任何女人，除非这个女人又老又丑；但尽管如此，罗曼司本身和做一个女孩都是很有趣的。

如今已经很难在那些以少女为目标受众的杂志上寻到诸如此类的论调了。罗曼司的符码已经让位于流行音乐、时尚、美容和（名流）男孩观看（boy-watching）了。

最主要的一个变化是（第三章有简略的讨论）越来越多的版面空间被划给男孩和青年男人们，其主要是一些流行歌手或是偶像剧演员的图片。《J17》杂志在它的封面上直接宣称自己是"名人男孩头号刊物"，并且保证提供诸如

"Busted 乐队：全新出击"和"Soap studs 组合：圣诞礼物盒中的少年们(boys from the box) 将展示他们潜藏的才华"等内容（2003 年 9 月）。性暴露带来的暗示似乎主动地为异性欲望打开了一扇机会之门。确如麦克罗比所言，杂志提供了为数不多的文化空间，可以让女孩们没有阻碍、毫不尴尬地观赏男孩们的图片（麦克罗比，1991：171）。然而，尽管杂志鼓吹说要展示给我们前所未见的东西，但是最终却只是呈现了一些衣冠整齐、摆着支配性姿势的男孩和男人而已。男性杂志对女性在性方面的物化和女性杂志中对待男性的态度并不对等。相反的，女性杂志提供的产品都是一些了解男性的知识——比如如何知晓他们的喜恶，以及什么情况会令他们尴尬。每一个专题栏目都邀请女孩们把自己想象成男明星的女友，而且似乎整个专题栏目都是一个"让我们来看看他心里想的是什么"的谈话。罗曼司（romance）依旧是一种重要的议程。

对观赏男孩和积极的性主体身份这两方面的显性关注，被诸如"去读懂男性并了解他们的需求"的强调削弱了。《极乐》（Bliss）杂志向读者承诺说"让你从内而外了解男人：让男人告诉你一切"，而《J17》有一个固定的版面叫作"男孩学"——正如其名，这个版面的主要内容就是研究男孩的喜好，欲望和行为。的确，你可以说从整体而言杂志也是围绕着为女孩解读男孩的主题展开的——为女孩提供一些参考信息，以便让她了解应该如何去观察和行动才能够俘获一个男友并维持与他的关系。下面选列的一小部分问题，都是一本杂志中名流男孩们曾被询问过的：

> "你想追求的女孩子是什么类型的呢？"
> "一个女孩应该在第一次约会的时候穿什么呢？"
> "是什么原因可能会使得你离开一个女孩子呢？"
> "能告诉我们你的梦中情人会做如何打扮吗？"
> "男孩们会真的爱上一个坏女孩吗？"

有时候这些问题的答案被直接构建成指导女孩们的框架，比如说"我的建议是，顺其自然而且比较有女人味"，D-side 组合中的雷恩在一期《J17》的采访中（2003 年 9 月）中说了这么一句。但是在大多数情况下，针对此类问题的回答都颇为个人化或者都是些另类的独特偏好，甚至他们还会遵从刻板而老套的异性恋男性的渴望，比如大胸、高跟鞋等。举个例子，从 Busted 男子乐队透露的信息来看，里面有一些信息像是"我喜欢能够完全展现女孩身材的东西""我喜欢女孩子穿低胸衫"和"我总是对穿一双低帮鞋和背心上衣的女孩子很感兴趣——有一点摇滚女生的范儿"。无论是被框定成建议或是只出于个人偏好，总结起来这些回答的构成都流于字面含义——就像一本如何成为女神（令人神往的女性）的指导手册。在如今这个霸权断裂的时代，已经没有所谓的绝对女性模范可供效仿了。但男孩的确也被怂恿着去参与"好"女孩和"坏"女孩孰优孰劣的讨论，或是参与其他一大堆有关类似差异的讨论。可供选择的女性气质类型和自相矛盾的劝告，为杂志文本中的意识形态性质戴上了面具——仿佛它们在说，"看吧，我们并非只是在推销某一种成为'真正的'女孩儿的方法"，并且它们还隐瞒了一个事实——那潜藏在各种女性样本背后的都是这样一种看法——评价女孩时应该根据她们的外貌来进行判断，此外还需要看她们的身材是否瘦削、曲线是否曼妙、肌肤是否光洁、头发是否顺滑等；而且同时，女孩们还不能太关注自己的外表，最重要的是"自然美"。此外，这些杂志还理所当然地认为，男孩和男人是社会资本的掌控者，因此自然而然地诱使女孩们去焦虑地渴望获得男人的看法和赞同——某种与杂志其他部分活跃而积极的"女孩权利"主张相互冲突的内容（汀克纳尔等人，2003）。

在潼恩·柯里（1999）对加拿大的四种青少年杂志［《青少年》（*Teen*）、《17 岁》（*17*）、《青春时尚》（*Young and Modern*）和《莎莎》（*Sassy*）］及其读者群富有洞见的分析中，她指出有三个主题主导着给予女孩们的建议：告诫女孩们要努力变得有吸引力或者塑造一种迷人的个性；对男孩了解颇多；做一些对男性恰如其分的事——并且一再地对自己重复诸如"做你自己就好""请做自己"和"做你所想"等要求（请参考对照第三章的内容）。

柯里讲述了在最初的时候，女性主义者关于某些建议的论述是如何激发她灵感的——通过强调"做对你自己而言正确的事"。然而最近的分析指出，这种女性主义启示和口号的参与并未提出一个关于"如何做个女人"的新式可替代性结论。出现这种情况的原因在于，"做你自己"和"说出你自己的渴望"这两个主题与其他两个主题之间的联系太过紧密了。柯里评论说："在全力强调'去交一个男朋友'的时候，鼓励读者就她本真的自我去'接受自己'的信息的做法，可以构建一个阅读情境，使得实际上没有男朋友的读者很难接纳自我"（柯里，1999：182）。同时，柯里也探讨了在关注的焦点转向"做你自己"的过程中所出现的更深层次的和更有害的逻辑控制。她对问题专栏的分析指出，专栏知心阿姨经常告诫女孩们去做自己就好，但是她们又用这种告诫的论调建构出了一种新的专制（或许她们是无意的，又或许她们是出于好意），结果个体本真的沦丧成为女孩们面对的新问题：我找不到一个男朋友的原因就是我没有做好我自己。

关于做你自己、保持美丽和了解男孩等诸如此类的信息总是同青少年杂志脱不开干系，这种话题总是看上去似乎十分深刻而又令人感觉理所应当。柯里认为，这些文本中的信息，其形式更多是一种假设而非断言。因此，《极乐》杂志的某一期才宣称"从内而外了解男人"，其下一期的封面标题就打出了"295种风格让你化身美丽宝贝"——这两者之间的关联性不言自明。

对于青少年杂志的内容调查已经有四十多年的历史了。柯里（1999）提到，近年来，对于"美"的关注出现了一种激增的势头。杂志中化妆品广告的数量翻了两番，护发产品的广告增长了三倍。这也与纳奥米·伍尔夫（1990）的观点相一致，广告商过去抓住女人对家中藏污纳垢的负疚感来投资，而现在他们的关注点开始转向女人对美丽永无止境的追求。女性气质被表述成一种身体的特质，需要持续定期的保养——并且最关键的是，需要维持在美容产品方面的经常性支出。正如麦克罗比所言："如今个体需要更多的化妆品和其他产品去达到自我完善的目的。"（麦克罗比，1991：144）

然而，最重要的一点在于，这些鼓噪的新兴话语——如独立性和女性权利等——与消费相关的程度，具体来说，是它们与美容产品消费相关的程度。不同于《杰姬》（Jackie）杂志上刊载的那些女孩，《J17》和《极乐》（Bliss）、《蜜糖》（Sugar）、《青少年》（Teen）这些杂志的读者并非一群苦心孤诣想得到一枚订婚戒指的人，相反，这群被称作女性主义分子的个体们，其"独立性"是围绕"天生购物者"的主旨来构建的。女孩们的"代言人"主要根据她们购物的方式表述而成。这就和第三章我们已经讨论过的自治、积极和渴求的女性主题图景遥相呼应了。也就是，她们的性自信被建构在购买托挺式胸罩和咖啡上面。

或许，青少年杂志的话语对购物与独立、获得社会权利与获得男孩青睐之间的联系隐晦或清晰的表述并不那么令人惊讶，而且它们使用的其他话语都十分有趣。青少年杂志中的女孩与一些成人杂志中的女性一样，她们女性气质的保持需要持续的投以注意、保持警觉并且不时更新：杂志建议女孩们改变她们上下注视、开怀大笑的方式，甚至改变她们发短信的方式，以期显得对男孩更富吸引力。此外，杂志还告诫说，女孩子要不时地更换衣物、改变发型并且永远不要忘记时刻检视自己的妆容，需要的时候要补一补口红。然而，在最高意识形态的熟练操纵下，对女性得体外貌的塑造通常会使用一种有趣的话语来表述："我们女孩离开睫毛膏就无法生存，但是试试换掉那种让人乏味的黑色，来一支明媚的蓝色号吧！""指甲油难以决定用哪种颜色？不如都用吧！选五种不同的渐变色，让每一个脚趾都染上迥异的色彩。"广告商们也在广告词中使用了类似的话语："阳光进来，快乐进来"；一支亮发剂的广告间说："升级版

的阳光进来 (Sun－in) 亮发剂，给你更多的快乐心情。"(引自汀克纳尔等人，2003)

尝试时尚、化妆和染发这些活动并非一点乐趣都没有——它们当然让人觉得非常享受。但是从某种程度上讲，这些活动更强调一种快感和乐趣。这些快感和乐趣源于女孩和女性在标准意义上对自己外貌的期待感，而不是一些简简单单的或者令人愉悦的爱好。作为一个青春期的少女，想从传统的女性气质中抽身而退极为困难，要付出的代价极大。这一点可以从杂志的其他部分看出来。举个例子，在街头采访读者关于时尚话题的时候，即使是青少年们都确信定期的修甲十分重要。对于乐趣（就像熟女杂志将当下女性身体保养术的流行趋势看作一种对自己过分的沉溺或溺爱）的强调可以产生一些称得上是轻微的精神分裂，使得女孩们对自己的亲身体验失语。柯里（1991）曾经采访了一位叫作劳拉的女孩。在整个访谈中，劳拉对自己的外貌忧心忡忡，以至于她在十八岁的时候就开始用抗皱霜，并且从十七岁开始不化妆就绝不出门——然而当她被柯里问到为何要这么做的时候，她只能回答说化妆很"有趣"。

劳拉不是一个特例。当被问到到底是什么让女孩们自我感觉很好的时候，她们确实都普遍认为自己的外在形象是最重要的一个原因。自我认知和自尊心直接关系到女孩们对自身外在形象的自我感知：

> 我的发型妆容都正常，脸上也没那么多瑕疵，而且我也不会觉得自己很胖，穿的衣服也不显胖，所有这一切都不需要舒服——舒服甚至都不是一个可供选择的东西。说真的——我喜欢我的穿着以及所有的一切都不会让我感觉束缚，或者说，我喜欢完美，像一切都刚刚好，不需要我做任何完善。这样我会感觉很棒，是的，绝对很棒。如果我感觉自己穿着不怎么得体的话，我哪儿都不会去的（艾莉森，引自柯里，1999：231）。

相对美丽对女孩和女人们极大的影响力而言，"乐趣"这个词似乎难以形容出哪怕是一点点的女性与她们自己躯体间的复杂联系。这种话语甚至成了从客体化向主体化（在第三章讨论过的）转变的一部分，这种转化越来越多地要求必须用一种可供自由选择、令人愉悦的方式去表述标准的女性气质，而强迫性的或外在的文化影响力必须向内驱作用的方式转换。

杂志上的两性内容划出了另一个范畴，点明了当今青少年杂志区别于前几代杂志的特点。《杰姬》杂志的叙事总是把一个吻或者一次求婚作为故事的结局（或者故事以一种担忧结束，即这个男孩是会继续这段爱情，还是转而另寻他欢）。同《杰姬》相比，当代杂志更多着眼在与性相关的讨论上。这引发了某些人的警觉，比如在 20 世纪 90 年代末，英国保守派国会议员曾试图提议制定一项法规——在以女孩为受众的杂志封面中，需印上对其中性内容清晰度的警示语。有趣的是，正如汀克纳尔（2003）等人所指出的，这些人对男性杂志中传播的性内容却从未产生过同样的恐慌。此外，对性内容表达的忧虑总是围绕着视觉或是文本材料的清晰度打转，却对传播信息的本质或语境没有进行任何讨论，这一点十分令人遗憾。单一规则催生的道德恐慌没有对暴力的、胁迫的、客观化或交感化的材料做任何区分，相反只是表达了一种对女孩能够获取"太多"性知识的过分忧虑。在这种意义上，女孩杂志就沦为了类似问题的牺牲品——它影响到了健康教育与安全性行为运动。这样一来，类似如何给一只勃起的阴茎套上安全套的信息可能有时候也会被当作"色情的"信息而加以禁止。

杂志的一个最显著的特征是对异性恋强烈有力、毫不怀疑的支持。它们普遍将异性间的性欲视为理所当然的常识，以至于女孩对其他女性的性欲望表达也成为一种对异性恋标准一成不变的复证。一封以"我迷恋我的朋友"为题的读者来信中讲述了两个女孩对彼此的渴望，并给出了希望她们"离开对方"的经验：

> 女孩们在彼此身上试验与性相关的行为十分寻常，但是我好奇这种尝试会将你们带向何方。假如你们之间的一个人找到男朋友怎么办？如果你们中某个人的决定并不是真正为了对方呢？如果这种行为摧毁了你们的友谊呢（这绝对有可能）？然后呢？听起来你们俩人中的任何一个都没有考虑过——哪怕是一点点——这种亲密行为会带来的后果。对于这种情况，我建议你们来一场开诚布公的谈话吧，认真倾听对方的声音。如果我的预感准确的话，你们俩会一致同意，虽然这种亲热行为十分有趣，但是一直维持这种爱好的代价还是太过高昂了（梅丽莎·罗斯基，《J17》，2003 年 9 月）。

很难想象一个比这更不表示支持的回答了——这段话是某期杂志上的一位儿童专线咨询顾问写的，这还是在一个关于如何应对恃强凌弱的专题报道里被提到的！这位知心阿姨不但没有质疑两个女孩的性取向（异性恋），而且贬低了她们的经历，还将两人对彼此的感觉用一个轻描淡写的形容词——试验——来描绘，仅仅只是随便一笔带过，觉得那不过是一个阶段罢了。她指责正因为这两个女孩不够开放甚至不够诚实，所以她们才没有注意到自己选择的错误之处。此外，这位顾问还指责说她们没有认真思考过（哪怕是一点点）她们的这种亲密行为可能带来怎样的后果。最终，这个咨询顾问还恐吓说这可能会毁掉她们的友谊，而且她还总结说也许这种亲密曾经是很有趣的，但是两人为此付出的代价可能"太过高昂"。准确来讲，这种所谓的代价中最关键和最应该被提到的一点应该是此类杂志的恐同症。

从主导杂志的异性恋思维来看，有两种主流话语在支配着与性相关的话题。汀克纳尔等人（2003）将这两种话语定义为：一种是忸怩、心照不宣却又讥讽的话语形式，这种话语形式以幽默和暗讽为特征，并使用了一种"青春期通俗体"——新语症和流行口技——的形式；另一种是从性教育的框架模式中抽离出来的话语形式，即警告，禁止，劝告——保护你自己，并且谨记这是"你的身体，你的心灵和你的生活"。汀克纳尔等人（2003）认为，当杂志用一种坦白的（或是充满讥讽的）口吻提到男性身体和明星魅力的时候，它们对性自信的修辞和断言通常会流露出这样一种看法：读者并不真正具备性方面的知识，因此这类文章存在的主要目的就是为了传授基础的性知识。两性间的独断话语、杂志上某些部分无所不知的话语和其他部分说教性的话语——这三者间的断裂十分明显——十分讽刺地同时出现在一些近年来激增的问题专栏上面。青少年杂志以若干页的读者问题——牵涉爱情生活、身体、男孩烦恼、朋友和家庭关怀等诸多主题——为特色。的确，麦克罗比（McRobbie，1991）曾言，读者问题型探讨已经成为当代女孩杂志的主要架构特征。

在下文所举的例子里，写信的女孩因为偶然看到了某些她不理解的事（手淫），随后男友对她置之不理而感觉很苦恼。专栏的知心阿姨建议她先了解一下男孩行为的基本信息，还安慰她说这是很正常的——但就在这期杂志的前几页上就有男孩乐队里耀眼迷人的男孩们被问到"他们的（bits）尺寸"这样的问题，并且杂志还奉承地说他们多么受上帝的眷顾。

对问题专栏而言，一个值得注意的视角是：它们如何继续将女性定位为一个监控并维持两性关系的责任承担者，教育她们如何保护自己免受有问题的（但是正常的）男性行为的伤害，并且捍卫她们的身体和美德。

易怒的男友

　　我十分担心我的男友。某天我在放学后去他家，想给他一个惊喜，便直接上楼去了他的房间。我站在门外的时候就听到他在呻吟。当时我以为他弄伤了自己，就冲进门去看他是不是一切都好。但让我惊恐的是，他当时正握着他的——你们知道是什么，在抚慰它。当我问他在做什么的时候，他说："没什么，你回家去吧。"从那以后他就没再跟我说过一句话。

请帮帮我，我不想和他连朋友都没得做。

求助回答：他的行为可能是一种我们所说的手淫。那是一种——无论男孩还是女孩——为了获得快感而触碰生殖器，通过这样来到达性高潮的行为。手淫十分常见，它是人们探索自己身体的最好办法之一。通过手淫你可以发现让你感觉愉悦的方式。手淫是十分健康的，但通常是一种非常私人化的行为。我猜这也就是你男朋友现在不愿意同你交谈的原因。他当时很可能极度的尴尬，因为他不但被你抓到现行还得想办法跟你解释。我认为现在最佳的行动方案就是你要对这个小伙子更友好一些，完全跟平时一样地同他相处，希望他能够放轻松一些，变回往常的样子。如果他没有恢复正常，那就把他拉到一边，私下跟他好好谈谈，说些"抱歉，我那天惊扰到你了。如果你现在觉得没事了的话，我们和好吧"之类的话安慰安慰他（资料来源：《J17》，2003 年第 9 期）。

当男性杂志在倡导追求享乐主义及性愉悦话语的时候（就如我们稍后所讨论的），这些话语对于女性却不适用——她们被看作一些必须在身体和道德上都要负责的主体。

青少年杂志呼吁女孩们去检视自己是否做好了发生性关系的准备，是否考虑好了男孩是否值得付出以及是否了解并明白了通过性传播的感染病并规划好了保护计划。杂志呼吁女孩们采取一些行动来维护自己在性方面的名声，并在行为上对自己的朋友和其他女性负责。这种持续的监控和调解中纳入了一些感情上的工作。这一点可以在上述引文所反映的问题中看出来：责任压在了女孩的肩上，需要她去主动理解并修复同男友（虽然他才是那个先不理她的人）的关系，表现得"更加友好"（抑或是在某种程度上"跟平时完全一样"）；如果这都不起作用的话，还要私底下把他约出来进行安慰。

6.3 女性杂志：争论与困境

在这一部分我们将会审视一些围绕女性杂志展开的重要论争。

6.3.1 矛盾性与关联性

围绕着女性杂志的一个核心争论是：某种程度上而言，女性杂志是一种矛盾性的文本。矛盾性的概念已经成为理解意识形态碎片化本质和杂志间不同话语间差异（有时候很激烈）的一种重要途径。我们已经看到了青少年杂志中对性无所不知且过分自信的话语与女孩们对性行为缺乏表达自信之间的矛盾，时尚页上对身体乐趣和快感的强调也与问题专栏上许多为自己外表焦虑的想法完全矛盾。

类似的矛盾观点在女性杂志中也有反映——时尚和美容建议经常完全冲突。一篇文章可能会说拥有"好皮肤"要靠一套复杂的保养机制，包括清洁、去角质、拍化妆水、保湿等，还要用上五花八门的现代女性需要的必备美容产品，譬如遮瑕、防晒和高光等；而往后翻几页，另一篇文章就会"揭露"说，多喝水、避免暴晒并且保证充足的睡眠，就是"你唯一需要的美容疗法"。

无独有偶，时尚页面上可能会建议你紧跟时尚潮流更新你的衣橱，将新长度的裙子、新裁剪的裤子和新季度的颜色及最新设计风格的衣物添进去；然而它们可能又会警告你千万不要变成"时尚的奴隶"，并且建议说，购置一些经典款的衣物是你在四季都可以保持潮范儿的最佳策略。

只考虑到护肤和衣物的话，这些意见冲突与否或许并不重要。但是在关乎性、情感建议和职业指导等方面，它们有着十分重要的意义。关于性这一主题，相互矛盾的建议相当之多。在《时尚》（*Cosmopolitan*）、《嘉人》（*Marie Claire*）和《魅力》（*Glamour*）等杂志上，我们至少可以发现三种结构性的话语。第一种话语强调取悦男人。这种话语有时候会被联系到第二种话语——一种边缘性主义上去。在性方面，对女性而言最糟糕的事似乎就是"变得一成不变"。杂志呼吁她们"离开舒服地带"，去尝试一下新鲜而禁忌的东西——和男性一起看色情片、购买情趣道具或者尝试肛交。第三种话语是一种女性主义的性话语——"掌握性主动权"，放弃装高潮，对男性说出自己的喜好，并且"只做自己觉得舒服的事"。

这三种话语经常互相冲突。迈亚·麦克唐纳（1995）详述了一篇发表在《19 岁》上的文章——《如何做一次完美的口交》。这篇文章提到，许多女性并不喜欢口交，但它却依然鼓励女人尝试去这样做——因为男人会很享受。紧接着，文章详细列举了一些能让男性欲火熊熊的"小花招"。此外，杂志还补充说："性行为应该让双方都感觉到愉悦，这并不是什么忍耐力测试或者杂技表演，因此，永远不要因为压力去做你并不想做的事。"（转引自麦克唐纳，1995）十年过去了，诸如此类的文章看上去已经过时了——至少对熟女杂志而言的确如此。

在做这本书的相关研究时，我曾经偶然看到过不少这种文章，它们试图同时创造出一种冒险而刺激的兴奋感觉，鼓励女性"打破最后一层残留的禁忌"，同时却又用一种义不容辞的"女性主义者式的健康警告"——你永远不应该做让你觉得不舒服的事。

珍妮斯·温西普（1987）认为，女性杂志是在玩意识形态的"杂耍表演"。通过撰文描述《妇女界》（Women's Own）周刊，她发现这份杂志里关于婚姻的讨论充满矛盾。一方面它宣称自己的读者群是已婚女性，但是另一方面它也意识到其大多数女性读者是没有结婚的；它将婚姻理想化，却又回避了三分之一的婚姻关系都以离婚收场这一事实；它对普通人的婚恋问题避而不谈，反倒对在富豪和名人婚姻中出现的问题大书特书。名人们婚姻的失败可以归咎于他们异于常人的生活方式——实际上他们与普通人的差别很大。温西普（1987）认为，杂志中矛盾的各种婚姻形式得以共存的原因在于，它们在杂志上处于不同的空间位置——婚姻在读者来信专栏是一个幽默的话题，在真实发生的"战胜悲剧"的故事中是一个伤感又理想的话题，同时在读者问题专栏又是一个愁苦而又无奈的话题，等等。只要继续处在不同的空间位置，这种矛盾性就不会威胁到整个杂志的信息传播。

为何杂志读者不认为这种矛盾性话语有问题？班拉斯特和比瑟姆等人（1991）提出了一种新解释。他们认为，女人生活在一个充斥着矛盾的男权社会中，而杂志正好认识到这一点并且将其反映了出来。他们认为，部分女性杂志的成功之处在于，它们可以将女性生活中充满差异和矛盾的观点统一起来。

然而，最近女性杂志内容分析的相关研究却对矛盾概念的有用性提出了质疑。大卫·麦琴（David Machin）和乔安娜·索恩伯恩（Joanna Thornborrow）对在全球范围内发行的四十四种版本的《时尚》（Cosmopolitan）杂志之间的异同做了比较研究。他们发现，各国分别发行的杂志版本中有一种非常相似的话语，或者说意识形态。尽管各国情境各异，但这本杂志却成功构建出了一套可以在世界范围内通用的价值观（麦琴和索恩伯恩，2003：454）。麦琴和索恩伯恩认为，《时尚》（Cosmopolitan）作为一个国际化的杂志品牌，其主旨围绕"快乐无畏的女性"这一主题构建。在这一主题中，性和身体与代言者相互关联，而在《时尚》（Cosmopolitan）最新资讯的帮助下，这些问题也能够轻松得到解决。这一杂志品牌的构建跨越了多元的情境，如美国、希腊和印度等，通过抽象而空洞的设定去描述女性（比如"办公室"就仅仅用一个公文包和一个电话表示），并使用容易传播扩散的低情态图像和文本。比如说，描述一个积极但幼稚的读者——她需要一些和同事相处的行为技巧，一些如何取悦她的老板或者该不该与同事约会的建议，但从不提及她的工作和工作技巧本身。

麦琴和索恩伯恩（2003）认为，《时尚》（Cosmopolitan）杂志的品牌内在关联性十分紧密。整个品牌都是基于独立、主动权掌控、俏皮和取悦男人等主题构建起来的，在性和工作方面，女性被表述成一种本质上的孤独者，而且必须运用她们身体和性的能力供养自己。

从这一维度来看，女性杂志的内在联系比它们表现出来的更加紧密。杂志中的矛盾性也是品牌的一部分，而且它们不仅仅是冲突性话语间的简单冲突，而是一个积极整体中的组成部分。麦琴和索恩伯恩认为，尽管《时尚》（Cosmopolitan）强调掌控——"快乐无畏的女性的主要性目标是继续取悦男人"（麦琴和索恩伯恩，2003），但杂志奉行的所谓自信本身就属于"性技巧"的一部分，因为"男人们觉得最性感的事就是一个女人知道她想要的是什么，并且她也不怯于展示这一点"（麦琴和索恩伯恩，2003）。在这种矛盾之中蕴含的是一种意识形态的相关性。

这一种理解模式可以帮助我们获得不同的意义。在下面这一段摘自《魅力》（Glamour）杂志的话中，丹·安德森（Dan Anderson）提供了"他对于思维、身体和情感的建议"：

> 这儿有一些可供尝试的技巧，能够让你登上任何男人心目中梦寐以求的前五名位置。正如一个男人曾说过的，"吸舔睾囊和乳头是很棒的事，而且半数以上的异性恋男人喜欢来一点口交游戏"。开始的时候慢一点，直到你觉得更舒服的时候。睾丸很容易受到伤害，所以轻轻地握着它们。至于乳头，先轻轻地细咬，然后再看他是不是想要你咬的力道更大一些。如果这还不怎么吸引人，那么跳过它。你愿意去尝试新东西的意愿会让你的伴侣知道你很关心他，而且会激励他在你身上尝试一些新的小花样［《魅力》，2003（6）：70］。

如果将这段话当作矛盾的文本去阅读的话，我们前面定义过的三种话语——取悦男人、性边缘主义和掌握主动权——它全都使用了。但这不仅仅是一种简单共存，我们可以说这三种话语是在有目的地合作，它们共同赋予了男人们性方面的愉悦特权。这就承认了吸舔睾囊和口交或许对你没有吸引力，因此你可以在一开始的时候弄缓慢一些，"直到你觉得更舒服"——言下之意就是你应该慢慢觉得舒服。紧接着，就是关于你应该采用何种技巧的建议。如果你真的厌恶某一种性技巧的话，那就"跳过去"，但是请你记住，这样的行为是一个指示器，可以表明你多么在乎关心你的伴侣——言下之意就是，无论你的感受如何，如果你爱他的话，你就应该为他做这些事。

这能作为一个既互相矛盾又互相关联的建议例证吗？或者这只是一个表面强调女性舒适感的例证——让她们只做想做的事，实质上却赋予男人性愉悦的优先权，再将其放在女性主义橱窗中加以展示。如此而已吗？矛盾性和关联性的论争仍在继续。

6.3.2　愉悦与压迫、文本与受众

另一个重要的论争是两种杂志分析方法之间的冲突——就像汽车之于愉悦，而压迫意识形态之于供应商。论争的一方认为，愉悦是由女性杂志提供的，杂志作为一种女性文本，对女性而言是独特而有诱惑力的。论争的另一方提供了一些证据，指责杂志在性、种族和阶级等主题上的表述有很大问题，而且指出杂志还提倡一种压迫性的两性意识形态。在这些论争中存在一个问题，即认为愉悦和意识形态这两者之间毫无关联且相互分离。这导致了所谓的"序言忏悔现象"，在书籍序言里女性主义作家们可以（并且已经这样做了）表达从女性杂志上得来的愉悦享受。但这一切就像是一个恶毒的意识形态载体，完全割裂了她们对于这些杂志的分析。举个例子，珍妮斯·温西普（1987）在她的一篇女性杂志意识形态批评的文章序言中说，她要忏悔因阅读杂志而产生的秘密享受感：她是一个"躲在柜子中的读者"（closet reader），阅读并非只为了研究。虽然温西普的确在书的结尾处又反思性地回到了这一论点，但这已经例证了一种趋势（特别是在 20 世纪 70 年代到 80 年代期间的研究中），对愉悦的持续讨论确实将"真正"的研究排除在外了。这让我想起了额吉尔·特维迪（1984）虚构的那个人物——"怯懦的女性主义者"。在对时尚杂志的消费上，这个虚构出来的人物也有一种相似的隐秘负疚，并总是一再确认她的《时尚》（Cosmopolitan）杂志藏在了一本像《排骨》（Spare Rib）之类"正经"的刊物里面。她缩回洗手间，蹲在马桶上读《时尚》（Cosmopolitan），这样的话她的家人就不会发现她在读这个——的的确确是一个"躲在柜子"里的读者！

对于这种关联性而言，还有一种更加富有成效的思考方式，即把愉悦和意识形态紧密联系起来。正如班拉斯特和他的同事所言：

> 任何社会秩序的构建和维持，都需要对这种社会秩序的满意和参与其中的愉悦感。如果文化形式都是充满乐趣的，那么意识形态的文化形式也就既不令人惊讶，也不令人担忧了——愉悦不是这个还能是什么？意识形态还能在别的地方起作用吗（班拉斯特和比瑟姆等人，1991：162）？

因此，如何把杂志愉悦和意识形态的特征融入一个整体去分析，就是我们要面临的挑战。这就意味着我们需要摒弃所有的"序言忏悔现象"和所有左右犹疑的趋向，就像在第一章讨论过的那样，将愉悦投射到抵抗之上，或者将其

看作一种愉悦本身的内在行为失范。愉悦需要关注复杂的主体间性及由此沉积下来的渴望、模式和幻想，而并不是简单地对现状施以更激烈的批判就可以消除的。简·格雷姆肖（Jane Grimshaw）说得更加直白："一个人极有可能在脑海中认为某种女性形象是保守的，或是破坏的、压迫的，而且还会在情感和意愿上一直相信自己对这种特定女性形象的看法。"（格雷姆肖，1999：99）

由于女性主义无法将这种观点纳入考虑的范围，温西普对其持批判态度。同时，温西普对其惩罚性的建议——应该简单直接地驱逐期待许久的愉悦，压抑"错误的"渴望——也颇有非议。再回到温西普带着负疚感的前言上，我们可以看到，她曾说：

> 意识形态不能仅仅被一些认为它们应该是什么的主张改变，这的确令人十分遗憾。我们女性主义者或许可能做到这一点，但是作为单独的个体，我们的情感反应和我们对自己的感觉早已在女性气质的其他一些符码中习得过了。即使"了解得更多"，个体依旧会遵从其他意识形态的模式去行动和感受。有一点十分重要——我们应该认识到，矛盾不是一种软弱的信号，它也并不是只能退到我们公开的虚饰形象后面隐藏起来，这的确是一个女性主义应该面对和解决的问题（温西普，1987：140）。

愉悦与压迫之间的论争与一个更广泛的问题有关，即在文本中寻求稳定单一意义的趋向。伊冯·塔斯克尔（Yvonne Tasker，1991）认为，尽管媒介研究理论越来越复杂，我们也认识到了文本的多义性，但是搜索文本固定意义的行为并没有完全消失。批评家渴求文本中特定的意识形态信息或本质意义，而且他们一直期盼能够明确界定出两极化的进步和退步文本。这种对于确定性的寻求完全不给矛盾性以及受众的创造力留下任何余地，对类似"浏览"的阅读方式和全盘接受的阅读方式完全没有做任何区分（穆尔，1988）。这种对确定性寻求的关注确实将受众完全忽略了。正如班拉斯特和比瑟姆等人（1991）所言，文本镜头对准的是它的潜在读者而非其真正的读者——这群真正的读者恰恰能够带来对文本千差万别的理解以及对杂志的消费。

自女性杂志开始成为一个学术研究课题之时，就已经涌现了许多在修正文本分析单一性方面的尝试。麦克罗比（1997，1978）早期的研究对揭示"杂志是如何被当作女孩文化的一部分"这一主题意义重大，特别是杂志强调的女性气质版本如何被少女们用来质疑她们学校经验的阶级性和压迫性。《杰姬》的读者拒绝接受正统意识形态下的女孩形象（勤奋、软弱、安静又顺从），代之以承认一种更加女性化和性化的编码，并将其作为一种在学校情境（虽然也可以理解为泛化的复杂的意识形态情境）中的反抗形式。

　　另一重要的研究是杰克·赫尔墨斯（1995）在荷兰做的杂志阅读研究。赫尔墨斯采用了一种后现代的研究方法。她指出，一些情境中我们欣赏的所有文本却是其他情境中我们批判的文本，因此她呼吁学界对某些学术研究类型——如杂志研究——给予更多的"尊重"。在一次以 30 位女性和 15 位男性为样本的访谈中，赫尔墨斯发现了使用和接触女性杂志的不同模式。杂志对女性而言，可以"很容易放下"——这对于杂志带来的愉悦感来说很重要，此外它们也比较"适合"日常生活的节奏。赫尔墨斯定义了两种女性答案的主要组成部分（repertoires）：第一种是实用性部分，女性会强调杂志作为一种家庭领域"专业期刊"的角色——以菜谱、花色和各种生活小窍门等为特色，同时还有关于电影、书籍评论和最新美容产品的演示；第二种是关于情感和相关知识的学习部分，女性强调她们可以凭借阅读杂志上面提供的信息，知晓其他人的情感和问题，并了解自己的情感、焦虑和愿望，并且杂志帮助女人们建构了一个想象的自我——准备好或是时刻准备着在家人或者朋友生病、离婚或者发生其他危机事件的时候去帮助他们。赫尔墨斯认为，事实上，想象是理解杂志阅读快感的一个关键因素，因为它与日常生活的距离相对来说较远——而即使是实用的小技巧也很少会被运用在日常生活中。相反地，男人们会用一种"歉意式"的阅读方法，他们的消费持续而具有讽刺性，所有的愉悦都被加上了这样的引号——"我这种读者相当糟糕，而且我并不认同它"（赫尔墨斯，1995：60）。

　　赫尔墨斯认为，一个日常媒介使用的理论应该兼具两种主要原则："第一，媒介类型是否适用，或媒介类型是否可以融入日常生活，要比媒介内容重要；第二，从某种意义上讲，媒介内容必定与幻想、焦虑以及受众的注意力集中度相关。"（赫尔墨斯，1995：64）

　　道恩·柯里（1999）对 48 个 13 到 17 岁之间的加拿大人进行的研究也是一项比较重要的成果——这项研究超越了单纯的杂志文本范畴（此案例中的青少年受访者）。与麦克罗比不同的是，柯里发现能够支撑关于女孩们利用杂志去对抗学校意识形态或者将其作为一种抵抗权威的形式的说法的证据并不充分。相反，她发现，外表只是一种承载创造力和自我表达的媒介物、一个团队成员身份的代表以及一种社会地位的象征。杂志在提供某些信息方面扮演了重要角色，比如"什么是流行"和描述外表的琐碎细节（哪一个可以用来标识：包含/不包含/社会地位）。

　　总的来说，柯里在她的受众样本中分别定义了三种广义类型的阅读者：顺从主导意义型（最大多数）；怀疑型，质疑杂志的某个方面（例如广告的现实主义或是单一模式的运用），但也不会拒绝杂志提供的全部女性意识形态；最后一种是批判型，他们认为青少年杂志不能毫不含糊地服务于女性利益，拒绝杂志对女性接受能力的判断，而且通过一种与杂志话语（即漂亮外表以及男性赞同）所倡导的价值观念相异的标准来选择自身的角色模式（柯里，1999）。

这些受众研究（其他研究可见弗雷泽，1987；班拉斯特和比瑟姆等人，1991）提供了一些打破愉悦与意识形态对立僵局的方法。这些研究展现了同时着眼于两者的重要性，而且也显现出超越文本的分析，并开始去探索人们日常生活中如何阅读和享受媒介文本，比如杂志。

6.3.3 女性杂志和女性主义

最后是女性杂志与女性主义关系的论争。这一论争的焦点落在了于第二次女性解放运动浪潮兴起后发行的杂志上，这些杂志大多以二三十岁的女性为受众群体。《时尚》（*Cosmopolitan*）直到现在依旧保持着此种类型的图片范例和大部分的分析主题，一些英国的杂志——譬如《嘉人》（*Marie Claire*）、《魅力》（*Glamour*）和《新女性》（*New Woman*）——也是如此。论争主要集中在这几个主题上：杂志是否具有女性主义特征，或者说杂志是否使用了恰当的女性主义话语，抑或杂志只是在抽空了女性主义的激进力量后，试图退回消费主义或是达到某种保守的政治目的。

毫无疑问，女性主义观点鼓舞了当代女性杂志。它们认为女性主义第二次浪潮为之斗争的许多目标都是理所应当的，比如女性和男性有获得同等工作和报酬的权力，有能力将事业与母亲的身份有机结合，能够获得可靠安全的避孕方法，可以安全地走在街上，等等。这些曾经备受质疑的观点，现在已经成了年轻女性杂志的常识。杂志涉及的主题和女性主义作家、活动家们涉及的主题非常相似——如何寻求工作和生活的平衡、如何顺利维持与爱侣之间的亲密关系、如何享受美满的性生活等。此外，杂志经常为女性在工作活动中取得成就、成功克服困难、对慈善做出贡献、登上新闻、击败挑衅者等现象欢呼雀跃。

时尚杂志的观感和触感仍然和大多数公然宣称自己是女性主义的文本不同。与女性主义作品相比，杂志的基调是积极而欢欣鼓舞的，取而代之的是"生活乐趣"（*Joie de vivre*）和对女性成功的乐观强调。像《时尚》（*Cosmopolitan*）这样的杂志推崇一种"你能行"的哲学，认为女性如果工作足够卖力的话［并且听从杂志提供的建议、"小窍门"（cheats）和帮助性线索], 就可以得到一切。无论是在节食、头发保养、事业还是性生活等各个方面, 职业道德都是最重要的——当《时尚》(Cosmopolitan) 这一代杂志正式推出的时候, 性已经成为一种新工作以及一种身份认同的重要资源。正如朱迪斯·威廉姆森曾经提到的:

> 无论是什么原因驱使成千上万的女人——甚至包括我——每个月都购买像《时尚》(Cosmopolitan) 这样的杂志, 我们用之提高自身的目的性都要大于娱乐性。漫长的一天工作后, 还有什么样的刊物能让你翻开来看呢?《就现在——塑身迎接盛夏》《高端职位的格调》《行动起来, 甩掉赘肉》以及《别做白日梦了, 敢不敢去成功?》等文章, 无论是什么样的内容, 其所表述的模式都是差不多的: 审视一下这个, 目标对准那个, 开始做这个, 停止做那个, 无所不在的势在必行……成就感对于现代女性而言, 似乎就是一动不动地等在路的转角, 总是仅仅离你一个文章的距离。从另一种意义上来讲, 杂志是某个 "应该……" 的巨人 (威廉姆森, 1986a 55—56)。

威廉姆森将一篇女性杂志上关于如何培养女性气质的深刻 (且令人捧腹) 的批评文章同 "皮吉小姐生活指导" (Miss Piggy's Guide to Life) 专栏的内容做了对比, 发现两者都使用了相差无几的准则、列表和任务规范来逆转对努力工作、投资和延迟性满足感的过分强调。打个比方, 皮吉小姐对于节食减肥的指导, 是基于一种 "只要一感觉到饥饿萌芽冒头就立刻掐死它" 的理念 (用以避免未来的过度进食) 和一张典型的下午食物摄入清单, 如下所列:

> 3 点 34 分　两个曲奇饼干
>
> 4 点 14 分　再来一个曲奇饼干
>
> 4 点 51 分　一小把花生
>
> 5 点 17 分　稍大一把花生
>
> 5 点 44 分　剩下的花生
>
> 6 点 11 分　干酪蘸饼干
>
> 6 点 32 分　干酪蘸面包棍
>
> ············

皮吉小姐如此巧妙地调侃自己关于养生、财务管理和旅行的指导, 原因在于, 她对个人自律性的强调。这一点 (自律性) 似乎也是获得成功的关键以及解决所有女性问题的方案。考虑到女性杂志中蕴含的个人主义, 批评者将其区别定位于女性主义。在《时尚》(Cosmopolitan) 的世界里, 对权力或者结构的不平等性不予考虑，也从不对男性提出任何挑战。个人的改变才是有前途的（变得更苗条、漂亮、性感或是在职场爬得更高），与社会变革无关。对于某些女性主义者来说，这意味着一种分裂，因为并不是女性面对的所有问题都可以被个人化地解决。温西普十分简洁地表达了这一点，她认为杂志已经侵占了"女性主义打开的文化空间，并消解了其中大部分的政治因素"（温西普，1987：150）。

女性主义作家早就指出，杂志的极端异性恋和种族主义天性是对杂志自称为女性主义的另一反击。异性恋标准之外的性形式没有得到任何描写，或者被表述为一种社会问题而非性欲形式问题。带有情色意味的"女同时尚"（Lesbian Chic）或是有"色情时尚"意象的广告以及一些没有配备书写文本的画面，似乎都是为自恋主义/自我陶醉的消费者以及为取悦那些异性恋男人而设计的——杂志发行者知道这些异性恋男人也阅读女性杂志。有趣的是，男同性恋在最近几年的杂志和其他媒介上已经被"平反昭雪"，但这却是以去同性恋和去性化为代价的。的确，同性恋的"含义"已经被削弱成一个时髦或者八卦代名词了。就如这本书其他部分曾经探讨过的那样，基于一种形式粗糙的刻板印象，同性恋男性闺蜜（Gay 蜜）已经成为一种为年轻女性设计的不可或缺的时尚配饰。因此，《嘉人》杂志（英国版，2003 年 10 月）在其封面提出了这样的问题："你想把你的男伴儿换成一个同性恋么？别考虑性，只考虑时尚和八卦。"

一种相似模式的排斥和扭曲也出现在白人主流杂志对"种族"的表达上。因为像《时尚》（Cosmopolitan）这种杂志的大部分版面都构建了一个完全是白人的世界——或许上面偶尔会出现纳奥米·坎贝尔（Naomi Campbell，世界十大名模之一）或者索尼娅·万达（Sonja Wanda）。当白种人之外的群体开始发声的时候，肤色却被当作一种美学而非一种社会或政治范畴。这样的结果是，他们从不承认现实体验的差异与发型和护肤有关，也从不进行任何有关种族主义的讨论。而且没有任何暗示表明，读者在尝试杂志上那些职场建议的时候，可能会被定位成不同的类型。

在这一模式中，《嘉人》是一个例外。虽然大多数的内容和其他杂志没什么太大差别，但《嘉人》还有一个特色——嘉奖成功的"报道"版块，定期聚焦世界各地不同肤色的女性的生活。多年来它报道了大量不同的女性形象，比如"5000 处女村"（位于南非）、印度女富豪——女毒枭的秘密世界、印度苦行僧修女（她们通过熬过痛苦追寻拯救）以及"遗失的世界"——南部中国的"shebai"（在那儿女性通过唱歌来找丈夫）。

这个特色报道版赢得了许多读者的赞誉。对于那些想知道世界其他地方女性生活的读者来说，她们乐意将自己描绘成睿智而好奇的女性，而非着迷于美容的花瓶。然而在我看来，这些文章、图片以及组成"报道"场景的碎片构成了一种可以被称为《国家地理》杂志风格的种族主义——其中探讨的都是些充满异国风情、没有城府、贴近自然、内在纯净而且品德端正的女性。这一版内容往往认为"文明"都是被密封起来的（但是"迷失"和"未被发现过"的部落或者群落确实是值得专门研究的课题），也从不去考虑广泛意义上的全球资本主义运作过程会对这些地方的女性生活产生何种协同性影响。在《嘉人》杂志发行 100 周年庆纪念刊的时候，它展示了 100 张在世界各地拍摄的女性图片，并在长达五行的评论中谈道："从在密西西比的农场工作的路易莎·比斯坦（Luisa Bisitan），到在切尔西大厦上班的琼·科林斯（Joan Collins），这些被选中的女人概括出了全球各地女性生活的多元性。这一特殊的报道体现了《嘉人》最核心的本质——每个女人都是独立而平等的个体。"

这种情感的表达的确细腻，但是在由一大堆照片堆砌起来的情境中，将西方白人名流同茱莉亚·埃斯基维尔（Julia Esquivel）——一位在危地马拉四处翻捡垃圾堆竭力维持生存的女人——相提并论，这种平等、个性化和对多元化的强调却是没有什么意义的。这种"平等性"有什么好说的？这就是多元性的后现代风格，或者称之为后贝纳通（Post-Benetton）风格——在这里，任何震撼人心的图片都可以同其他一样震撼人心的图片相提并论，而不尝试将其赋予意义，或者尝试去理解产生这些形形色色的生活的过程。这是一所多元化的学校，悬挂着"丰富多彩的绣帷"，这里有享有特权的西方，还有其余参与者和她们明亮多彩的衣物、简单的生活和古雅趣致的风俗习惯（当然还有她们极富魅力的、非常适合拍摄的面容——无论是由于艰苦劳作和贫穷而饱经风霜的面容，还是象征纯真的年轻而鲜活的面容）。

许多批评家认为，即便是关于白种的、异性恋女性的表达，也都是与女性主义相对立的。迈亚·麦克唐纳（Myra Macdonald，1995）认为，像《时尚》（Cosmopolitan）和《魅力》这种杂志上的女性主义是"肤浅的"——戴上了女性主义的虚饰，实际却将一种依据自己主张去取悦男人的真正议程潜藏其中。汀克纳尔等人（2003）提出了一种说法：随着过分自信和喧嚣作为一种表述女性主体间性的主要模式的逐渐兴起，出现了一种与之相似的对于女性身体的重新刻印，并作为与性相关的内容向男性开放。

这种女性杂志的意识形态配置最终是由商业利益决定的。对一些人来讲，这是一个"最重要的因素"，而且他们还要求所有杂志的表达都应基于对"残酷"经济因素的考量。从这个角度看，对独立女性或是异性恋女性欲求的表达都是一些精明的市场经济策略，而非一种对出版业女性主义趋向的反映。艾伦·麦克拉肯 (Ellen McCracken, 1993) 认为，女性主义的潜力总是会被消费主义"廉价出卖"——比如只要黑人民族主义主题一出现在美国杂志《本质》(Essence) 上，其效果就会被其一页页地宣传美白理念（亮肤仪、直发烫夹板等）的广告暗中破坏掉。

然而，若想要对抗这种"时尚女性主义"的消极表述，我们就需要用女性杂志中积极而愉悦的表达与之比照。对女性力量、才华和成功能力的强调并不是"毫无意义的"，事实上，如果将这种强调与个人目标联系起来的话，也并非完全没有价值。问题专栏就是一个佐证此观点的例子。大多数问题属于个人式的经历（无论是伴侣的不忠还是面对着某个恃强凌弱的老板），但是这些问题当下就需要解决方案。面对突发事件和痛苦困境，杂志可以提供有用且可行的应对建议。如麦克罗比所言，对此女性主义应该提供的替代品应是：

> 问题的产生可能是社会性的，但是这并不意味着我们必须亲自体验类似的问题，同样它也不意味着我们可以不去寻求能够缓解或是完全解决的方案。一个提供建议的专栏，如果只是经常性地对女性不满的社会根源作些说明，那它就不可能做到每周吸引足够多的读者来信，从而威胁到专栏的正常运转（麦克罗比，1991：163）。

温西普认为，杂志提供了一种实用女性主义。它不打算促成一场女性解放运动，但或许能给女性提供一些在"现代城市中的生存智慧"，帮助她们处理和应对日常生活中出现的问题和困境：

> 即使"现代城市中的生存智慧"意识也不可能在这些杂志中转变为一种显性女权政治。但我认为，我们女性主义者可以做得很好——去阅读并保持对这些杂志内容的关注。我们不仅仅要在数量上和局限性上去思索这些杂志并非女性主义的种种现象，还要考虑到杂志会如何评价女性主义。我们能通过这些杂志学到什么，并以此来丰富女权政治的内涵吗（温西普，1987：139）？

一个人在女性杂志与女性主义的关系问题上所持的立场最终取决于他对女性主义的理解。为何第二次女性主义浪潮中的文本应该被看作是完全纯净的，甚至这些文本还被看作仅有的"真正的"女性主义的资源存库？乔安妮·赫罗斯 (Joanne Hollows, 2000) 问得非常中肯："为何这种文体大部分都是白人、中产阶级和第一世界里那些搞学术研究的女性写的？为何除了要比较这种对抗流行文本的'规则'外还要去发现其中的不足？难道这种充满阶级排他性、'种族'和身体残疾/健康的人的乱象的'教规'本身没有再现吗？它不是一种独特的历史时刻的产物，而是一种永恒的哲学吗？"安吉拉·麦克罗比（1999）警告说，如果继续坚持一种不变的、正统的女性主义观点的话——面对第二次女性主义浪潮的"女儿"并不和"我们"（她们）相像的现实——将不可避免地导致愤怒和失望，而且还难以认识新式女性主义。一些人动笔写出一些有关假小子——外表神似男性的女性群体——现象的文章，并且将她们暴露在残酷的评价之下，比如说"看看那个笨蛋的样子，这样的人十个里头就有两个是没脑子的"。对此，麦克罗比认为：

> 这种对性别歧视的反转也可以被看作一种对老一代女性主义者的反击。年轻的女性将她们看作一个个令人厌烦的中产阶级白人式人物，觉得她们学究又故作专业，一点都不生机蓬勃、受人欢迎或是积极进取。以粗俗且稚气的形象出现，是对现今这一代以权威形象出现的女性主义者的挑衅……对于这些年轻的女性而言，正统女性主义是一些属于她们母亲那个年代的玩意儿。她们必须要发展属于她们自己的语言来应对性别不平等现象，而且如果她们试图通过一种粗俗的语言，像什么"亲热、爱抚和好好玩乐"去应对这种性别不平等的话，或许起到的效果与一些名人作家——像杰尔曼·格里尔（Germaine Greer）和希拉·罗博瑟姆（Sheila Rowbotham）等人——的早期文章里的性暴露声明还是有那么一点不同的。最关键的差异在于，这种语言在如今的主流商业文化中也可以找到踪迹——而不是仅存于政治之下的边缘地带（麦克罗比，1999：122）。

类似的论争为我们如何对待"时尚女性主义"——比如杂志根据自身情况对女性主义所下的定义——提供了一种范例，而不是只将其拿来同真正的女性主义（针对这点，它经常被认为是一种失败）中的具体概念作比较。赫罗斯（Hollows，2000）认为，第二次女性主义浪潮已经提出了这样一种看法——女性主义和女性气质是不相容的，甚至是对立的。这就衍生了许多针对女性主义者的批判——在赫罗斯看来，都是一些老套的说教之词，以及由一种对"女性主义专家"特权的渴望心理驱动而产生。赫罗斯认为，与其在某些方面将"正统的"女性主义进入流行领域看作一种借鉴、弥补或者是中性行为的话，还不如将这种进入行为看作是对女性主义和女性气质的重新阐释来得更加有用——但这种阐释可能是无法提前详细说明的一种政治结果。这才是一种实质意义上的葛兰西式观点：将大众文化看作一个斗争的场所，在这里，新的意义被创造出来（见本书第二章）。这种观点提供了一种暗示——即使经济的"终审"（Last instance）会产生一种决定性作用，但这并非故事的结束；事实上，杂志虽然是一种商业体现，但并不意味着它们完全不可能提供一个容纳进步思想和文化论争的空间。

6.4　男人生活方式杂志

近几年来，对男性杂志的兴趣似乎有一种渐长的趋势，尤其是在英国。部分可能缘于艺术、人文和社会领域对男性气概愈加普遍的关注，部分可能在于20世纪八九十年代，以男人的生活方式命名的杂志数量的激增，比如《竞技场》（Arena）、《绅士季刊》（GQ）、《承阔佬》（Loaded）、《男人帮》（FHM）、《男人准则》（Maxim）以及《男性健康》（Men's Health）等杂志相继发行。

多年以来，在时尚、杂志、广告和零售产业工作的人对面向富有男性消费者的杂志的创收能力抱着极大幻想。但就现在看来，这似乎是一个不可能实现的梦（尽管有一些老牌的杂志如美国的《时尚先生》（Esquire）也有过成功的先例）。1986年，一篇刊载在《竞选》（Campaign）——一本英国广告产业的期刊——杂志上的文章提到："男人们不会将自己局限为他们在杂志上阅读到的那种男性——开着车，打高尔夫或是钓鱼……这种对男人杂志的普遍兴趣可能会像寻找遗落的圣杯一样毫无头绪。"（《竞选》，1986年8月29日）男人对自身性别缺乏自我意识（这一点被女性主义者们认定为一种"男人即规范"的现象）。有一种怀疑论认为，当他们购买有关摄影和户外探险的杂志时，是因为杂志的标题是围绕"如何做一个男人"建构的，而不是出于一种具体的兴趣爱好。第二个问题是，这种杂志应该采用什么样的基调。正如我们已经提到过的，女性杂志早就采用了一种将读者当作朋友对待的准则——使用熟悉又亲密的基调，但因为男性杂志中暗含的同性倾向，这种基调中的亲密性会被行内人看作一种对异性恋男性的潜在威胁。

有许多因素为19世纪80年代的新一代男性生活方式杂志提供了生存空间。一方面它们受到女性主义提出的"性别地震"的影响，另一方面也被其他社会运动（包括同性恋解放运动）波及。女性主义者明确表达了她们对新式男性气概的渴望，她们期待出现一种基于更少的旧式父权模式和更多的平等主义、沟通和培养的男性气概。男性在改变着，至少对更年轻的一代人而言，异性恋伴侣关系是沿着不同的思路——更少的伴侣走入婚姻，而更多的女性离家工作——锻造而成的。旧时"养家男人/家庭主妇"的家庭伦理思维已经让位于一种更加平等的社会思潮（即使就它在实践中产生的影响而言，这非常不平衡）。

20世纪80年代中期，国家杂志公司（the National Magazine Company）发觉它们的市场领导杂志《大都会》（Cosmopolitan）已经有了一大批男性受众（主要是这本杂志的女性读者的伴侣们）时候，就创立了《都市型男》（Cosmo Man）杂志，想要直接触达这一受众市场，并将他们转手给排着长队的广告商。这群广告商蜂拥而上，试图把汽车、高保真音响、名牌服装、运动装、金融服务、香水和新型的"男性护肤产品"卖给这些男性。但这次《都市型男》（Cosmo Man）却是铩羽而归。失败的部分原因在于，发行者对男性特殊的阅读实践把握得不够到位——特别是赫尔墨斯（Hermes，1995；见最后一部分）指出的这种男性杂志的讽刺性疏离风格。但肖恩·尼克松（Sean Nixon 1996）认为，这种失败同时也要归咎于《都市型男》（Cosmo Man）对其潜在读者——"新男人"这一概念理解核心中的"认同危机"。杂志并不清楚它到底是在对体贴、感性的"新男人"——都市女性最理想的伴侣人选表达见解，还是在瞄准一群富于"商业"形象的"新男人"——富有、自恋、迷恋时尚和消费。这些杂志上的新男人矛盾性版本之间的冲突，经常可以在当代对男性气概的讨论中见到。这就在一定程度上为更多的"新男人"概念的连续性文化错位——"少年派"男性气概所导致的——种下了恶因（贝农，2002）。

各种社会进步运动影响了男性生活方式杂志的兴起，除此之外还有许多其他影响因素存在。这些因素包括经济变革，而其中以经济重组的影响最为直观——制造业中的传统男性职业向着服务部门工作转变，零售业迅速增长，男人被看作"新兴"市场的目标受众；另外的因素还有政治意识形态领域的转变——以北美和欧洲民主主义的右倾转向为代表，比如罗纳德·里根（Ronald Reagan）、乔治·布什（George Bush Senior）和玛格丽特·撒切尔（Margaret Thatcher）的胜利当选（爱德华兹，1997）。

杂志在广义上的成功可以被理解为一种消费社会趋势与男性和消费之间逐渐转变的关系协同作用结果。尽管男性和产品之间、女性和消费之间早已经建立了联系，但汤姆·普伦德加斯特（Tom Pendergast，2000）认为，早在1892年美国发行的《名利场》（Vanity Fair）和1918年发行的《新成功》（New Success）杂志上就有了围绕消费建构的男性气概版本——男人们被引导着将自己视为"可塑的潜力者，有能力通过他们购买的商品和他们表达自己的方式去获得多元的表现力"（普伦德加斯特，2000）。比尔·奥斯戈比（Bill

Osgerby）认为，在 20 世纪早期的商品文化中，这是对异性恋男性认同而言的一个不确定领域，而且他们还需要大量的努力来将"薰衣草香气"（对于同性恋和娘娘腔的怀疑）拒之于外。但男人们踏进"一个消费者至上主义和自恋风格的世界"也是极有可能的（奥斯戈比，2003：72）。在谈及 1933 年在美国发行的《时尚先生》（Esquire）杂志时，奥斯戈比提到，这本杂志的编辑曾一再保证说："内容和表述将赋予杂志去'承担扮演一个简单自然的男性角色的责任——用悦耳低沉的男中音说：赋予它，仿佛它本就拥有这份责任一样'。"（《时尚先生》编辑，引自奥斯戈比，2003：69）

在英国，第一本对于男性生活杂志的尝试是 1935 年发行的《男人读物》（Men Only）。这本杂志刊发的文章杂糅了英雄式的男性气概、风格特点以及裸女图片。这样一来，针对男人的消费就被纳入一种绝无同性恋嫌疑的气氛中。芭芭拉·伊伦里希（Barbara Ehrenreich）对 1953 年发行的《花花公子》（Playboy）杂志也持有类似的观点。她认为，在这本杂志中女人的"胸部和臀部是必须出现的，这不仅仅是为了兜售这本杂志，还是为了保护它"（伊伦里希，1983：51）。

20 世纪 50 年代被看作理解急剧靠拢的男性和消费之间关系的关键十年（伊伦里希，1983；西格尔，1990；默特，1996；奥斯戈比，2001）。战后消费潮催动了广告、媒介产业和新兴服务部门的迅速扩张，而且还见证了新的阶级分化的出现——这一阶级在一定程度上通过自己的消费选择，将自身与更多传统意义上的阶级群体区隔开来。在法国，皮埃尔·布尔迪厄（Pierre Bourdieu，1984）认为，一个"新文化中层"（new culture intermediaries）阶级突然挣脱了旧式中产阶级的那种清教徒式的责任道德桎梏，在他们的领土上详细阐述了一套围绕消费、愉悦和趣味主题组建起来的价值观念。伊伦里希（Ehrenreich，1983）认为，《花花公子》（Playboy）杂志成了主导这次阶级分化的男人们的"圣经"：虽然这一切都是以一种令人困扰的性化和物化女性的表征为前提的，但其中的利己主义、享乐主义和个人满足感的消费伦理导向，代表了一种对于"旧式"男人形象——养家糊口、维持家计——的反叛，同时，它们还打开了色欲消遣和情色消费的空间。

这个简要回顾指出了 20 世纪以来逐步加深的男性和消费之间的关系，而且男性气概也在日渐扩散分裂。当然，绝不会只有唯一的"霸权型男性气概"（Hegemonic Masculinity）（康奈尔，1987，2000），到了 20 世纪 80 年代，当时流行的男性气概模板逐渐趋向多元化，并且受到了上述探讨过的各种因素和各种不同的音乐运动、变幻的时尚潮流以及加速推进的全球化的共同影响。正如约翰·贝农（JohnBeynon）提及当下时所说的那样："在 21 世纪伊始，或许我们正在见证的恰恰是一种更具流动性的、拼凑式的男性气概的兴起。这是一种'男性气概'的各种版本不断'跳频'产生的结果。"（贝农，2002：6）

一本影响男性杂志"新浪潮"的重要先驱杂志是 20 世纪 80 年代开始发行的《面孔》（The Face）杂志，该杂志最初由尼克·洛根（Nick Logan）于 1982 年创立。虽然这本杂志的大部分读者都是男人，而且其主题由一些围绕时尚、音乐和任何足够前卫、时髦且适合刊载在杂志上的社会评论组构而成，但《面孔》（The Face）依然将自身定位为风尚杂志而非男性杂志。尼克松（1996）认为，《面孔》（The Face）杂志创造出了一种新式美学：杂志不仅仅与时尚有关，而且它还是一种时尚本身的象征，并为时尚摄影创造了一个新词汇。这一词汇极大地扩展了时尚这一概念，将男人流行的穿着时尚以及男性身体护理产品（类似女性身体护理产品）的广告一并纳入进来。

随后，时尚刊物产生了两种重要的影响——第一种是为面向男性受众的时尚/生活方式杂志开辟了空间，第二种是在根本上开拓出了一些全新的男性气概的表征方式。但我们仍然可以说，曾经定义过的两个杂志的业界"问题"并没有消失。残留的问题在 20 世纪 80 年代的男性杂志上依然清晰可见，直到现在也依然如此。关于在杂志中如何称呼异性恋男人的问题，解决方式有两种：第一，采用一种"少年派"基调，这样一来，男编辑和记者们就可以将读者唤作"同伴"；第二，通过对女性身体和异性间性爱的近乎歇斯底里的强调，然后在一旁公然配上同性恋图片。正如提姆·爱德华兹（Tim Edwards，1997）所言，这就给予杂志一种许可：在其文本中防御性地主张异性恋的同时，也对同性恋受众产生了直接的吸引力。

然而，在 20 世纪 90 年代，这一表达变得越发勉强。一部分原因要归于同性恋权利运动给同性恋男人带来的逐渐增强的信心，另一部分原因就是以同性恋男人为阅读受众的杂志也越来越多了（爱德华兹，2003）。《绅士季刊》（GQ）、《时尚竞技场》（Arena）和《时尚先生》（Esquire）等杂志同新男人形象之间的联系早已让位于一种"更加坚定、清晰的后自由主义（Post-permissive）男性的异性恋脚本表征"（尼克松，1996，2001）。杂志页面以一种渐长的性化意向、女色审查（sexual scrutiny of women）以及编辑论调的显著变化为标志。杂志封面清晰的反映了这一点：以著名男星、音乐家等为主调的风格已经消失不见，关注点开始转而投向穿着暴露的女模特或名人。在一篇被广泛报道的新闻稿中，康迪纳仕公司——杂志所有者——宣布（1991年1月）："《绅士季刊》（GQ）可以很自豪地说，新男人已经正式'入土为安'

（如果他确实曾经呼吸过的话）。90 年代的男人知道他是谁、他想要什么以及他将要去哪儿，他也不害怕这么说。而且的确，他仍然想同某人发生点关系。"

在一场典型的自反式运动中，最初的一个尝试者是《竞技场》（*Arena*），这本杂志试图阐释男性气概为何变迁的意义，然后自行在杂志上刊载出来（奥黑根，1991）。部分社会分析认为，这也算作部分的 "ladifesto"，这篇文章力图揭开敏感、体贴和不性别歧视的新男人 "谜团"，并庆祝新男人的一位亲密友人的到来——这位亲密友人崇尚快乐至上主义，十分好色，而且还是一位后女性主义者。奥黑根认为，新少年本质上就是一群无法摆脱少年派本性的新男人。与他们 "粗野的、部落的、酗酒的" "史前先祖们" 相比，新少年的不同点在于他们足够聪明。当他们告诉你 "大卫·林奇的新电影是如何如何的厌恶女性" 的时候，其目的可能主要是一种色诱的策略。聪明而博知的新少年们，"与女性出去约会的时候，摆出一副新男人的样子，但是当他们与其他男孩一同出去的时候，又切回原来的少年派模式。很聪明，不是么"？

这种少年派男性气概脚本在各方面——特别是性方面——对女性恬不知耻的物化，在 20 世纪 80 年代晚期到 20 世纪 90 年代早期，逐渐在男性生活杂志中占了上风。但是直到《阔佬》（*Loaded*）杂志开始发行、1994 年《男人帮》（*FHM*）杂志重新上市的时候，"少年派" 才开始发出它与众不同的声音。

6.4.1 《阔佬》（*Loaded*）

《阔佬》（*Loaded*）有个虚构的创刊故事。这个被杜撰出来的故事是由詹姆斯·布朗（James Brown）和提姆·索斯维尔（Tim Southwell）在一次足球赛时突然想到的。他们试图创立一本杂志，以对他们的愉悦感觉或者他们在街上、赛后通宵豪饮时交到的男性友人间的哥们儿情谊的重视。已有的男性生活杂志让他们觉得既无聊又烦躁，于是他们就从英国《太阳报》（*The Sun*）和英国音乐出版社那里借鉴了一些东西，并为自己的论调注入了新的灵感——同样也包括他们杂志上的一些内容。他们采用了一种年轻、喧哗、享乐主义和庆典式的男性气概论调。他们用自己的语言跟男人们对话，而且他们称呼男人的时候就先预设了这些男人对啤酒、足球、女人和 "亲热" 等方面的兴趣。詹姆斯·布朗（James Brown）认为，《阔佬》（*Loaded*）杂志表达了一个 "如果你抓我起来，把我脑袋里的一切都摇出去" 会出现什么样的后果的主题（克鲁，2003：100）。第一封编辑寄语点明了这本杂志的关注点：

> 《阔佬》（*Loaded*）是一本新杂志，致力于对生活、自由和性的追求以及对饮酒、足球和其他没那么严肃的问题的关注。《阔佬》（*Loaded*）

集音乐、电影、人际关系、幽默、旅行、运动、硬新闻和流行文化于一身。《阔佬》（*Loaded*）是聚会、饮酒、美食、玩乐生活的代名词。《阔佬》（*Loaded*）只为那些相信他无所不能的男人——只要他没有醉得人事不知——打造。

正如本·克鲁提到的，就第一个问题而言，杂志中的性别政治所处的位置恰如其分。这就为杂志上刊载的丽兹·赫莉（Liz Hurley）的照片、酒店性爱和色情频道等赋予了一种"四处游移"的特点，——列举从廉价的可卡因到容易到手的女人最后再到圭亚那的比基尼小姐大赛。它对女性持一种热衷地掠夺态度，对新男人主义投以肆无忌惮的关注。青年男性的表述带着一种兴奋的顽固守旧色彩——他们对女性主义的批判术语十分熟悉，但却对自己在软色情（隐晦的色情描写）方面的消费毫无悔意，而且他们渴望去"睡"女人。这一点被杂志的副标题极富表现力地呈现出来："《阔佬》（*Loaded*）——只为应该懂得更好的男士提供。"

毫无疑问，《阔佬》（*Loaded*）对杂志行业的影响十分深远。在它发行后一个月，EMAP 通讯出版集团（法国第三大杂志出版商）受其模式启发对旗下《男人帮》杂志（FHM）做了补充改进。《男人帮》随后成为这一杂志市场的领导者，其发行量在 1998 年达到了一个峰值——775000 份，远多于卖得最火的女性时装杂志。《阔佬》（*Loaded*）还导致了男性杂志市场的急剧扩张以及男性杂志的多元性扩张——出现了以《玩意》（*Stuff*）和《科技 3》（*T3*）为代表的趣玩杂志、以《超大号》、（XL）《绅士季刊》（GQ）、《活跃》（*Active*）、《男人帮（超人版）》（*FHM Bionic*）为代表的健康养生杂志和以《姗姗来迟》（Latter）为代表的一些面向年纪较大、稳重儒雅的男性消费者的杂志等。

在现存杂志标题中逐渐兴起的"少年派"风格中，我们也能一窥《阔佬》（*Loaded*）的影响力，比如詹姆士·布朗在 1997 年接任为《绅士季刊》（GQ）主编就生动体现了这一点。即使是《时尚先生》（*Esquire*）那古板又保守的前任主编也为自己的杂志辩护，说杂志的成长壮大并不是只靠一群美貌裸女就行的："任何好的杂志都必须提供一种内容上的平衡，但如果它的目的是要反映出男人们的兴趣，那么有关美女的文章总是没法绕开的。"（皮特·豪沃，《卫报》，1996 年 11 月 25 日）

少年杂志的概念在 20 世纪 90 年代成功从英国输出，而且在一定程度上是紧跟"时尚英伦"现象扩散的。罗伯（Robb，1999）对这十年做了生动的叙述，他认为在这十年里英国人学会了如何举办派对晚会，而且少年杂志也开始采用一种街头、酒吧和俱乐部的语言。1999 年，《男人帮》（*FHM*）开始在美国发行。下面这段刊载在《周日时报》（*Sunday Times*）上的话是这样记录的：

> 军队正在集结，入侵作战计划已经制定完毕，而将军也各列其位……准备发动一场不全裸也起码是半裸的战争，去解放全美男人们的感官感受能力……对于"山姆大叔"（美国政府的绰号）而言，它已经开始为一种欢乐的派对时光进行倒计时了……男人就是男人，无论他住在哪儿……被睾丸素控制着的英国精子已经游过了大西洋……如果美国那群曾经被女性主义者驯养成体贴而敏感的"新男人"原本对女性思想的兴趣大于对她们身体的兴趣，那么他即将要被带向野性的歧途了（《周日时报》，引自贝农，2002：114）。

一年以后，美国版《男人准则》（*Maxim*）销量突破 200 万大关，成为在美国发行的最成功的杂志（贝农，2002）。别的地方的少年杂志走的也是相似的突袭路子，并且在见证《男人帮》（*FHM*）和《男人准则》（*Maxim*）杂志的巨大成功后，德国的《花花公子》（*Playboy*）杂志换了一家新的出版公司重新开始发行，之后《花花公子》（*Playboy*）很快成为德国最畅销的男性杂志（沃克迈斯特，2003）。

过于夸大少年杂志的意义也没那么轻松。这些杂志带来的影响似乎和媒介正好相反——自信的少年做派的电台 DJ 以及新型电视节目和少年秀不断涌现，比如《他们认为一切都结束了》（*They Think it's All Over*）、《弗兰克·斯金纳脱口秀》（*The Frank Skinner Show*）和《男人就要这么坏》（*Men Behaving Badly*）等。从更广的意义上来讲，新少年的形象已经深深地嵌入广告和流行文化之中——它在不同空间的多种表达，让人对它产生了一种可靠而真实的感觉，这就使得它本身可以作为一种男性气概的体现被瞬间辨识出来。

6.4.2　理解少年杂志

在过去的十年中，有许多关于理解少年杂志影响力的尝试，而且一些人还试图为它们构建出的显性男性气概叙事模式赋予意义——将新少年特征看作一种与新男人抗衡而生的产物。本·克鲁（Ben Crewe）曾言，新男人因为其"犹豫而令人质疑的两性关系立场"而被划到《阔佬》（*Loaded*）型男人的对立面去了（克鲁，2003：100）。由于在性事方面"悲惨而自由主义式的负疚感"，新男人被看作一种乏味而缺乏吸引力的男性气概类型。相反，新少年因为他们对女性身体的欣赏和在异性欢爱偏好方面的不可逆转性，而被认为是一种令人振奋且简洁的男性气概类型。

新男人也因为其自我陶醉而备受抨击。"打扮是马才干的事儿"，詹姆士·布朗（James Brown）在他的一篇早期社论中这么认为（《阔佬》，1995 年 7月）。有趣的是，这一看法恰好是在再一次强调他的"无性"特质的背景下提出来的——当时几乎所有抨击言论都集中在新男人对其外表的关注这一点上。乔安·古德温（Joanne Goodwin）在《卫报》（*Guardian*）的一篇评论文章中呼吁一种更加充满活力的男性气概类型，并且认为新男人代表着一种"女性主义的有毒废物"：

> 最糟糕的是，这些男人如此没有吸引力——既缺乏美感，又不怎么性感。当你看穿某个"非常懂女人"的人可疑的魅力虚像时，你脑中剩下的印象就是一个穿着可怕的男人急急忙忙想要让自己更具说服力，但他可能早已忘记勃起是为了什么（《卫报》，1993 年 2 月 13 日）。

最重要的是，新男人被指责为不可靠的一群人。他们被描述成一种介于媒体制造物和市场营销策略之间、普通男人用来伪装自己骗女人上床的一种富于算计又装模作样的形象。同新男人这种明显的表里不一、伪善嘴脸形成对比的是，新少年被刻画为一种诚实、开放和真实的形象。在对读者采访的分析中，尼克·史蒂文森（Nick Steven）、皮特·杰克森（Peter Jackson）和凯特·布鲁克斯（Kate·Brooks）等人（2003）发现，这种少年杂志外在的显性"诚实"被认为是它们最吸引人的品质。男性读者认为这些杂志一点都不怕疏忽或出错，直接给予他们成为"你想要成为的男人"的许可权。相较于新男人做作的形象而言，这种建构起来的男性气概被看作是一种对男人真实自我的坦诚。

新少年的文化支配地位同样也被理解为一种同女性主义相对抗的产物。从这一角度而言，新少年的形象围绕着刻意的反女性和对女性采取掠夺性态度的主题构建，拒绝承认女性主义在两性关系中引发的改变，并且还对此施以攻击。伊梅尔达·沃勒汗（Imelda Whelehan）认为，通过重申性别关系和性别角色的本质不曾改变的事实，新少年实质上完成了一种对"旧式父权制的复辟"，一种在社会变革方面对女性主义诉求的直接挑衅——尽管这一点十分讽刺（2000：5）。然而，它代表着一种男性气概的防御性主张、一种男性权力和抵御女性主义者挑战的权利。

同样地，苏珊娜·弗兰克斯（Suzanne Franks，1999）也曾说，当女性的角色和身份认同发生改变并向原本被认为属于男性的领域扩展的时候，新少年代表了对这种情境的一个应答，这个应答将男人推向男性气概的腹地——而不仅仅是模糊性别身份认同。从这层意义上来讲，新少年似乎很明确地被接纳为一种在诸多场合与领域中和女性主义激烈对抗的成分（法路迪，1992）。这就是一个典型的女性主义者在这些少年杂志中被贬低的案例。正如沃勒汗（Whelehan）所说，"女性主义被抽空了意义，并且同一群严厉、衰老的女人联系起来，而这群女人只想毁掉男人们的快乐"（沃勒汗，2000）。"女性主义者"成为一种贬义的词汇标签，其忽略并压制了任何反对少年杂志的女性的声音。比如，在一位叫作芭芭拉的女人写给《男人帮》（*FHM*）杂志的一封信中，她表达了对杂志上的女性描述——软弱的、脆弱的、听话的、唯唯诺诺的和性发泄的对象——的抗议，但她的抗议却被斥为来自"芭比男人婆"的"聒噪咆哮"（《男人帮》，2000年5月，24页）。通常，这些评论在还没来得及出声的时候，就被这些杂志忽略掉了。比如说，在一篇关于《如何让女友帮你做口交》的文章里（《男人帮》，2000年4月，89页），任何可能的批评性反馈都被先发制人地冠上诸如此类的评价："现在，在我收到女性主义者愤怒的来信之前……我已经询问过一些女性，而且她们也表示这会是一种不可思议的有益体验。"另一篇关于如何在你女友没有心情的时候把她弄上床的文章也使用了这种开头，它先入为主地承认："我都可以想象会收到来自妇女委员会和其他好事者的来信了。"（《男人帮》，2000年7月，引自普润·艾莉丝，2001）

然而杰克森、史蒂文森和布鲁克斯等人认为，比起明确抵制女性主义的叙述，新少年是一种更为野心勃勃的角色。或许我们可以将其与80年代末到20世纪90年代初动作电影中崛起的"肌肉男英雄们"（比如阿诺德·施瓦辛格、席尔维斯特·史泰龙和布鲁斯·威利斯）做一个有效类比。对这一时期动作电影形态的一种解读认为，它们是经典的"抵制式文本"。这些文本均涉及一种强化型男性霸权，这种霸权形式服务于在里根和布什任职美国总统期间施行的美国右翼对外政策。此外，它们似乎试图抹去电影中女性角色的存在。然而，冯伊·塔斯克尔（Yvonne tasker，1993）提供了一种替代的解读：对于此类电影，我们应将其置于一个微芯片时代的背景，从维持男性发达体格的维度去理解。因此，这些脚本中所展现的肌肉男式的男性气概在重申、哀悼和歇斯底里地表达男性权力的同时，也对其进行了夸张的演绎。

史蒂芬森、杰克森和布鲁克斯等人对少年杂志的流行趋势持一种更加乐观的论调，他们认为少年杂志处境矛盾，"一方面是作为'一种尝试将男性气概建构成类似原教旨主义式（对经文教条深信不疑者）的企图'，而另一方面却又作为'一种对于一个性别关系迅速变化的世界的（被迫）回应'。他们意识到旧式父权体制关系正在崩塌，并且渴望重新题写不同性别和性征之间的权力关系"。

大量杂志在对反讽的运用中都充斥着这种矛盾心态。新少年与旧式的反女性脚本之间的区别，准确来讲是这两者对性别歧视的了解程度上的差异。正如贝斯安·班维尔（Bethany Benwell）所言："少年杂志正在'下一招大棋'，它通过使用一种讽刺意味的疏远，'焦虑地想要宣告男性权力的同时，又维持着一种聪明的后女性主义者式的政治认同'"（班维尔，2003）。对新男人的讥讽被设计来保持一种读者和改良性传统性别脚本之间的安全距离，新少年主义的讽刺功能主要是作为一种颠覆潜在批评的手段——当你所声称的不是你真正所想的时候，嘲讽会帮你披上一层伪装，允许你表达一种令人不快的真相（史蒂文森、杰克森和布鲁克斯，2000）。

嘲讽，似乎意味着你永远不用说抱歉。许多时候，正如班维尔（Benwell，2003）提到的那样，嘲讽并非是一种可以从文本中"直接复原"的存在。它在一个更加全球化的层面上运作，指出在新少年文化的范畴内，性别歧视有一种讽刺的、怀旧的，甚至还可能是完全无害的含义。

杰克森、史蒂文森和布鲁克斯（2001）认为，讽刺同样也提供了一种内在抵抗力，用以应对矛盾的感受。他们探讨了男性读者在提及购买杂志理由的时候采取的多种疏远策略，同时这些男性读者还反驳了那些对自己或杂志的太过慎重的潜在指控。在我和卡伦·海伍德（Karen Henwood）以及卡尔·麦克林（Carl Mclean）的研究中，我们亲访了140个15岁到35岁之间的男人，之后也发现了类似的反驳说法——比如有人说买杂志仅仅只是为了在一次火车旅行途中消磨时间或是用来在牙医候诊室里面随便翻翻，甚至还有人说自己就是买来"笑一笑"的（吉尔、海伍德和麦克林，2000）。

班维尔认为，这种杂志——比如《阔佬》（*Loaded*）和《男人帮》（*FHM*）建构的"矛盾的男性气概"也可以在一种传统的、英雄式的男性气概话语和一种易出错的、自贬的、反英雄式的男性气概话语的不停摇摆中见到。

当体育明星、男性名人和受访者参与危险的活动——比如说作为一个战地摄影师，本该因为他们的勇气和英雄主义获得毫不含糊地赞美，然而杂志的专栏作家却给他们用了一种相反的反英雄主义的、自贬的论调。举个例子，一篇刊载在《阔佬》（*Loaded*）上有关拓展训练话语的文章用了这么一段话作为开头："七个勇敢的男人已经奋力做好了作战准备。但是他们失败了，所以我们派出了这一群人。"接着文章又以一种诙谐的口吻转入对细节的讨论，关于恐惧、笨拙和作者遭遇的无法完成训练的可耻失败。无独有偶，在《男人帮》（FHM）刊载的另一篇描写色情明星面试的文章里，作者明确地表现出了自己对于生殖器全能性了解的缺乏。他尝试去表现一种邦德式的文雅（邦德曾在他联合参演的剧中"引人注目、令人赞赏"），但是"只能想起确实没什么可说的"。因为无法顺利勃起，他被人羞辱的叫作"瘪屌男"而不是"超屌男"（引自班维尔，2003）。诸如此类的文章似乎代表着在现如今的情境中对原属于传统男性气概的权力和特权的难以触及，或者至少其代表着一种想要获取的挣扎。它嘲弄着色情杂志上的生殖器男性气概，指出这种男性气概正如一种不间断的伪装，总是容易流于失败或在人前暴露。

正如班维尔所观察到的，问题在于这种矛盾性反映出了"一种无意识的分裂"，甚至它还有一种更加深思熟虑的、战略意义上的作用。对男性气概的作品反英雄式的揭露是否威胁到了男性权力，或者是本想否定男性权力却反倒是加强了它？男性气概不同话语间的关系到底会有什么样的影响？这就又将我们带回到前面关于女性杂志那部分章节所提出的问题：矛盾性对抗统一性。男性杂志仅仅只是呈现了一幅由各色男性气概表征拼贴而成的抽象画，还是它们确实构成了驱动整体的因素呢？到底它们扮演了怎样一个反讽的角色？

让我们通过分析一篇刊载在《男人帮》（FHM）上的文章来谈谈这些问题的解答。这篇文章的题目是"帮帮我！我的女人罢工了！她的性故障如何才能修好"。这一类型的文章就是一个橱柜，使得少年杂志可以在这里提供一个建议专栏，并且使用一些诙谐的词语。除此之外，史蒂文森、杰克森和布鲁克斯（2003）认为，这种方式对它们的读者来讲似乎"太过说教"了。这篇文章的特点是采用了一种客观超然的语调并且摒弃了情绪的语域，这种态度被女人与车之间的结构化类比推进了一步："就像一辆开了多年的旧车，一些年过去，你的太太开始衰老乏味。《男人帮》（FHM）来告诉你一些有趣的改变。"这里女性被表述成一系列独立的问题——"她不做口交了""她不再玩自己给你欣赏了""色情片是禁忌"等。

现实的问题和这些问题解决方案的诙谐表达方式赋予了它们修辞上的强大力量。其暗含的意指就是所有的女人都会是这样，而所有的男性读者都将认识到这些问题。这篇文章预设了一种读者和文本之间的价值共性，并通过这样的预设，在一种男性至上的普化意识形态中影响读者。整篇文章中，女性一次都没有被称为"女性"，相反的，她们被叫作"太太""小女人""古板放不开的女人"，最通常的是仅仅用一个词——"她的"（her）或者"她"（she）来指代女性。在构建一种普遍意义上的身份认同时，代词的使用是很重要的，而且还会进一步加强用这种方式看待女性的常识；而其他词语的使用以一种细微的怀旧情怀为特征，常令人想到那些"下流的"海边明信片。

大量关于两性关系问题的建议（这些建议不包括一种整体概念，即"女人'罢工了'而且可能需要将她们转换成更为新鲜诱惑的模式"）充斥着整篇文章。首先，这些建议预设了自然的性别差异："对更平等的性爱而言手淫是不一样的""露骨的色情片女人不感兴趣……她们喜欢富有美感的场景"。诸如此类的论断影响了约翰·盖里（John Gary）的那本畅销书——《男人来自火星，女人来自金星》中的观点。它们将这种论断粉饰得自然而又无法避免：男人会很享受观看色情片，而女性在床笫间是羞怯、尴尬和被动的。

其次，文章还暗指两性关系有一种对抗性的特征。男人这一方是性欲强烈的，而女人这一方是抱有敌意的。令人惊讶的是，文章提到了女性心情会周期性变差或是她们喜欢指使人的特点。比如说"她不做口交了"这样的问题被解释成"口交既是一个女人诱惑伴侣的工具，又是一种在两性关系中偶尔让我们温顺的方法"。对两性关系使用了咄咄逼人的、互相竞争的词汇来描述。但更重要的是，文章认为女人这一方该为这种"两性战争"负责，并以此作为男性恶性行为的辩护和借口。

我们讨论过的那种反讽论调在这篇文章中随处可见。对于女性如此极端的物化——将她们比作汽车、提及女性的时候将她们看作无生命的物体——鼓励读者别把她们看成多严肃的事。整篇文章似乎被人用一种心照不宣的方式保护了起来，这使得我们很难批判其中对女性无礼的描述。诙谐在这里扮演了一种通用式藩篱的角色，将任何想要通过揪着它的用词对其施加批评的人阻隔在外。它们似乎就是用这样的方式去估算和作用的。

另一种隔绝批评的方法就是通过使用我们前面已经讨论过的一种反英雄式的、自嘲的话语。在一篇讲如何让"她"给你口交的文章中，作者问道："说真的，你到底干不干净""是那家伙穿着尿湿的裤子懒洋洋地躺在那儿吗"？这展现了一种嘲笑男人的能力，使得女性更加难以批评这些文章。

杂志提供的数量庞大和相互矛盾的解决方法也起到了抵御批评的作用。每一个问题都有至少两个以上的解决方法，比如像冷淡的、无情的版本——"甩了那个一本正经的顽固女人"（因为她不让我拍她的裸体），或是一种听起来更加富于激情的专家意见——"确保她能够凭借自身的能力弄明白自己是一个被爱着的、让人满意的人——作为一个有血有肉的情人，自然要比任何胶片上的形象来得完美"。这两种完全不同的解答服务于一种印象——在他们虚张声势的背后，这些新少年实际上是非常敏感和尊重女性的，尽管这些建议被提出来的原意就是作为一种用来从女性那里获得他们想要得到东西的小手段。此外，一些看似权威的引用——比如"超过百分之九十九的商业色情片都是性别歧视主义的低俗废料"这句话——是被设计用来表明了解熟悉女性主义者的论点是件多么容易的事，同时也是暂时将其用来做个幌子，好让女性观看色情片或者让她们考虑自己表演一番。少年派和性别歧视主义以及女性主义和平等的话语都在刻意妥协以反驳针对它们的批评。

这一章从整体上呈现了男性杂志大部分的特质——情绪剥离、怀旧之情、反讽、诙谐、无所不知、一种对后女性主义的识别力以及一种固有的两性差异信念。这些不同的要素互相作用，作为驱动整体的一部分，提供了一种特殊版本的新少年主义型男性气概，并且还保护了杂志和其读者免受来自女性主义和其他方面的批评。

将少年杂志理解成一种阶级和种族现象应该是解读此类杂志为何成功的一种最关键方法。这些杂志围绕着一种既定的白种人假设、工人阶级的审美及感受性构建，话题集中在足球、喝（啤）酒和异性性爱上面。它们对属于中产阶级的那种乏味和不真实的男性气概表达方式抱有明确的敌意。2004年在英国发行的两本男性杂志周刊——《动物园》（Zoo）、《疯子》（Nuts）将这种面向大众化市场的准则带得更进了一步。这些杂志省去了所有做作的严肃、沉思和书面的内容，并以一种性感海报女郎、体育新闻、小玩意、真人奇异志、电视节目单、靓车、厚颜无耻的性别歧视和恐同（同性恋）笑料为主要特色，用图片主导内容，将书面文本存在于拥戴民粹主义的民众之中，率先在小报头条打开了一条通路（比如《贝克斯，你这幸运的家伙！》）。

当然，这也没什么好惊讶的，大多数负责组织少年杂志的员工，就像其他的记者一样都是中产阶级，这就引发了一些耐人寻味的冲突。本·克鲁（Ben Crewe，2003）探讨了《阔佬》（Loaded）杂志的编辑们对阶级的矛盾心态。一方面他们极力赞颂他们作为工人阶级的身份认同因素，并且经常性地否认他们令人印象深刻的高等教育学历；但是另一方面，当杂志被指控粗鲁无礼或是存在性别歧视的时候，他们又会很快退回到富于智慧的、训练有素的专业人士的中产阶级抵御话语之中。贝农（Beyon，2002）认为，少年杂志的成功之处在于它们采用了一种工人阶级的男性气概话语，而这种话语正好存在于构成利润驱动行业的大量野心勃勃的中产阶级专业人员之中。

他指出，在20世纪90年代时涌现的一批"游手好闲主义（Yobocracy）"作家、喜剧演员、足球明星和媒体人——比如保罗·加斯科因（Paul

Gascoigne)、克里斯·埃文斯（Chris Evans）和大卫·巴蒂尔（David Baddiel）——实践和演示了一种新式的男性生活方式，但是对普通工人阶级男性而言，他们想不花费任何代价或者不承担任何后果就过上这种生活是绝无可能的。

新少年的白种特性同样令人震惊。卡灵顿（Carrington 1999）认为，少年派的兴起可以被解读为一种对白种英国男人身份的局部重申，足球和英伦摇滚在其中扮演了主要角色。在一种更为柔性的版本中，它成了 20 世纪 90 年代后期的"酷不列颠"话语。但是卡灵顿冷淡地指出，少年派与一种新兴的"好斗、大男子主义、恐外的英国民族主义形式"搅在一起，为它自己裹上了一层"工人阶级英勇抵抗"的外衣，用以反驳针对它的种族主义和因恐同症而来的批评（卡灵顿，1999：83）。性别、种族和阶级之间关系的某些复杂性在这一分析中都被考虑到了。危险不在于男人是否"真的"很享受《阔佬》（Loaded）、《疯子》（Nuts）、《动物园》（Zoo）杂志中为之欢呼的追求，而在于白种男性工人阶级文化中某些既定维度的商品化同对真实性的追求一起，促进了关于种族主义、恐同主义以及厌恶女性主义的脚本不断增强的话语统治地位。

6.5 结语

这一章节纵览了针对女性、少女以及男性的各种杂志。一些共同的主题从这个探讨中呈现了出来。比如说，消费社会在理解特殊杂志发源方面的重要意义，政治经济在理解杂志本质和内容方面的重要性，以及杂志被卷入创造新主体的方式——比如"新少年"或是"性饥渴和主动的女性主体"。

然而有一点很清楚，在以女性为受众的杂志和以男性为受众的杂志中，表述同样也存在着令人震撼和极富冲击力的差异。在青少年杂志和女性杂志上，女性气质被表述为某种视条件而定的对象，在身体的外观和感受、异性恋性交的表现（安全和愉悦的）、自身作为一个好友或者雇员的成果等方面，都需要持续的自我警惕和自我监察。相反的，以异性恋男人为受众的"新"男人生活方式杂志，根据快感、逃避责任、超然和放纵的寻欢以及对女性身体的消费来建构男性气概。然而男性杂志经常使用一种讥讽的论调，比如它们称女性不是"令人满意的女性气质的产物，这很重要，不能拿来取乐玩笑"，正如汀克纳尔（Tincknell，2003）等人所言，性上的过分自信、易怒好争以及对于女孩权力无所不知的宣告，难以和充斥年轻女性杂志中持续焦虑的、渴望男性许可的以及那些强调阅读男孩与男人并发现他们需要什么和如何取悦他们的观点平和共处。在女性杂志中，男人被表述为一种积极的主体和社会资本掌控者，而男性杂志却将女性表述为一种性对象——被掩盖在繁杂的隐晦色情形象之中，需要被"管教"来迎合男性的利益。

当然，这并不意味着所有的读者都必须接受女性和男性杂志中提供的主体位置布局，或许还会有相异、甚至颠覆性的读者解读。然而有一点很清楚，杂志上提供的表征都具有一种深层意义上的意识形态性——它们都被设计来自然化性别差异和男性权力。即使在使用一种后女性主义语言来表述选择、自由、性权力和自我取悦时，或是当男性杂志使用一种讽刺和自嘲式的论调时，也都是如此。

7. 后女性主义罗曼司

据说，如果一个火星人来到西方某个富饶的国家，并且想要从媒体上了解地球上的生活是什么样的话，那他可能会以为我们地球人一周至少要结两次婚——因为与婚姻相关的新闻报道、照片、杂志和小说到处都是。在北美和欧洲的文化里，电影、喜剧、对名人婚礼的新闻报道以及用整个版面去讲新娘着装以及婚礼礼节的杂志，处处都与婚姻有关。其次，婚庆市场、玩具市场也对一心想结婚的文化推波助澜——芭比娃娃，她一个人就拥有不少于三十套的结婚礼服，其名言是"永不结婚，但总是准备着结婚"。这一点已深入到数百万小姑娘的意识中，她们在三岁的时候就已经在购买自己的婚纱礼服了。

英格拉姆（1999 年）把它叫作"婚庆产业园"，而这只是西方文化中有关异性恋浪漫话语的冰山一角。罗曼司是其核心叙述之一，通过这种叙述我们被质疑或者被标识为主体。在文化以及人口数据极具深远意义的变化中（这里面包括了前所未有的大规模离婚、不断增加的单亲家庭、多样化的家庭形式、重组家庭、女同性恋与男同性恋家庭以及"朋友组建新家庭"的观点），罗曼司似乎也显示出了惊人的适应性。

本章论述的是作为一种文类或者作为主流的文化叙述的罗曼司。本章将考察罗曼司是如何随着"亲密关系的转变"变化的（吉登斯，1991），并且将特别关注女性主义是如何影响罗曼司话语的。本章由四部分组成。首先，我们将考察女性主义如何看待罗曼司，同时考察早期把这种文类当作虚假意识或者逃避主义的幻想的批评，而近年来则竭力突出罗曼司带来的愉悦的现象。第二部分考察"布里吉特·琼斯现象"。布里吉特·琼斯文本之所以有意思，是因为他们不但是用罗曼司的公式惯例构建起来的，而且也是属于流行的女性主义的。《布里吉特·琼斯日记》被认为创造了一种以女性为目标群体的新的小说流派——"少女时尚文学"，也正因为如此，它显得很重要。布里吉特·琼斯文本中对性别、性以及种族的建构受到了业界的关注，而且布里吉特·琼斯业已成了后女性主义的一个主要案例。第三部分考察了"少女时尚文学"这个新流派。在对二十本新小说——特别是其女主角的性格——做了分析之后，我们认为"少女时尚文学"的确标志着与传统浪漫写作的背离。本章最后分析探讨了《欲望都市》和《甜心俏佳人》是否形成以及以何种方式形成了一种新的性别表达方式。

7.1 罗曼司的女性主义之途

美国罗曼司作家（2002）将罗曼司小说（浪漫小说）定义为"小说主要关注的是爱的故事"以及"有一个皆大欢喜的幸福的结局"。在这个定义下包含了不同类型的浪漫小说：历史罗曼司、言情小说、"性与购物"小说以及诸如科幻罗曼司、为女性写的情色小说和"少女时尚文学"之类的新的罗曼司小说子类型。在这部分，笔者将考察罗曼司的女性主义之途，我们将从斯尼托（Snitow，1986）所谓的"硬"罗曼司开始谈起，其代表作品有哈里钦出版社（Harlequin）和米尔斯与布恩出版社（Mills & Boon）出版的作品。

这些故事的基本情节通常是：一个年轻、没阅历、贫穷的女性需要一个帅气、富有、比她年长十到十五岁的男人；男主角总是爱嘲讽、愤世嫉俗、傲慢、怀有敌意，甚至还是粗鲁的，而女主角通常是迷糊的；最后他向她表达了爱意，消除了误会（维贝尔，1997；莫德尔斯基，1982）。这类故事被放置在一个被施了魔法的环境里，在那里，女主角是与世隔绝的——可能是在度假，为了从创伤中康复过来，远离了她的父母和朋友，或者就是从昏迷中醒来（发现她在男主角的庄园或者城堡中）。这类故事围绕一系列障碍而建构，但是为了让男主人公和女主人公坠入爱河，这些障碍又必须是能被克服的——这些障碍可能是阶级、国籍或者种族差异、自我抑制、性格上的固执，也有可能是他们彼此之间的厌恶。罗曼司叙事会经过相互怀有敌意、分离以及和解这样几个阶段，最后的和解是"男性转变成有情有义之人，承认了他对女主角的爱"，对女主角而言，她获得了新的社会身份认同感（Pearce and Stacey，1995）。正如玛格丽特·韦瑟雷尔（Margaret Wetherell）所言：

> 在小说、电影中，罗曼司话语常要从对意义的寻找中脱离出来：我们看到情侣（通常是刚认识的）从暧昧、部分袒露心思、解释与形成亲密关系，最终进入老套的浪漫结局，这种浪漫结局具有权威性，排除了其他解读。最后，他爱她。故事就这样了，似乎我们需要说的就是这些（韦瑟雷尔，1995）。

考虑到这些因素，当我们看到一些评论者把浪漫和色情进行类比时，也就并不会感到震惊了。苏珊·摩尔（Suzanne Moore，1991）指出罗曼司小说是以色情崇拜特别的身体部位和立场的方式崇拜着特别的情感。略有差异的是，斯尼托指出性欲是在浪漫中升华的，"女性的色情是不同的"。她评论道，因为"性在浪漫中得到了升华"（斯尼托，1986：257），所以每一次凝视和抚摸都指向性的存在和性的诺言。在更普遍意义的层面上，艾莉森（Alison Assiter，1988）暗示性和浪漫存在相似性，因为异性恋的色情作品和罗曼司小说都将性的权利关系色情化了，这种方式让读者感到既是可接受的同时又是令人愉悦的。

在过去的四十年中，关注罗曼司小说意识形态本质的主题在一些女性主义的叙述中普遍存在。20世纪六七十年代，罗曼司小说被视为是各种各样诱惑的陷阱：它们不但将女性附属于男性的观点合法化了，而且还是将女性置于附属的同谋地位（杰克森，1995）；它们营造了一种虚假的意识——"一种让女人远离她们真实境遇的男性权利的文化工具"（费尔斯通，Firestone 1971：139）；它们还分散了女性的注意力，让女性偏离更有价值的追求。用杰曼·格里尔的话来说，罗曼司小说是"用来骗傻子的"（引自杰克森，1995），这也可以借用女性主义带有猜疑和敌视的双关语来证明："罗曼司小说是从你的头埋进他的胳膊开始，到你的手臂在他的水槽中结束的。"

女性主义第二次浪潮对罗曼司小说的憎恶和轻视延伸到了对它的读者的憎恶和轻视上，他们将罗曼司读者视为被动的、有依赖性的、易迷醉于庸俗的、逃避主义幻想的、女性气质的，并且罗曼司读者被视为与声明放弃女性气质或者浪漫的女主角是截然相反的。这种论述——特别是其对家庭主妇的批评——与夏洛特·布鲁斯登（Charlotte Brunsdon，1993）的看法非常接近。在夏洛特看来，需要用精神分析上的母亲—女儿关系的术语来理解罗曼司，在这种关系中，年轻的女性主义者显得问题重重，而且她们与年长女性的关系也是充满矛盾的。

7.1.1 把故事变得错综复杂

莫德尔斯基的《复仇之爱》（*Loving with a Vengeance*，1982）和詹尼丝·罗德威的《阅读浪漫》（*Reading the Romance*，1984）在突破女性主义是如何看待罗曼司的共识上具有里程碑意义。我们可以更多地将这两本书理解为严肃对待流行文化形式尝试的一部分，它们一方面抵制那种谴责或者消解女性风格的主张，一方面又声援女性气质是值得关注的双重标准。

《复仇之爱》是针对肥皂剧、哥特小说和哈里钦罗曼司这三种形式展开的文本分析，它用女性主义心理学理论思考了这些文本类型给女性提供的愉悦种类。它认为，哈里钦罗曼司不单是用来欺骗女性的逃避主义幻想，而且是致力于以错综复杂而又矛盾的方式解决"现实"问题的小说——提供暂时的、神奇的、幻想的或者象征性的解决方式。

哈里钦罗曼司——无论它们在具体的写作上存在什么样的差异——都不可避免地建立在这样一种观点上，即认为男女主角始于一个坏的开端。他是愤怒的、嘲讽的或者轻视他人的，而她是受伤的或者迷糊的。实际上《复仇之爱》认为，为什么主角之间会有如此大的敌意，这个问题构成了一个"谜"，这个"谜"是这类小说中通常用来"结构"小说的两种"谜"中的一种。小说提供了理解这些"谜"的一些可能方式：他超负荷工作、受过伤害、在感情上自卑，或者他用性来贬低和羞辱女性。然而，小说为老练的读者提供的愉悦之一是，他们作为熟悉这种风格的"专家"所拥有的卓越知识。因为他们比女主角知道得更多，他们并不会直接认同女主角的身份：他们知道男主角表现得如此恶劣，是因为他被女主角弄得心烦意乱，而且将逐渐认识到他爱她。莫德尔斯基的《复仇之爱》（1982）认为，甚至在罗曼司中最成问题的方面——比如关于强奸的问题，读者具有的这种卓越智慧也是如此。在关于强奸的描写中，试图占据主导地位、侮辱和贬低女性的意图通常伪装为性欲望。在罗曼司中，这恰恰是相反的：性欲望被伪装成敌意和主导权。但是，拥有特权的读者已经对此领会于心，而且她们正是在女主角所说和所做的每件事都只会增加男主角对她的欲望/敌意这种方式中感受到了愉悦。

罗曼司小说能为异性恋女性提供愉悦的另一种重要方式是设置象征性的复仇。《复仇之爱》指出，与刻板印象相反的是，罗曼司的女主角不是被动和受虐的，而是积极而主动的。她指出，女主人公最小的自由都被描写为一种现实抵抗行为——强硬的、造反的或者挑衅的（即使只是在闲聊中占上风或者轻蔑地撩了撩头发）。她认为文本中所谓的受虐狂"涵盖了焦虑、欲望、希望，如果将之公开，这些将挑战心理学和社会秩序"。而且，尽管在这些小说中女主人公很显然是在受苦，但是男主人公同样饱受着对她的爱的折磨。罗曼司可能被视为一种复仇的幻想，在那里，女人从成功让男主人公拜倒在其石榴裙下的自信中获得了权力并完成了复仇——最后，他对她卑躬屈膝，恳求她接受他的爱，并宽恕他。经典的复仇策略之一是让女性消失，这样男主角会开始认识到她对于他而言有多么重要，而且意识到他是爱她的。在这种幻觉中，女性变得有力量，成为男性世界的中心。

罗曼司给女性提供的第三种有意义的愉悦，要与这类小说中通常用来"结构"小说的两种"谜"中的另一种"谜"联系在一起时才可以被理解。也就是说，男主角是如何开始意识到女主角不同于其他女性的。这并不是小说中抽象的困境，而是女人置身于双重束缚中的现实问题：她们最大的成就，是能找到一个丈夫；但是她们最大的弱点，就是尝试去找一个丈夫。

当代罗曼司小说产生的最糟糕后果之一是，女主人公感受到的每件事都注定是虚假的——当她说不的时候她通常指的是可以。一个经典的场景是他试图去吻她，她挣扎着说"不行，不行"，身体却融化进他的胳膊里，表明实际上这是可以的。

> 他的皮肤很舒服，尽管比起她的皮肤来说，他的显得筋脉粗糙，但在她的掌心中，却是光滑和柔顺的，他的温柔体贴和男性气质包围了她，她意识到只有单薄的裙裤衣服阻隔着他们。他用双手捧着她的脸，她能从他坚硬的嘴唇中感受到他的身体。她感觉到她自己柔弱地屈服于他，他的手从她的肩膀滑下，经过她的喉部去寻找她外套前面的拉链，要坚定地将它拉下来。"不，洛根！"她喘着粗气，但是他拉着她那似乎已经在抗拒他的手，让她的手环抱住他，弯曲她的身体，这样他就能够观察到她对于他危险的侵犯的反应实际上是带有情感满足的。"不？"他略带温和地嘲讽，他的嘴，现在在寻找暴露在他视线中的她那丰满的胸部的乳尖，"为什么不？我们都渴望，别拒绝"（玛莎，1977）。

作为读者，我们被迫接受这种观点，即男主人公比女性自己更知道她真的想要什么。但莫德尔斯基的《复仇之爱》（1982）认为，这不是故事的全部，而且没有足够的理由去公然谴责罗曼司。以应用女性心理学家南茜·乔多罗（Nancy Chodorow）《重建母职：精神分析与社会性别学》）的论述来讲，罗曼司承诺超然，女性可能把她们在婴儿时期从母亲那里获得的爱，在之后的人生中献给男人，但在男人那里她们却不能得到相应的回报。在罗曼司中，这种情感上的不对等是通过幻想中符合她需求的理想的男性情人来解决的。更有意思的是，浪漫的相遇通常恰恰发生在女主人公完全没有顾及她的外表时——哈里钦小说与"少女时尚文学"的主角一样，她们用了几周的时间，想要去制造与梦中男子的完美相遇，但是却在（也只有在）她没有梳头、没有化妆，只是走出家门去买牛奶的时候，才会遇见他。莫德尔斯基的《复仇之爱》指出，这种相遇会暂时让读者忘了她们自己的生活而陷入想入非非的愉悦中——在这里，她们既是主体又是被凝视的客体。从某种意义上而言，这是一次象征性的"放纵你自己"的机会——既然知道无论如何他都会爱你，那就没有必要总是约束自己。

詹尼丝·罗德威（Janice Radway，1984）具有里程碑意义的著作《阅读罗曼司》对罗曼司的研究取得了突破性的进展，书中对哈里钦小说进行了文本分析，对喜欢罗曼司的读者用的是以采访为基础的民族志研究方式，并对企业出版和售书过程进行了详细考察。她的著作业已被视为媒体/文化分析的典范，在书中她尝试厘清文化过程中的不同"时段"——生产、销售、文本和读者，并同时将罗曼司小说理解为经济文化意识形态里令人愉悦的现象。

罗德威的民族志分析集中在一组狂热的罗曼司读者上，她把她们称为"史密斯顿（Smithton）女人"，研究小组用各种方法去劝说和建议她们购买哪一本罗曼司小说。通过半采访、小组讨论和观察结合的方式，罗德威尝试揭示女性赋予罗曼司阅读的意义。她发现女性绝非不聪明的蠢货，实际上老练的浪漫读者能够察觉书籍在风格上的细微差异，她们能从封面的图片上发现细小的差异和提示，从而判断该书是否符合她们特殊的胃口和需求。而且，女性彻底反对将她们视为愚蠢肤浅的刻板印象，十分强调罗曼司阅读的教育意义，认为它一方面能让她们了解不同的地方和不同的历史瞬间，另一方面也能为她们的孩子建构"示范性"的阅读行为。一些女性表示希望通过表现她们从书里所获得的愉悦来鼓励她们的孩子在学校里阅读更多的书籍，从而让他们表现得更好。

罗德威的著作在涉及罗曼司小说时，其立场是摇摆不定的。一方面，她批评哈里钦小说，认为它们十分保守，指出尽管其提出了父权制社会中的一些问题，但只是通过理想化的异性恋描写来解决；另一方面，她将女性对这些小说的写作（部分的）视为反抗。和莫德尔斯基一样，她发现罗曼司阅读的愉悦之一是实现愿望，在那里读者能够逃进女主人公的生活中，身临其境地去经历她们所渴求的真正地被爱和被照顾。

这种阅读行为也可以被理解为"抗争性的"和"补偿性的"，是为她们自己争取一点时间、争取一点空间——当她们拿起一本书时……她们就暂时脱离了与她们的需求相反的家庭的要求，这种要求使她们即便仅仅是在为自己个人的愉悦特意做一些事时，也要迎合他者的需要。罗曼司阅读唤起了她们所渴望却在父权制度和两性平等实践中无法得到满足的需求（罗德威，1984：211）。正如我们在第一章所见，罗德威的著作已经成了大量的媒体文化研究论争的重要焦点。这些论争关心的是女性主义文化批评理应涉及的内容（例如批评、颂扬，或者确证、声望等）以及文化批评和调查对象之间关系的本质。

7.1.2　重访罗曼司

在莫德尔斯基和罗德威著作发表以来的差不多二十多年里，对罗曼司的讨论已经发生了改变。一个重要因素是万维网的发展，这让一些罗曼司小说作家和读者卷入了过去只在大学学生之间和学术领域中才会有的争论。电子杂志、网络聊天室以及网络论坛现如今都是诸如罗曼司是否能被视为女性主义之类问题的激烈论辩的场所。以罗曼司作家（也是物理学博士）凯瑟琳·阿萨罗（Gatherin Asaro）在"罗曼司大全"网站上发的帖子为例：

> 我一点也不怀疑罗曼司是女性主义的——这是我所知道的唯一一种女主角被赋予优越性的文类。事实上，浪漫是故事的推动力。她通过达到目标、得到价值肯定而获得了回报，同时也赢得了通常是大块头的男主人公……罗曼司承认"女性的注视"——我们在文学中见到了太多的男性凝视，罗曼司所做的是承认女性也有性感觉，这比现实主义风格的批评更有意义。罗曼司声言"嗨，承认女人的性感觉，也是可以的"，它不会让女主人公为她们的性意识付出代价或者因为有性意识而受到指责（阿萨罗，1997）。

有关罗曼司的新的问题正在产生，这些新问题不单是和性别相关，而且也和性欲和种族相关。传统的罗曼司以何种方式成了种族话语？它们的爱与欲望的结构是如何与白人对其他种族的幻想连接在一起的（布莱克曼，1995；佩里，1995；英格拉姆，1999；麦迪森和斯托尔，2002）？黑人女性（有色人种女性）的罗曼司写作挑战打断了传统的种族属性或者预设的标准吗？研究也探讨了作为西方话语组成部分的罗曼司话语在后殖民语境中被自相矛盾地既采纳又抵制的方式，以及它和传统话语中其他亲密行为和亲属关系之间非常复杂的相互妥协关系（金，2005）。

对女同的讨论也推进了异性恋罗曼司的历史进程。在考察艾滋病毒（HIV）和艾滋病（AIDS）兴起的原因之时，色情话语可能正在挑战或者重新书写常规的叙述方式（威尔顿，1994；格里芬，2000）。关键问题之一可能是，"罗曼司可以是酷儿吗"的讨论妨碍了其他已经存在的文化形式（有争议的）。它牵涉的不是简单地用同性恋主角替代异性恋主角的问题，而是根本性地质疑人们习以为常的罗曼司所依赖的二元性（男性/女性、同性恋/异性恋、处女/娼妓），同样受到质疑的还有通常是作为罗曼司存在前提的稳定身份以及认为一夫一妻制意味着叙事终结的观点。看上去似乎很难想象会有这样的文本，但是已经有大量著名的实验尝试，例如萨莉·波特的电影《颤栗》（*Thriller*）和珍妮特·温特森小说《在身体上书写》（*Written on the Body*）。

人们已经在尝试对这一文类及其相关的东西进行局部改良，因为罗曼司话语的力量逐渐得到认识。是什么让它如此有力量？史蒂夫·杰克森（Stevie Jackson，1995）认为，这是由于罗曼司的叙述性或者故事特性——它是书写西方主体的引人入胜的话语之一。在面对社会、文化以及人口统计上体现出来的变化——包括高离婚率、新的家庭形式的增长和更广泛意义上的亲密性的转化——时，罗曼司执意展示性关系种类的变化和浪漫欲望之间没有必然联系。事实上，根据乌尔里希·贝克和伊丽莎白·贝克－格恩斯海姆（1995）的观点来看，与其说这削弱了罗曼司的重要性，不如说它使浪漫之爱的意义不断地得到了强化。他们认为，随着工业社会结构的坍塌、劳动力市场不断加剧的竞争和社会世俗性的增加，可靠的传统资源正在快速消失。在这种语境中，作为一种"'世俗'宗教，'浪漫的'爱越来越重要"（贝克和贝克－格恩斯海姆，1995：173）。英格拉姆（1999）对见证着经济衰退的婚庆行业的研究和在世界贸易中心被袭之后一些美国人在讨论罗曼司的聊天室里的跟帖，这似乎都确证着罗曼司阅读为这个不稳定的时代提供了一种可靠的元叙述。

罗曼司话语能够保持持久意义的另一个关键因素是，其不断接受新东西的能力——吸纳、改变或者进化的能力（皮尔斯和斯泰西，1995）。这在过去二十年里罗曼司小说的变化可以看到：女主角变得更独立、更坚定，她们更可能有性经历，走出家庭外出工作的女性角色比率不断增长，她们拥有令人满意的工作，并且会寻找更平等的伴侣关系（琼斯，1986）。罗曼司小说以这种方式与女性主义中的一些自由主张相结合，这让她无须放弃"寻找意中人"这一叙事核心。在下一节中，我们将考察当代罗曼司小说的发展——布里吉特·琼斯效应。

7.2　布里吉特·琼斯现象

7.2.1　走进布里吉特·琼斯

对浪漫风格来说最有意义、最富远见的，可能是海伦·费尔丁（Helen Fielding）于 1996 年写作的《布里吉特·琼斯日记》（又译作《BJ 单身日记》）一书。在 20 世纪 90 年代，20 到 30 岁的人对罗曼司的购买已经开始减少，罗曼司需要有新的形式来吸引更年轻的读者。《布里吉特·琼斯日记》——和坎迪丝·布什内尔（Candace Bushnell）的《欲望都市》一起——弥补了这一点，"少女时尚文学"或者"都市女孩小说"这一文类诞生了，各种文化形式中的三十岁左右的单身白人女性形象（总是孤芳自赏的）开始崭露头角。它成功地对电影、广告以及电视产生了影响，催生了"她必须这样吗"这一电视节目，该节目日程单上每周末播放一次的"夜间"女孩，就得到了以二十到四十岁富裕女性为目标的广告商的赞助。

《布里吉特·琼斯日记》始载于《独立》报上的一个专栏，原本打算讲述女性在现实中的生活和她们所面临的当务之急。尽管布里吉特是个虚构的人物，但是专栏通过亲密的自我独白的风格、对当代事件和话题的引入以及三十岁左右吸着烟、拿着酒杯的富有吸引力的女性（事实上她是报社的秘书）的照片，以成功地获得强烈的现实感。另外，专栏声称布里吉特收到了大量的求婚信，我们能在年轻的异性恋女人中一眼认出她，这都进一步证实了人物的现实存在。

《布里吉特·琼斯日记》的成功是惊人的。它在《纽约时报》的畅销书排行榜上保持了四个多月，而且到目前为止已经被译成了 30 种语言，销量多达500 多万本。当以这本书为原型的电影在英国上映后，仅在第一周结束时就获得了 570 万美元的票房，远远超过了英国电影此前以《四个婚礼》和《诺丁山》的高票房为成功代表的标准。这个电影最终获得了全球 16 亿总票房（钱伯斯，2004），书和电影的续集也获得了巨大成功。

然而，比任何一个经济指标都更有说服力的是，布里吉特·琼斯话语的流行。布里吉特·琼斯成了一个圣像，一种特殊女性的识别标志，一个为所有女性建构的身份认同点。报纸打算挖掘出真实的布里吉特·琼斯或者将真实的布里吉特·琼斯送去审查电影。布里吉特在一些年轻的异性恋女性中产生了共鸣。正如伊梅尔达·威尔汉（Imelda Whelehan，2002）所言，这本书的成功可以部分归功于"那是我"的现象，即布里吉特已经不再是一个虚构的人物，她已经成了一个时代的精神代表。

《布里吉特·琼斯日记》一书中的事发生在一年的时间段中，日记是从布里吉特写下的新年决心开始的，这个决心有助于读者洞察其性格、作品的主题和日记风格。布里吉特想要做的是改善她的生活——找到一个好一点的工作、找到更好玩的娱乐活动以及找到一个男朋友（最重要的）。她也热切渴望（纠缠不清地联系在一起）"对自我下功夫"，比如减肥、戒烟、少饮酒以及"获得内心的平衡"。在她将各种乱七八糟的事罗列在一起的新年决心中，本书的幽默风格一览无遗。她的新年决心包括了崇高——"为慈善捐出部分财产"和荒诞——"学习录音"（威尔汉，2002）。正如伊梅尔达·威尔汉所指出的，布里吉特可以被看作"杂乱无章的激情"的代表——她在每一种情景中都努力奋斗去获得控制权，想将事情做好，但是却总是不可避免地将每件事都搞砸。

布里吉特大部分的社会生活是直接与一个男人建立"真实有效"的关系。在传统的浪漫精神里，伴侣要从"英雄"或者"野兽"两种男性中去选择。英雄的名字"马克·达西"（Mark Darcy），暗示着其受到《傲慢与偏见》的诸多影响——忠于这种风格的是布里吉特选择了错误的男性，（在一系列情况中）受到了伤害和侮辱，忽略了男主人公对她的爱，但最后他拯救了她，这本书的结尾是"她从此过上了幸福的生活"。这一切对我们来说是如此的遥远，但又是如此的熟悉。然而，正如我在其他地方已经论证过的，大量的布里吉特·琼斯文本特征标志着早期罗曼司小说形式的破裂，以及布里吉特·琼斯所代表的典型的后女性主义现象的滥觞。

那么，如何理解《布里吉特·琼斯日记》呢？对90后晚期或者00后早期的读者而言，它只是罗曼司文类的更新还是代表着对传统罗曼司的突破？它以哪一种方式（如果有的话）形成了对性关系的新叙述？在女性主义视角下它是如何定位的？它在世纪之交将角色置于国际化的伦敦大都市中，又是如何参与有关阶级、"种族"和性的议题的？

7.2.2 布里吉特·琼斯：后女性主义的女主人公

如果没有女性主义第二次浪潮的影响，就不会有《布里吉特·琼斯日记》。女性主义本身是不能使布里吉特文本成为女性主义文本的。布里吉特把工作、避孕、享有各种公平的权利都看作理所当然的，她也进入在西方民主中业已是常识的女性主义观点和话语中，但是她和这些话语的关系却是摇摆不定的。比如对婚姻她是不信任的，并且偶尔还会对之进行嘲讽——"体面的婚姻"是不断被攻击的对象，她坦诚她的一些朋友婚姻不幸。然而，这些洞见对于打消她要找到一个完美男人并和他结婚的热望没有任何作用。在《布里吉特·琼斯》电影中，这一点是通过布里吉特幻想的一场婚礼来表现的，在幻想的婚礼中，有钟声、白色的婚纱和婚礼的侍童。但正如安吉拉·麦克罗比（Angela McRobbie，2004a，2004c）所言，在这些时刻，幽默起作用的方式在布里吉特看来是一个糟糕的想法——她有的幻想是没有顾及那些认为已经消除了这类欲望的女性主义。以此方式，女性主义被塑造为检查员或者"心理女警员"，抵制着女孩们传统的女性愉悦。

埃丝特·索内（Esther Sonnet，2002）注意到在为女性创作的当代色情小说中也有类似现象，其中同时呈现的还有女性应当享受性愉悦的女性主义观点。她详细考察的"黑蕾丝小说"不但不承认女性主义，而且还暗示实际上色情小说的有趣部分正是在于对女性主义所认可的"正确"的东西的毫不在意。索内将之描绘为"下流但是效果好"，在那里"大姐大的不赞成"加强了秘密的、罪恶的愉悦，提供给"后女性主义"的是消费守旧的"女性"的禁忌的愉悦（索内，2002：173）。

布里吉特摇摆不定的女性主义意识也在其自身与身体和女性气质的关系中得到了表现。在（至少）一篇日记中，布里吉特清楚地表明，她认识到没有天生的女性气质——它需要的是不断的努力、维持，并时刻保持警惕：

> 做女人比当农民要糟糕得多——需要做如此多的耕作和收割，腿打蜡、剃腋毛、修眉毛、磨脚、皮肤去角质和滋润皮肤、去黑头、染发、睫毛染色、护理指甲、脂肪按摩、收腹运动。整个外形都需要做很大的修理，如果你对需要播种的整件事情忽略几天，就会杂草丛生。有时候我会好奇如果任其发展，我将是什么样的——每一寸皮肤上都是汗毛，到处都是那种上唇上的八字胡须（菲尔丁，1996：30）。

尽管如此，外表和形体依然是女性自我认知的重要方式，这也是女性杂志和广告上的话语。布里吉特可能知道"肥胖是个女性主义话题"，但是无论如何，她都会不自觉地进入一个自我监控的进程中，在那里，她每天都在关心自己会不会胖、测量卡路里消耗和控制饮酒等。

这本书在这方面内容被一些人认为是通过对当代年轻女性的质疑，讽刺了她们试图控制体型及主张所谓的情感独立。但这种讽刺不是直接的。事实上，正如威尔汉（2002）所言，身体是混乱的，且需要对之进行持续性约束。布里吉特可能只是在言辞上和社会中侥幸避免了出乖露丑，但是对身体的忽视是不可原谅的。

对身材讽刺的失败在《布里吉特·琼斯》电影中清楚可见。小说的特征之一是认为布里吉特的尺码在 10 号和 12 号（英国标准）之间才是不胖的，而事实上，这个区间的尺码比全国平均水平要苗条多了。这种方式让读者感知到的是女性与她们自己身体的扭曲变形关系。然而，在电影中成为焦点的正是"肥胖"的女主人公的场景，芮妮·齐薇格（Renee Zellweger）的身体总是被窥视般地对待——她的衣服是紧身的，以至于她似乎都要把衣服挤爆了（无节制和缺少控制），而且镜头拜物教般地抓拍她的身体，特别是在一个有名的场景中，她蹲下去按火警装置的时候，整个银幕都是她的臀部。

对电影的反应分裂为两种：她们（通常是女性主义者）感动地谈到首次在电影中看到脂肪（我把它们叫作在电影上的脂肪）的快乐，另一些人对芮妮·齐薇格的勇敢以及她之后成功、快速地瘦得像其他好莱坞影星那样而喝彩。正如斯蒂芬·麦迪森（Stephen Maddison）和美瑞特·斯托尔（Merit Storr）指出的那样：

> 欣喜若狂地八卦齐薇格的"你好，大妈"裤，但她实际上却是小的圆嘟嘟的肚子，不会对常常被视为对当代女性身体形象潜在的规诫与惩罚的话语有任何用。事实上，评论齐薇格并不存在的容易发胖的部位，本身就是在重申这类规则（斯蒂芬·麦迪森和美瑞特·斯托尔，2002：2）。

我们还可能讽刺地补充的是，正是女性主义被指责为在不公正地监管着女性。

受福柯影响的评论家认为，当代新自由主义提供了新的压抑形式，这种形式不是通过简单的由上而下的统治，而是通过自我控制、自律、选择的话语来发挥作用（巴特基，1990；坡宾，1997a）。瓦莱丽、海伦·露西和简·美乐蒂在《长大成人的女孩：对阶级和性别的社会心理学分析》（*Growing up Girl：Psycho-Social Explorations of Class and Gender*，2001）中指出，主体承受着"自由带来的沉重负担，在那里，人们用自由选择和激进的主权叙述劝告她们过博学和有意义的生活——尽管实际上，她们可能是被压抑了的"。尼古拉斯·罗斯（Nikolas Rose，1990）所谓的"对自我控制的渴望"可以在布里吉特·琼斯的文本中清楚地看到，从她的卡路里摄入量到她的积极想法再到她读的严肃或者有价值的时事文章的数量等事件中，我们都可以看到布里吉特无止境的自我监督。

> 2 月 16 日 星期三
> 8.12 英石（通过上下楼梯来减肥），酒精量为零（太棒了），香烟 5 支（太棒了），卡路里 2452（不到平均水平），下楼拿情人的情书 18 封（心情不好但是锻炼身体是明智的）（菲尔丁，1996：51）。

《布里吉特·琼斯日记》中至关重要的自我监督之一是她的心理特点。尽管身体始终是受到监督的，但最终要达到的目的则是自我重塑。这一点在布里吉特达到她的理想体重时，表现得再清楚不过了。

> 今天是值得纪念的、令人愉快的一天，经过十八年的努力，我终于减肥到了 8.7 英石，这不是尺码的骗人把戏，而是由牛仔裤证实了的，我瘦

了（菲尔丁，1996：105）。

在路易丝·钱伯斯（Louise Chambers，2004）看来，体重和尺码已经成了布里吉特存在的一个基础，但让人心酸的是——成功"瘦身"并没有给她带来预期的满足感。她参加聚会，人们告诉她，她看上去疲惫而且身材平板，都不像她自己了。

18 年的努力、牺牲，谋求的是什么？18 年的结果是"疲惫和身材平板"。我感觉自己像一个发现自己终身的工作完全是个错误的科学家"（菲尔丁1996：106）。

钱伯斯认为，这是标志着布里吉特试图通过外部的身体建立自尊的一个转折点，即通过自助治疗来重塑她的内在性。她继续将自己视为心理学的客体/主体，她必须对自身下功夫才能实现和完成目标。

这些文本的有趣点之一是其介乎女性主义和女性气质之间的方式。徘徊在女性主义话题和传统的女性话题之间，但却并没有将它们视为在同样的范畴里。女性主义观点被视为是不真实的、惩罚性的、戒律性的或者是空洞无物的，而且没有真的在谈女性的欲望或者真实的自我。这在布里吉特告诉丹尼尔她对他压抑的情感忍无可忍以及她所感觉到的只是——暂时的——快乐和"赋权"（Fielding 1996：76—77）时可以看到：

> 下午 5 点，感觉有力量……想着能读一点苏珊·法路迪
> 早上 5 点，哦，上帝，我为丹尼尔感到不满。我爱他。

在这些日记所记录的十二个小时里，布里吉特意识到她所感觉到的自信和有力量只是个幻觉，她真正需要和自我塑造的并不是女性主义，而是丹尼尔。

有时候，女性主义会被描述为能用来帮助布里吉特实现其女性目标的某种东西，比如在下面的例子中，独立和拥有自我是吸引男人的一种策略："不要为没有男朋友而忧郁，需要的是发展内在的平衡、权力以及对女性本质'自我'的感知，没有男朋友是获得男朋友的最好方式。"（菲尔丁，1996：2）这是对第三章所谈论的广告的一次强有力印证，也是对当代女性杂志女性主义话题的一次强有力的共鸣。在这里面，自信是吸引男人所需要的一种"自我技术"。

布里吉特·琼斯文本没有忽略或者直截了当地否认女性主义观点，但提及它们只是为了拒绝接受它们——除非能以这种方式讲述它们从而规范女性气质。"布里吉特永远在辨识不公正，仔细分析它们，然后赞同它们。"（威尔汉，2002：27）正如麦迪森和斯托尔所言，在文本中存在着双重运动，一方面为了

避免整体的贬低和羞辱，强调"成为'女性主义者'有罪的必然性"（麦迪森和斯托尔，2002：3）；另一方面则总是归化女性主义缺乏吸引力的部分。正如布里吉特指出的"没有她强硬的女性主义者，对男人而言就更没有吸引力了"（菲尔丁，1996：20）。书中的"女性"形象进一步证实了这个观点——夏惹尔（Shazzer）缺乏女人味和歇斯底里，也不（总）是真的女性主义者，尽管她对男性大声吵嚷，但是我们看到她也在同样急切地寻找着她的异性伙伴，比如在一个场景中布里吉特回拨她手机上呼入的最后一个电话，去看是否是她追求的男人打来的（可谓是不真实或者虚伪的女性主义形象的另一个例子）。

文本"保守主义"和"种族"与性的关系也是显而易见的。文本中的白人是"不故意点出、不发声但却是无处不在的"（麦迪森和斯托尔，2002：2）。我们看到的是布里吉特"神经兮兮的"性格以及模糊的与种族刻板印象相组合的本土化形象。麦迪森和斯托尔认为，布里吉特的白人的英国风格是受到了维多利亚殖民地观点的影响，这种观点将白人女性视为焦虑的、神经质的——在布里吉特这个案例中，具体表现为其不能应对她的工作要求、城市生活环境或者她的社会责任。

尽管生活在一个大约百分之三十的人口都不是白人的大都市中（伦敦），但布里吉特和她的白人朋友与英国少数族裔根本没有什么交往。相反，文本中的有色人种都被建构为"有趣的外国人"（麦迪森和斯托尔，2002）。在布里吉特的日记中，这个角色是由胡里奥（Julio）扮演的，布里吉特母亲的拉丁裔情人作为一个陪衬者突出了马克·达西（Mark Darcy）白人男性气质的优越性——在小说的高潮部分，是马克·达西揭露了胡里奥是一个骗子。马克和胡里奥之间的矛盾也决定了异国情调的他者可能有的性吸引力——正如在最后的摊牌中，布里吉特写到"野性、酗酒、不修边幅，坦白地说，正是我所要找的类型"，但总体而言，这样的情人对于严肃的恋爱关系来说是不合适的（麦迪森和斯托尔，2002：6）。

这种种族化的动机在第二部小说《理性的边缘》中更加明显，在那里布里吉特遇见了两种"有趣的外国人"："聪明的非洲人"惠灵顿（Wellington）和大量"邪恶的东方人"。麦迪森和斯托尔指出：

> 菲尔丁讽刺的失败在惠灵顿身上特别明显：尽管布里吉特暗中比较着他对随身听CD的趣味、水上摩托车的爱好与他对部落传统以及古代文化发表的严肃的言论，但她还是感激地接受了他对"她和马克之间的问题流露出的温柔体贴而有力的同情"，而且在她母亲举办的聚会上，他高贵的品味与那些偷笑的白种女人和喝醉的白种男人形成了鲜明对比（麦迪森和

斯托尔，2002：6）。

相反，东方主义被高度性征化了，而且布里吉特和马克也感受到了来自东南亚人的威胁和尊敬。这种威胁不但来自马克看护人的儿子菲律宾（Filipino）"男孩"，而且也来自布里吉特在泰国监狱的狱友，二者采用的都是同性恋形式。在监狱里，布里吉特本来满脑子想的都是在她待在这里的这段时间里不用努力就减了多少肥之类的问题，但是监狱里的"女同志圈"很快让她感到了震惊，这些女同"开始接吻，抚摸我的身体"（菲尔丁，2000：311）。然而，在布里吉特开始教她的室友唱麦当娜的歌曲时，这种威胁很快被消除了。从对性感的、种族的威胁转换为了对性感、种族的崇拜："由于知道怎么唱，所以怎么样都可以，她似乎成了某种女神（菲尔丁，2000：311）"（这也是书的中心主题，是布里吉特这个热爱流行文化而不是高雅文化的社会底层人物获得胜利的一个例子）。

和白人在小说中一样，小说中的异性恋没有被特意指出，是自然而然存在的，不会因汤姆（Tom）一角而受到挑战。汤姆是布里吉特的男同朋友，是一维的、女性化的而且自我坦承"喜欢男同性恋和双性恋的男人"。在布里吉特看来，他的理论是"同性恋"和三十多岁的单身女人有着天然的联系，因为他们都让自己的父母感到失望因而受到责备，也都被社会视为畸形人（菲尔丁，1996：27）。但在这里，同性恋是被表演的，而不是被分析的。麦迪森和斯托尔分析了其是如何表现同性恋的——要么是自命不凡的身体法西斯（杰罗姆），要么是厌恶、否定女性的（马克追求着非女性的瑞贝克）。与此同时，"异性恋并没有被特意指出，是自然存在的"（麦迪森和斯托尔，2002：4）。他们也分析了双重标准，一个典型的案例是，一个已婚男人对另一个男人不忠完全不同于其他异性恋男人的低俗和让人恶心的品性不端，或者这个已婚男人的婚姻就不是一个"体面的婚姻"。

而且，某种程度上有点矛盾的是，用男同性恋的男性角色汤姆去指向布里吉特身处的社会环境的自由主义和世故（与她母亲的生活所象征的城市特有的恐同症相反），对质疑布里吉特·琼斯文本主要凸显的女同性恋没有什么用。在《布里吉特·琼斯日记》中，女同性恋被塑造为有点让人恶心而且对异性恋女人有威胁的，但"虚饰的宽容"和自由主义又同时存在的形象。当布里吉特在泰国监狱被其他女人抚摸时，她说道："虽然我明显感受到的是被亵渎，但是我的身体部分却情不自禁地感觉到被抚摸是如此美好""天啦！我可能是一个女同性恋吗？不。不要那样想"（菲尔丁2000：310）。

在其他一些少女时尚文学中，我们也可以看到，女同性恋同样是有吸引力的、有威胁性的、让人恶心的，但是我们都可以接受。在马里昂·凯斯（Marion Keyes）写的《天使》中，主角玛姬第一次遇见了"真正的精力充沛的女同性恋"，她被弄得很不舒服，花了大量精力思考色情电影、胡闹以及"让人感到恶心的'性'——"就像舔一个鲭鱼"（凯斯，2002：169）。然而，这里所说的和女性的一次一夜情，在她自己指责（没有一丝讽刺）她的朋友是同性恋而且幽默地批评了她自身的"性旅程"时，就神奇地消除了她的女同性恋倾向。以此方式，小说展示了非自发的女同性恋，也同时展示了它的自由。正是伴随着女性主义产生的一种心照不宣又让人熟悉的带有性政治批评的话语，为原本被直接视为同性恋、种族主义和反女性主义的文本提供了可信性。

7.3　少女时尚文学：21 世纪的罗曼司？

《布里吉特·琼斯日记》的成功在出版业反响强烈，部分原因是 20 世纪 90 年代罗曼司小说的购买者主要局限在二十到三十岁的人群中，书中呈现出了能吸引年轻读者的新方式。《布里吉特·琼斯日记》的潮流带来了大量与三十左右女性有关的"模仿"小说。这些女性都是不快乐的单身，有点神经质，关心的是自己的形体、身体尺寸、外表，并且试图寻觅一个男人。

路易斯·坎波斯（2004）强调了《布里吉特·琼斯日记》在建立"少女时尚文学"文类中的重要性，以至于现在界定这类文类的特点之一可能就是书封上有面对布里吉特·琼斯的介绍，比如，"如果你喜欢布里吉特·琼斯的日记，你也会喜欢这个或'这里'的布里吉特·琼斯"。还有其他一些有助于把"少女时尚文学"建构成新的可辨识的罗曼司小说的策略，包括与《布里吉特·琼斯日记》高度相似的封面设计（无论是常用的荧光染料，还是清淡优美的色彩，或是手画的插图），读书俱乐部（如 Mango）努力要将这些书卖给年轻女性：在超市里新的销售策略是强调"少女时尚文学"是适合女性的推荐读物，同时在亚马逊和其他网络书商的网站上，"少女时尚文学"书单大量出现。相较于历史上其他时期，出版业卷入了一种以性征性别，分化来命名的状态——一种"他的"或"她的"出版。这种风格，在 20 世纪 90 年代晚期建立了起来。

在这一节，我将以 1997 年到 2005 年期间出版的二十本书为基础，分析其主题、有关内容以及"少女时尚文学"小说中的人物，此分析是建立在埃琳娜·荷迪科贺夫（Elena Herdieckerhof）和我（吉尔·荷迪科贺夫，2006）的讨论上，旨在考察"少女时尚文学"作为某种革命性的新东西的说法以及这种文类对女性的建构与其中的性别关系。我考察的五个主题包括：性体验的建构，有关女主角的智慧、独立的描写，美丽和外表，工作，单身。

《布里吉特·琼斯日记》之后的流行出版物

V. A. 帕克里特，《错误的意中人》，伦敦：鸡冠出版社，2002

M. 帕惹克利夫，《首次不忠于父亲》，伦敦：头条出版社，2001

盖尔，《我的传奇女友》，伦敦：火焰出版社，1998

盖尔，《承诺先生》，伦敦：火焰出版社，1999

J. 格林，《杰米玛J》，伦敦：企鹅出版社，1998

J. 格林，《宝贝威尔》，伦敦：企鹅出版社，2002

W. 霍顿，《继承人糟糕的一天》，伦敦：头条出版社，2000

A. 詹金斯，《蜜月》，伦敦：火焰出版社，2000

M. 凯斯，《天使》，伦敦：企鹅出版社，2002

S. 金塞拉，《进入购物狂女生的梦幻世界》，伦敦：黑天鹅出版社，2000

I. 奈特，《你不想要我吗?》，伦敦：企鹅出版社，2002

J. 曼塞尔，《完美时序》，伦敦：头条出版社，1997

J. 穆尔，《小不点》，伦敦：箭书出版社，2005

M. 内森，《说服安妮》，伦敦：派库斯图书出版社，2001

F. 诺斯，《波利》，伦敦：箭书出版社，1999

A. 帕克斯，《游戏终结》，伦敦：企鹅出版社，2002

T. 帕森斯，《丈夫和妻子》，伦敦：哈珀柯林斯出版社，2003

D. 沃，《你的新救生包》，伦敦：哈珀柯林斯出版社，2002

A. 威尔，《在这儿难道我的屁股看起来很大?》，伦敦：火焰出版社，1997

A. 威尔，《愚蠢的丘比特》，伦敦：企鹅出版社，2002

7.3.1 "少女时尚文学"中的性

在传统的罗曼司中，女主角的典型特点是在性方面的无知和被动。通常，这意味着她是一个处女，或者正如简·厄谢尔（Jane Ussher）所言，她必须"假装无知，表现得沉默寡言。她无视自己潜在的欲望，而且总是试图掩盖任何'性兴趣'的符号……她可能渴求性，但是在罗曼司的编码里，她只有被引诱时才能拥有它"（1997：44）。在一个开始大量充斥着性形象的世界里，当以女性为对象的其他文本只关注性满足的时候，如果还一味地强调"性无知"可能会显得不合时宜。那么，"少女时尚文学"中对女性的"性的"身份认同的刻画与之有多大差异呢？起初的印象中，她们似乎与传统的描写是完全不一样的。大部分的女主角并非处女，她们有性经历，并且声称自己是"伟大的一躺"（沃夫，2002：187）或者"坐在那里阅读关于口交、肛交、吮吸等的内容"（格林，1998：60），还表示有时会加入"一夜情"行列。她们不再需要被诱惑，而是能自发建立性联系，正如斯特拉（Stella）在《你要我吗？》中那样，她说："我不会说让我们结婚吧，弗兰克。我要说的是，我们上床吧"（奈特，2002：225）。

然而，这种对性的"自由"态度，显然不是故事的全部。有趣的是，无论她们的性经历如何复杂，一旦遇到了她们的男主角时，女主角就会在叙述中被"重新处女化"。和他在一起，她们回到了那种能称之为处女的情感状态，表现的方式是她们这才第一次享受到性愉悦，或是在让她们吹嘘自己是性专家之后承认害羞或缺乏性经验，从而扫除先前的"污点"经历。举例来说，在《你的新救生包》中，乔·斯迈利（Jo Smiley）和查理（Charlie）在一起有了她的第一次性高潮，而且，在经过了几年的性生活之后，直到如今她才"最终明白了以前都是瞎忙"（沃夫，2002：190）。同时，在《错误的意中人》中，凯特（Kate）也有着一种完全不同的新经历："在她先前的性接触中，她只感到尴尬……但是汤姆（Tom）是个完全与众不同的伴侣，她从来没有感觉自己的欲望像这样被唤起过。她没有想到他的抚摸消除了她的抗拒"（巴哥黎托，2002：257）。这种叙述建构的是女主角被重新处女化和性无知化，只有男主角才能让她成为一个真正的女人。尽管女主角的确拥有"有欲望，甚至追求男人的权利"（琼斯，1986：210），但当她们遇到男主角时，她们仍然被"叙述性"地置于处女的位置——叙述她们的无知让读者欣赏到的是在传统情景中男女主人公之间的性接触。

看上去，似乎通过所谓的"重新处女化"的"后门"，传统的罗曼司编码得到了复原，而且和传统的罗曼司一样，少女时尚文学进一步论证了莫德里思克（Modleski，1982）所讨论的超凡的爱的诺言和性满足。让这变得重要和让人着迷的事情之一是，它的言外之意是性解放（即通过不止一个性伴侣来追求性愉悦）不是女性真正所需求的东西。性解放不仅没有谈及女性的真实欲望，而且也通常被视为只是一种姿态或者表演——女性在后全球化世界中被要求表演的某种东西，实际上并不是她们想要的。需要更多的分析来考察作为提升女性性自由和力量的话语之一的女性主义在多大程度上与这种批评有关联。当然，从上面分析的小说来看，这里建构的女性主义"性"目标是不真实的，因为它们实际上没有论及女性的深层欲望。

7.3.2 独立的女性？

罗德威（Radway，1984）认为，大部分的罗曼司女主角是"激情四射"和富有智慧的。可能会让人意外的是——特别是在那些声称女主角是更独立和更自信的情况下（简妮，1986）——比起她们的哈里钦小说同仁而言，少女时尚文学的女主角似乎要少些激情。少女时尚文学中的一些女主人公总是显得天真，而且动不动就会受到惊吓（凯斯，2002；格林，1998），或者在职场上被男人超越（沃夫，2002），又或者被"邪恶"所捉弄而去为她们中意的男主角竞争（内森，2001；沃夫，2002；巴格勒拖，2002）。这背后的主题是把女性看作受摆布的人的老观点，特别是在和男人的关系上。因此，尽管我们都相信少女时尚文学刻画了牢固的女性友谊。但事实上，女主角和其他女性的关系通常是竞争关系，女性关系通常也因此成为不可信赖的。最终成功赢得男主角心的女人不是因为她们在精神或智慧上超越了别人，而是因为她们符合传统女性的刻板印象。实际上，贬低智慧，有时候在让强有力的男主人公和需要帮助的女主人公之间形成故事的推动力时显得很有必要——他需要带着她所不具备的骑士精神、智慧和技能来拯救她。

《布里吉特·琼斯日记》中就有三种这样的拯救场景。其中最有戏剧性的是让马克揭露胡里奥的场景，因为布里吉特母亲的情人胡里奥是个骗子（强调男性的拯救，同时着力展现布里吉特和她母亲的天真和易受骗），这在一个我们熟悉的种族化的电影里，突出了"马克优越的白色人种的男性气质"。在纳冉（Nathan）的《劝说安妮》中，杰克发现家族公司里的骗局，将安妮和她的家庭从贫困中解救出来。在沃夫（Waugh）的《你的新救生包》中，查理将简从一个一旦被曝光就会被判刑入狱的非法生意中解救出来。女主角被从单身母亲的困境中解救出来也是少女时尚文学小说的常见特征，简·格林（Jane Green）的《婴儿城》（*Baby Ville*）就是个例子——弥乌（Meave）是身处高层的职场女性，在一次一夜情之后她怀孕了，但是，最终马克拯救了她，使她不用独自面对这一切。

7.3.3 职业女性？

在传统的罗曼司小说中，尽管女主角富有激情和智慧，但她通常并不是特别有事业心；相反，她们通常通过和男人的浪漫结合来寻求优越感和权力。在这方面，少女时尚小说中的女性人物看上去有所不同，她们都有自己的工作和职业抱负。实际上常见的典型是，大部分少女时尚文学的女主角在服务部门任职，收入低，比如布里吉特·琼斯——受雇于低收入职位。她们通常对工作不满意，在工作中苦苦挣扎。比如《错误的意中人》中的凯特，她怀孕了，必须独自抚养孩子，因此她不得不从大学辍学，去应聘秘书工作。尽管她也的确"保护性"地将她的秘书工作说成是职业，但这实际上并不是她想长期从事的工作（巴哥黎托，2002：117）。同样，在《杰米玛. J》（*Jemima. J*）中，杰米玛的工作是在地方报纸担任"重要提示"的栏目编辑，她说："可悲的是我的天分在《基尔本报道》（*Kilburn Herald*）中被浪费掉了。我恨这个工作。"（格林，1998：3）

有意思的是，在这两个小说中，一旦女主人公决定嫁给男主人公，她们就会奇迹般地有勇气放弃她们没有出路的工作，并最终实现她们的梦想。凯特成了室内设计师，而杰米玛则实现了她成为一个杂志记者的梦想。每一个故事讲述的都是好男人的爱是如何给了女人去追求她的目标的自信。尽管相较于大多数传统罗曼司小说惯常用的回归家庭的话语以及当代的激烈抵制回归家庭的叙述，这类叙述可能更有进步性，然而让人意外的是，男主人公再一次展现出了他的重要性——他将女主人公从没有出路的工作中解救出来，并将她带入"从此以后快乐地生活"的境况之中，甚至还包括在后女性主义运动中帮助她们获得令人羡慕的工作。

少女时尚文学的另一种女主人公所从事的工作是具有专业性的，并且她们是成功的。在《崭新的你》中，简是一个公司里成功的公共关系执行总监，而且她"爱她自己。爱她的工作，爱她成功的朋友"（伍尔夫，2002：282）。然而，她的成功却是以让她变得"不是女性"为代价的，因为故事中的她愤世嫉俗、工于心计、精明世俗又势利，还经常吸毒。帕克在其《游戏结束》中，以同样的方式将卓卡斯塔（Jocasta）刻画为一个冷酷、具有控制欲和没有道德的女人。她不相信爱，而且在她的真人秀节目"与前任做爱"中肆无忌惮地利用人们。最终，简和卓卡斯塔被天性善良的男人揭穿了邪恶和冷酷的面具，他们用爱融化了她们的心，从而拯救了她们。而且卓卡斯塔的男人达伦（Darren）对婚姻和忠贞有着高度有原则的信仰，而简则遇到了查理，为此她放弃了工作，搬到郊外做一个幸福的家庭主妇。积极、独立、成功的职业人物形象在少女时尚文学中的缺席是显而易见的，而且即使有这种类型，女性似乎也只有在得到一个爱她的男人的支持和赞助时才可能在工作中获得成功。假如没有这个条件，成功的职业女性——正如电影《致命诱惑》一样——不可避免是道德败坏的。

7.3.4　单身所收获的东西、没有男友、完全绝望（罪恶、坏的）

与此紧密相关的是，少女时尚文学中的单身人物形象也完全是负面的。可以设想的是，由于人口统计学家告诉我们单亲家庭是增长最快的一个群体，家庭组建形式是多元化的，而且"朋友组建家庭"的观点在人们的意识中日渐流行，因此单身可能会被当作一种积极（或者至少是中性的）的方式。但毫无疑问的是，这里分析的少女时尚小说却并不是这样的。少部分这类的著作中会有为数不多的事业成功的女主角，但她们通常会被刻画为冷酷的和非女性的（就像卓卡斯塔在《游戏终结》中所说的那样——"事实上，即使我最亲密的朋友都会问我到底有没有心，我的心已经坚硬似铁"）。在少女时尚文学中，大部分女性都是单身，但她们对自己的单身处境是不满意的。杰米玛质问"有什么会比单身更糟糕"，而且表示完全理解"比起单身来，女性宁愿拥有一种亲密关系，即使这种亲密关系是痛苦的、可怕的、毁灭性的，即使保持单身能让她们成为自己，但是仅仅只是想到单身都会让人觉得可怕"（格林，1998：81）。斯特拉在《你不想要我吗？》中呼吁"我不想我的余生独自一人，没有性，孤独"，"倔强"的简在《新的憎恨》中甚至将独自度过一个晚上看作会"让她感觉自己像一个失败者"（伍尔夫，2002：188）的一件沮丧事。在斯特拉看来，她们真正想要的是"核心家庭"（奈特，2002：17）；或者正如凯特在《错误的意中人》中所说的，"我想要的就是被束缚住，我想我的每一部分都被捆住。如果你想要批评我，尽管来吧，我无所谓"（巴哥黎托，2002：265）。

显然，遭受单身威胁的恐怖和痛苦是对法路迪（1992）论及的这种叙述有反挫趋向的故事强有力的回应，这些故事强调了"男人缺席"和"不孕不育症"，并暗示了比起结婚带来的折磨，三十岁以上的女性更有可能受到单身恐怖的折磨。

7.3.5　镜子，墙上的镜子……

最后，我要讨论的是少女时尚小说对"美丽"和"身体"的描写。传统的罗曼司往往把女主角描写成"天生丽质"的——也就是说，她们拥有特别有吸引力的外表，但她自己完全没有意识到这点。在少女时尚小说中，普遍存在着对待美丽的两种不同方式。

一种方式是，女主角是美丽的，但有趣的是，通常为了抵消读者潜在的嫉妒或者敌意，她们都是从"丑小鸭"转变来的（而这也与当代主流文化的改造范式相一致）。杰米玛·J是个典型的例子，她为了成为一个"金发美女"而经历了戏剧性的减肥，这让她不仅突然变得美丽动人起来，而且突然有了一个有前途的工作，并且建立起了新的朋友圈，同时还拥有了她所倾慕的男主角的爱。这里所传递的信息惊人的简单——"就是歌里所唱的'如果你想被爱，就要年轻而美丽'。始终强调的是美丽的重要性，就像杰米玛说的'如果我在世界上只能实现一个愿望，我不希望中彩票，我也不希望拥有真爱。如果我只能实现一个愿望，我希望有一个模特身材'"（格林，1998：2）。更让人不安的是，这也回应了纳奥米·伍尔夫（Naomi Wolf）对美丽神话的研究成果。在伍尔夫的研究中，她发现年轻的单身女人最大的期望就是减掉 10 磅。少女时尚小说都是以一心只关注形体、尺码以及近乎强迫地对待身体的外形为基础的。令人惊讶的是，在小说里她不仅要全身心地关注外表，而且还需要无止境地进行自我监测、监控、节食等。可以毫不夸张地说，需要不断进行自我约束的"不真实的身体"构成了少女时尚文学的主旋律。在这个意义上，小说以对保持身材和重塑自我形象的强调为新自由主义提供了社会学科矩阵式的洞察。就像《布里吉特·琼斯日记》一样，文本通常也会有一种幽默的自我抵触的声音，但没有什么能减轻女主角因自身可能不符合日益狭隘的"女性魅力"的标准而流露出的显而易见的焦虑。

少女时尚文学女主人公的第二种美：要么是不美的，要么是无视美的要求的、自由的。在一些书中回响着后现代女性主义的口头禅——我自己选择让我显得可爱的时刻，而且如果我选择美丽，也只是为了我自己。然而，一旦男性进入场景，这些叛逆就成了倒置的反讽。我们来看一下安妮在她没有梳洗打扮却面对面地遇上了她恋慕的男人时的反应——安妮的胳膊失去了活力，她的手掌渗出了汗。简直是天注定——她没有化妆，头发也没有洗，她的身体的每个部分都散发着有毒的臭气……对于相遇这件事，她没有准备好（纳冉，2001：122）。说它与传统罗曼司相似并不是夸大了事实，而是揭示了它和女性主义联姻的部分本质，还揭示了所谓美丽的存在全是"愉悦自己"的一种空洞修辞。

7.4 "必须是她"（Must-She）电视剧节目

在本章的最后部分，我主要想分析两个电视剧节目——《欲望都市》和《甜心俏佳人》，这两个电视剧近年来已经成为讨论性别表达这一主题的焦点。尽管在 21 世纪的头十年，大量电视剧中女性人物的特点都是强有力的以及性格复杂的（比如《星际旅行：航海家号》中的凯瑟琳·珍妮薇，《白宫风云》

中的茜洁·克蕾格，《急诊室的故事》中的嘉莉·维弗医生），但《欲望都市》和《甜心俏佳人》却被视为这种形象转向的标志。

《欲望都市》讲述的是曼哈顿的四个白人中产阶级女性在她们三十多岁时的爱情生活。嘉莉（由萨拉·杰西卡·帕克扮演）为纽约的报纸写性专栏，萨曼莎（金·凯特罗尔饰演）是公关公司的老总，夏洛特（克里斯汀·戴维斯饰演）是个艺术品代理商，米兰达（辛西娅·尼克松饰演）是个成功的律师。然而，在很大程度上工作只是她们戏剧性的附加品——只有嘉莉除外，她在虚构的《纽约之星》上写的专栏为电视节目提供了"有深度"的声音，围绕每集中的不同问题而建构起来。头几季中的问题包括：私密的性是亲密关系的最终形式吗？亲密关系会是"九零后"的信仰吗？分手的规则是什么？是假装好还是孤独好？你能改变一个男人吗？如果你不能忘记，那你还能说自己是真的原谅他了吗？我们都是新型"单身汉"吗？

通过不同人物的生活，该电视剧让我们感受到了对讨论话题的另一种反应。而且，该电视剧带来的大量互文材料促使观众去认同一种（或更多）性格或者"类型"：你是淘气的萨曼莎，还是谨慎的夏洛特，诸如此类。《欲望都市》已经在美国的家庭电视网络 HBO 上有了 1100 万观众，同时还在全世界大为畅销，也是第一次因其杰出的喜剧效果而赢得艾美奖（2001 年）的电视节目。

《甜心俏佳人》讲述的是"一个二十岁末快三十岁的中产阶级白人单身女性，作为成功的专业人士，在男人的世界中打拼，并寻找爱和身心健康的故事"（莫斯利和瑞德，2002：232）。故事着力讲述艾莉（Ally）努力将她需要打拼的律师职业与她对亲密关系和孩子的渴望联结在一起。

很明显，《欲望都市》和《甜心俏佳人》都受到了第二波女性主义的影响。她们都是独立、努力工作、追求平等和赋权意识的单身女性，这明显以多种方式贯穿到了整个节目中（例如，《甜心俏佳人》中的艾莉一方面处理着性骚扰案件，另一方面也在她自己的工作中努力追求性别平等；在《欲望都市》中，女主角在和男人做爱时假装达到性高潮）。这类电视剧节目将困境聚焦在我们所熟悉的女性领域中——家庭和职业、女性的自我表现、母性、女性友谊中存在的问题以及异性恋中需要的妥协。

7.4.1　反挫主题

女性主义反挫主题在《甜心俏佳人》中最为突出。我们甚至不需要用复杂的文本分析技巧去对其进行"解码"——剧中对女性主义的矛盾态度清晰可见。事实上，《甜心俏佳人》被积极地冠以"政治上的不正确"和"机会冒险者"以及拒绝假想的女性主义的"正统观念"。正如莫斯利和瑞德（2002）所言，这个节目擅长的是对各种话语的兼容并包，而这分明是在个人主义时期的出版业中产生的，其在有关第二波女性主义的鼓动性话语中相当具有自我意识。

与布里吉特·琼斯一样，艾莉通常把自己表现为一个"失败"的女性主义者。她让"姐妹情谊"变得如此糟糕，以至于（正如有一集里她给一个诉讼当事人讲的那样）她常常对全国妇女组织置之不理。正如爱丽丝说的那样，这样做的原因是认为女性主义让女性渴求太多，并且想要她们去实现不可能的目标。这就意味着，"后女性主义"为了成就成功的女性主义形象，就必须要从"超级女性"的位置中逃开（爱丽丝，1995：17）。

《甜心俏佳人》中饱含着反挫话语要素：艾莉，她自己是不开心的——"一团糟"。造成"一团糟"的原因，是她决定选择她的职业，而不是她的"真爱"（比利）。正如电视节目的广告所说的那样，她是"单身、成功又四分五裂的"。除了一心想找一个伴侣以外，艾莉也被自己渴望有一个孩子的想法折磨着，她压抑的母性甚至经常让她产生了看见跳舞的孩子的幻觉。她并非要拒绝女性主义，只是目前她还不能适应它。在一个著名的场景中，艾莉声称她不想加入到要"改变世界"的女性的行列中，她补充说"我首先想要的是结婚"。与《布里吉特·琼斯日记》一样，这里并没有评判女性主义，只是揭露了女性主义并没有论及女性真实的欲望这一事实。

在《欲望都市》中，反挫话语要素更复杂。最吸引人的是主角们的勇敢成熟和心照不宣掩盖了她们身上那些恰恰是普通的传统的女性气质和欲望。为了大肆渲染单身的乐趣、"优秀"和性自由，四个女人在寻找"意中人"上花费了大部分精力。在嘉莉的例子中，是寻找"大先生"。其中有一集里她和"大先生"分手了，因为他不能给她承诺，嘉莉试图通过和一个纽约的扬基乐器手约会来让他感到嫉妒，然而，当扬基乐器手试图亲吻她时，她却哭了。嘉莉抽泣着说："很抱歉，真的很不好意思。吻你的时候会哭，完全是因为，我还没有做好准备！"之后，她告诉她的朋友——"那是因为我看见了大先生，这让我觉得自己要崩溃了。"

在接下来的一集中，嘉莉依然想念大先生，她在她的专栏里大声质疑她自己是否真诚的——比起她头发的颜色和她的内衣尺码，她是否把自己隐藏了更多："我有一个可怕的念头——可能我就是我自己想要掩饰的这个人……'我为单身感到高兴'不过是这些年我做的一场自我掩饰。"

不只是嘉莉表达了这样的观点。有一集中米兰达为不得不在抵押申请中填上"单身"而感到难受。另一个例子是夏洛特买了一条小狗来填补她对忠诚的渴求，甚至是"坚强的"、"乱搞的"、声称要"像一个男人"一样对待"性"的萨曼莎也是这样，当她被爽了约，独自在饭店里吃饭时，她卸下了铠甲，向她的朋友哭诉"我不能相信自己上了男人的当。但是，有时候我们是需要听见'我们'的"。

在为"文雅"写的挑逗性散文中，温迪·沙利特（Wendy Shalit）认为《欲望都市》已经完全被误读了：

> 批评界误读《欲望都市》的原因之一是它露骨的性玩笑，以及其中的女性像男人一样喜欢说脏话而又举止粗鲁。表面上看，这似乎是在追求男女平等，但当你细看这些女孩所诅咒的东西时，你会发现其实她们并不是在追求这个。确切地说，这些女孩之所以刻薄地解构她们的前任或者现任男友的性技巧和身体，无非是她们的心被他们伤透了。比如，米兰达提到她的前任男友时，把他叫作"那个我几年前约会的混蛋"，但是紧跟着嘉莉补充道"米兰达过去把厄瑞克叫作她生命中的爱，直到他为了另一个女人离开她"（沙利特，1999：4—5）。

选择和赋权的观念是后女性主义的重要论题，这在《都市欲望》和《甜心俏佳人》中都可以看到。正如安吉拉·麦克罗比所言，女性被赋予了选择的权利，这样她们就能使用她们"女性"的自由去选择"重新拥抱"传统女性——白色婚纱、母鸡的夜晚（守护孩子的日子）、在婚礼上使用男性的姓氏等等。"选定的文化实践是勇敢的行动以及强烈的女性认同和参与意识"（麦克罗比，2004a：9）。埃厄斯贝斯·普罗宾（Elspeth Probyn，1997b）也将这作为"选择"话语来讨论——在那里，选择不是社会政治的分支。这个话语允许旧有的、传统的东西被表现为新的东西，结果是女性似乎能自由选择"注定是天生的东西"。

7.4.2　同性社交与恐同症

两个电视节目提供的愉悦之一都是它们的女性气质及其潜在的对女性气质的认同。用旁白去表现人物所处的困境，或者由此进入人物内在的世界去思考和感觉，这是电视节目吸引女性的富有创新的形式。在《甜心俏佳人》中，旁白是和音乐以及浪漫的镜头幻想并列来表现情感现实的。在《欲望都市》中，尽管女性在无休止地寻觅完美男人，但她们拥有的主要关系还是女人之间的关系——一个完美的镜头是，夏洛特愉快地宣布米兰达决定孕育一个孩子："我们正拥有一个孩子！"这展现的是可靠的同性交际的女性世界，正如简·阿瑟斯（Jane Arthurs，2003）所说的那样，这个世界淡化和遮蔽了一个单身女性在纽约生活的潜在危险：城市被描绘为"对于女性而言是一个自由而安全的地方——会发生的最坏的事是她们的衣服可能会被路过的汽车划伤"（正如在片头中嘉莉身上发生的事那样）。这些女性带着拥有财富的自信在咖啡馆和化妆间自由地穿梭……通过这种方式，取代了以往她们需要通过依赖男性的爱来获得情感和感觉的满足感的形象（阿瑟斯，2003：93）。

　　《欲望都市》是关于成为"女孩们中的一员"的故事，它开启的是一个女性关系亲密的世界。然而，这使可能的同性交往的愉悦变得不明确。在梅瑞尔·斯托尔（Merlr Storr，2003）对安妮的夏日派对的杰出分析中对女性同性交往的分析有助于我们探讨《欲望都市》。斯托尔认为，《欲望都市》是围绕着男性认同的女性气质建构起来的，它竭力要引起男性的兴趣，而意义更加深远的是这一点被种族化、阶级化了；同时它推动了将性视为有自身权利的开放观点（而不是要去提高公平性），并将之高度标准化了——围绕着对能干女人的恐惧来建构。

　　坦白来说，这些特点《欲望都市》都有。尽管它经常有女同和双性恋的内容，但它实际上在进行不折不扣的异性恋和生殖崇拜，而且在对性别标准和性认知的承诺上站到了"酷儿"的对立面。在第三季名为"男孩女孩"的一集中证明了这一点。嘉莉的新男友是个双性恋这一事实让她深感刺激，她开始质疑"异性恋过时了吗？"。在一次聚会上，她遇见了她男朋友的前任伴侣，这个人现在正在和另一个男人谈恋爱，还和他一起抚养了一个孩子——这个孩子是他前任女友捐赠的卵子的结晶，而这个女人最近去夏威夷和她的一个女性伴侣结婚了。在嘉莉努力想摆脱她对这件事的矛盾感的同时，米兰达正努力应对的是她和史蒂夫亲密关系的进展——她"黏人"的男友想和她建立起更稳固的关系。在一次争论中，史蒂夫指责米兰达正在成为他们恋爱关系中的"男性"——这让她想到"女神工作坊"去重新找回她失去的女性气质。夏洛特遇见了一个让她打扮成男性来摆姿势拍照的摄影师。她答应了，但接下来她因为表演男性气质而感到不舒服，并试图通过"数学不好"和不能"换轮胎"的虚弱借口去摆脱男性气质，打算借此宣称她缺乏男性特质。当摄影师想让她表现得有权力感和居于主导地位时，夏洛特给了他一个饱含深情的拥抱，并回答说："我认为我需要的是更大的袜子。"

　　辛迪·若依（2003）认为，某种对性别和性认同的暂时动摇在剧中的确存在，相较于大部分电视节目而言，这部剧至少表现出了更多元化的生活和爱情。然而，这些性别标准和性秩序上的小问题，都在嘉莉最后的旁白中得到了修复——嘉莉将自己比作《爱丽丝梦游仙境》中的爱丽丝，并且对为何自己会掉入兔子洞进到"让人迷惑的性乐园"中进行了反思，最后只能苍白地用"年轻时的轻浮举止"来讲诉她的困惑，体现了她对自己与另一个女人接吻而感到不舒服的问题的回避，从而让她自己迅速回到了标准的异性恋身份。

特别是双性恋和女同在节目的"困难"（中立而言）更多地得到了大量相关宣传的支持。在英国的《观察者》杂志在对巴巴拉·艾伦（Babara Ellen）的采访中，夏洛特的扮演者克里斯汀·戴维斯被问及这个节目是否有让她感到震惊的地方：

> 戴维斯想了一会，想到的片段是我们最近在英国看到的一个节目场景——萨曼莎和一个女同性恋人性交。戴维斯害羞地咯咯笑着，似乎正是面临第一次那个时害羞的"夏洛特"。"喔你知道的……她像是压在她身上？就是那样。"戴维斯偷偷地在为她不需要这样做而高兴吗？"我是公开地感到高兴！我们都是公开地感到开心。金（Kim）必须这样做——以比我们其他人更震惊的方式。她是赤身裸体的，完完全全赤身裸体。我们都一样：金，你是如此伟大，你是如此勇敢！我非常高兴我不必如此"（《观察者杂志》，2002 年 10 月 20 日）。

林恩·考米拉（Lynn Comella）认为，节目的性保守不只是与女同有关。在讨论夏洛特拒绝了震动器之后又沉迷于她的"兔子"的著名片断时，考米拉认为这是对性赋权的挑战，"只是支持了普遍的常识——手淫不是真正的性"（考米拉，2003：111），从而退回到了我们熟悉的女性性害羞领域。

7.4.3　不守规矩的女人？享乐主义、消费与身体规训

还有一种方式是将《欲望都市》视为过度表现了戏剧中过分的、不守规矩的女性的这一部分传统［其他当代电视的例子是《荒唐阿姨》（*Absolutely Fabulous*）和《罗珊妮》（*Roseanne*）中的帕齐和埃迪纳］。不守规矩的女性主体所具有的破坏性力量（在巴赫金那里表现为狂欢节和狂欢）包含了太多的女性主义特质。过度戏仿不守规矩的女性为女性比喻提供了可视和可笑的空间。凯瑟琳·罗斯讨论过罗珊妮这个人物是如何被自我意识塑造为景观的，这个景观的形式或多或少和身体的礼仪规范有关。黄金时间出现的 200 多磅的女性，自身就潜载着性的颠覆，而且罗珊妮的"偏好"及其对身体自律的缺乏加强了

这一点——正如柔维（Rowe）指出的，"她坐着的时候，伸展着四肢，头垂下来，还一边拍打家具，她的话漫无边际，而且话又多。她笑得很大声，发出刺耳的尖叫，说话的时候带着鼻音"（柔维，1997：79）。罗斯指出，正是她违背女性举止的编码标准来放松身体让她周围的大部分人感到不安。她拒绝表现出女性的羞怯，她鼓吹食物和性带来的愉悦，宣称女性在世界上应当拥有更多而不是更少。另外，她对白人中产阶级女性主义进行了批判，批评她们与工薪阶层女性生活的错位。

《欲望都市》中的人物形象能被视作"不守规矩的女性"吗？她们的着装编码（通常带有皮革等有束缚寓意的性暗喻成分）似乎将她们搁置于传统的中产阶级女性之外。同样，她们自信的性行为——特别是萨曼莎的享乐主义的（男女）杂婚——似乎重新对"好女孩行为"发起了挑战。但是它并不只是用罗珊妮的行为方式去蔑视女性的行为规则，或者像《荒唐阿姨》那样引起人们对她们带有嘲讽的关注，《欲望都市》想要重新塑造和重新确证的似乎是目前正受到威胁的界限。迈亚·麦克唐纳（Myra MacDonald，1995）指出，在他们的生活背景中，理想的单身女性模范已经让位给了更多的碎片形象，《欲望都市》将"中产阶级的波西米亚"女性视为更令人满意的女性形象（比起那些常被批评为太压抑或者太没有风格又或者丑陋的其他形式而言）。简·阿瑟斯认为，《欲望都市》潜在的计划是解决建立"后现代女性文化的得体的界限"问题，在那里，女性享有和男性一样的自由，但是我们仍然能感觉到残留的双重标准（阿瑟斯，2003：92）。这个计划是深受阶级影响的。女性行为的界限是礼仪和得体的观点，而这是新上层中产阶级在冲突中建立起来的（斯克洛兹，1997）。特殊的混搭风格和她们的性行为编码都被视为对性自由的强调，但是这种性自由又是远离粗俗和低级趣味的，这种区分真是意义深远。

《欲望都市》不只是表现了不守规矩的边界的禁忌，也展示了从道德界限向审美界限的转向，正如简·阿瑟斯所述：

> 尽管《欲望都市》反对将处女和娼妓一分为二的传统父权制，坚持探索女性的多样性经验，不会因寻找性愉悦而感到羞耻，但这并不意味着这是没有限制的。美学的界限代替了道德的界限，因此那些接吻技巧不是很好、有体味的、太矮的或者他们的精液味道很怪的男人，都会基于这个原则被排斥（阿瑟斯，2003：93）。

商品化美学对道德的胜利也能见诸将四个主角与那些穿着品味很差或者室内设计品味糟糕的女性区别开来的情景。正如在《布里吉特·琼斯》中，人们通常用消费品去总结一个"不像我们的人"。"白色高跟鞋"或者"一个两件套珍珠"传递的是比一个人实际上穿的是什么更多的信息。反过来，消费品位的轨道偏离实际上象征着情感的混乱。套用弗洛伊德的话来说，一双有黄色花纹的拖鞋永远不只是一只鞋子。

总而言之，消费在讽刺性的电视节目中实在是太重要了。正如一些评论家所指出的，电视剧全是关于消费的。嘉莉的鞋子和裙子、女人最爱的酒吧和午餐店以及关于什么是热点或者什么不是热点的信息（在与《欲望都市》相关的各种网站上能找到所有有用的细节）都成了一种吸引人、激励人的生活方式。没有这些耀眼夺目的和富有魔力的附属品（以及用以享受它们的金钱）和定位，单身会少很多乐趣。

7.5　结论

最后，我想简短地回到所有的"浪漫"之处。显然，我们讨论的是解放了的性，忽略了传统女性的其他欲望，比如婚姻和母性。凯特指出，"在无限选择的乌托邦中，有时候没有比知道你只有一个选择更好的感觉了"。在这里，我想探讨传统女性与不守规矩的或非传统女性之间的关系。

我认为，《欲望都市》为后女性主义消费文化的罗曼司编码进行了重造。希拉里·拉德纳（Hilary Radner，1993）在对电影《可爱的女人》的分析中首次提出了这样的观点，而且这个观点似乎特别适合《欲望都市》。自20世纪60年代末期以来，女性主义话语已然兴起，它们高度强调性实践、身体和消费主义。之前，女性在婚姻市场上的筹码是她的无知、缺乏经验以及处女的身份，"现在，她的价值显然是与其作为性知识的具体的异性恋性实践表现绑定在一起的"。而且，"这种新的女性主义著作一定坚信'他随时都可能离开你'"（拉德纳，1993：59）。让拉德纳感兴趣的是这个转向在传统罗曼司的情节中也存在：

> 这是女性的新价值，是由女性所掌握的引诱技巧、拥有的性享乐及其消费品位所决定的，两者都对婚姻情节进行了基础性重建，而且不可避免的是，故事中的色情和女性的雄心紧密地联系在一起，而女性的雄心则只能通过和一个合适的男人结婚才能得以实现。

拉德纳的分析似乎抓住了《欲望都市》罗曼司的运作原理，在那里女性的性知识、性"技巧"以及被训诫的身体都成了她们的主要资本。简·阿瑟斯认为，正是"依附于被商品掌控的、打扮时髦的"身体（阿瑟斯，2003）的主角，否定了她们是不守规矩的女性的观点，这与《荒唐阿姨》中对消费文化、服装业和当代独立自主的生活方式的讽刺不同（柯卡姆和斯克洛兹，1998）。训诫女性身体的工作像治肺病一样（与身体紧密联系在一起），十分严肃，是不能开玩笑的。或者更确切地说，在典型的后女性主义（两种方式都流行）中，对训诫女性身体的嘲讽和强化同时存在。这在《欲望都市》第三季的一集中可以看到——嘉莉在和她的男友维持了数周性关系，但最后让她能放松地和他一起入睡的，仅仅是因为一件意外的事：她放屁了。整个这一集都是关于她的屁及她的朋友们担心男友将离开她来展开的。她男友对此的反应倒是和她们一贯的性格相符合——麦瑞德（Married）大笑着说"你只是个人"，但是萨曼莎却很担心：

> "超级大的失误"，嘉莉说道，"但我只是一个人"。"不，亲爱的，你是个女人"萨曼莎回答道，"男人不喜欢女人是人，他们认为我们不会放屁、冲洗、用卫生棉条，或者在不该有毛的地方长毛发。我的意思是，他妈的，一个男人和我分手，竟是因为我不是一个穿比基尼泳装的蜡像。"

这一集都是关于在某种文化中令人烦恼的女性难题的，这种文化要求女性不放屁、没有月经、不打呼噜甚至不流汗，还不能对这些要求进行嘲讽或挑战。在有关于此的一个充满激情的"网页推送"中，朱迪斯·舒拉维兹（Judith Shulevitz）指出：

> 现在我们身处 21 世纪之初，而我们的主流女性小说人物居然正在回到 20 世纪之初女性所处的位置——为了取悦男人，竟然宁愿自己得便秘。女权运动好像从来就没发生过。

情况或者比这更糟？使得这一集具有后女性主义而非前女性主义特征的，是它既批判又认可这些非难。我们将在最后一章探讨这个纠缠不清的复杂问题。

8. 后女性主义传媒文化?

　　后女性主义的提法在本书中已反复出现。在每一章中都出现了这样的问题，即媒体内容在多大程度上会被理解为后女性主义。当下新闻业的变化预示着后女性主义新闻时代的到来吗？广告聚焦于选择和性别的主体化是后女性主义的表现吗？以妥协、个人主义以及表现自我和转变自我相结合为特征的当代脱口秀，在何种程度上占据着后女性主义的领地？杂志是怎样并以何种方式将目标定位在不仅为女人也为男人提供特色鲜明的后女性主义感觉的？后女性主义改写了罗曼司吗？

　　在这最后一章里，我想以一种简要而持续的方式画出讨论与后女性主义结合在一起的线路。本章第一部分将讨论理解后女性主义的三种重要方式：作为认识论的变迁、作为历史的转变以及作为对女性主义的反挫。第二部分我将勾勒一种将后女性主义定义为一种情绪的新方式，并将继续探讨建构后女性主义情绪的主要特征及其与当代新自由主义之间的关系。此章将提出，今天，西方公民已经习惯了后女性主义传媒文化，在其中，是女人而不是男人被建构成理想的新自由主义主体。

　　将后女性主义看作以三种广义方式使用，这对我们理解它的意义来说是很有助益的。有的人认为，它是受到后结构主义、后现代主义和后殖民主义理论影响，在女性主义内部的认识论断裂而产生的。其次，它也可被用以观察历史的变迁，即女性主义进入新的时代之后发生的变迁，因而其特征在于不同的问题和关涉。最后，一些作者用它来表明一种与女性主义正相反的政治或规范立场——在这个意义上，"后"暗示着对女性主义的反挫。

　　后女性主义不同涵义的这种思考方式对于讨论后现代主义贡献颇多，后现代主义同样是以强调认识论变化（安德森，1983；利奥塔，1984）、历史转变或对现代工程的反挫（例如詹姆森，1984）为特征的。在这些讨论中，不同的立场往往以"后"的不同写法为标志——带或不带连接线，首字母大写或小写，或者有时（按照德里达的说法）在这个词上面划痕。这可能使得人们对其意义的理解更难达成一致。我将简要考量每一种理解角度，然后转向概述对后女性主义的一种另类理解。

8.1　如何理解后女性主义

8.1.1　作为认识论断裂的后女性主义

对于许多作者来说，后女性主义代表着与第二波女性主义的认识论断裂，标志着"女性主义与包括后现代主义、后结构主义和后殖民主义在内的众多反本质主义（anti-foundationalist）运动之间的交集"（布鲁克斯，1997：4）。"后"，如其在此意义上的运用，暗示着转变和变化，标志着其与早期女性主义和其他女性主义之间的重要关联。它以"占优势的殖民地化的声音"（爱丽斯，1995：11），代表着对于"霸权的"英美女性主义的挑战。有人认为后女性主义的出现，部分是由于女性主义受到来自黑人女性主义者和第三世界女性主义者的批评，后者质询（主要是）西方（北方）白人女性站在自己的立场上发言，动摇了占优势地位的女性主义理论的基础。与之相伴的是，后女性主义和后结构主义提出的批评挑战，质疑女性主义理论依赖二元对立思维和整体概念（例如"父权制的"）的思考方式。在这个意义上，后女性主义标志着从聚焦平等到聚焦差异讨论的转变，从结构分析和一元理论到"更加多元理念的女性主义运用"，这"表明边缘的、离散的和殖民地的文化对于非霸权女性主义的诉求，使其本土固有的后殖民女性主义得以发声"（布鲁克斯，1997）。根据安娜·耶特曼（1994）的说法，后女性主义代表着女性主义"即将到来的时代"，其能够包容差异，反映出它与其他政治和知识运动相互关联的定位。

在文化与传媒分析中，后女性主义在这个意义上基本上被当作一种分析视野，而不是对于某种特定文化产品性质的描述。其价值在于，强调性别与其他边缘化的形式以及其他权力坐标相关联的性质，比如绝不能把它与种族、殖民主义、性征和阶级这些非常重要的因素分割开来加以研究。不过，阿曼达·洛兹（2001）提出了一种模式，以用于研究文本在何种程度上是后女性主义的。她认为，一个被当作后女性主义（在一个相当积极的意义上）的文本应当包含以下四个特征：其叙事探讨女性与权力之间的多种关系；叙述各种女性主义的解决办法；试图解构性别与性征之间的二元对立关系；描画出当代的抗争。根据这一界定，她将艾莉·迈克比尔的作品当作后女性主义文本的佳例——虽然它看起来很难说包含了以上提出的因素的交叉分析。

8.1.2　作为历史变迁的后女性主义

在后女性主义视野之中，历史的而非认识论的（或理论的视角）更为重要。这个路径试图把女性主义时间化，认为后女性主义是在女性主义第二波（高峰）之后出现的，常与第三波女性主义（尤其是在美国语境中，因为第三波女性主义在美国比之其他地方发展得更为充分）同义使用。后女性主义试图标出一个时刻，并不后于女性主义本身，而是后于女性主义运动的某一个特定时刻以及一系列与女性主义相关的问题。对于乔安妮·哈雷斯（2000a）而言，后女性主义并不必然是反女性主义的，而是代表一种新的争论语境中的新的女性主义。哈雷斯对针对"20 世纪 70 年代版本"女性主义的女性主义分析非常愤怒，这种分析掌控了新的写作和当代文化文本（不论是电影或情景喜剧或少女文艺小说），只是寻找他们想要的立场。她认为，这种流行文本中的女性主义常被认为是"中性化的""团结的"或者"被掏空了激进力量的"，而事实上只是女性主义发生了变化——转向了一个新的时刻。哈雷斯指出，这种批评有助于将女性主义具体化，以一种"招募"模式发挥作用，而不把女性主义当作是动态的、协商的，正在发生着的转变（第一章论及的罗德威与安之间的讨论可以平行而观）。

同样地，瑞科尔·默斯里和加西娜·雷德（2002）认为，女性主义者思维在女性主义和女性气质二者间的极端化，是 20 世纪 70 年代中期思维的产物。他们讨论了有关《艾莉·迈克比尔》（《甜心俏佳人》）的批评。这些批评攻击这个节目意欲"两边讨好"（艾莉是一个穿着迷你裙的讨男人喜欢的成功职业妇女），他们追问：为什么她就不应该十全十美呢？他们认为，她是一个后女性主义女英雄，一个我们时代的主角，她想得周全而并不在意（似乎是她和她的观众的）行为、言谈或抱负的专断的界限。因而，在这里，艾莉·迈克比尔被称作后女性主义的另类样本。

这是很有力的论述，批评第二波女性主义观念是"单行的正途"也非常重要。如果有什么区别的话，这具体涉及后女性主义的内容建构是什么的问题。这看起来似乎非常不确定。批评观察家们或许也谈到，媒体传播的后女性主义版本是政治上无害的、新式自由的和高度性征化的版本——像辣妹这样的女孩帮、布莱尼·斯皮尔斯这样的女歌手、艾莉·迈克比尔这样的"宝贝"以及变身政治候选人的硅胶填充模特儿，都是其中最有名的偶像。

许多女性主义传媒研究学者以不同的方法分析了女性主义对电视节目的影响。朱莉·达阿奇（1994）和劳伦·拉比挪威茨（1999）都分析了白人中产阶级女性成为广告商们特别中意人群的政治、经济、社会和文化因素。广告商们相信，"职业妇女"比家庭妇女拥有更多可自由支配的收入，并且她们对如何花钱有更多控制权。更为独立的一代女性的出现同样改变和改善了市场，消除了以阶级为基础的分类以及其在心理和生活方式上形成的区隔。拉比挪威茨认为，女性主义话语对于美国电视制作商很重要，它以将其目标受众交给广告商为目的。

20 世纪 70 年代以前的早期电视女性主义聚焦于作为女性主义人物和叙事主要场合的工作场所。包尼·陶（1996）将"黄金时期女性主义"的三种模型或"阶段"划分为 70 年代、80 年代和 90 年代早期。第一个时期是"职业女性情景喜剧"时期（《玛丽·泰勒·穆尔》是其程式化的样板），女性人物的主要矛盾是职业和个人幸福之间的矛盾。第二个时期是从 1980 中期到后期（以《墨菲·布朗》《风云女郎》）和《风流记者》为最具代表性），这一时期的女性主义被反女性主义者的反挫和后女性主义者所改变。第三阶段从 20 世纪 80 年代后期到 90 年代早期，以物质主义女性主义为代表（如《奎宁医学博士女郎》[①]）。陶指出，在这三个阶段，媒体上不停地展现的是世界的个人化版本，"暗示着多数问题都可以依靠勤奋工作、良好的愿望和家庭后盾来解决……这种逻辑在广告中非常行之有效，其运作基于这样一个预设，那就是个人购买某物的决定会给她或他的生活带来巨大变化"（陶，1996：xxi）。安·卡普兰指出，"电视依赖于将大量观众变成商品，重造女性形象以容纳占据优势地位（和主导地位）的'女性'概念"（卡普兰，1992：223）。据陶所论，电视同样限制了对女性主义的建构，而仅仅倾向于一种自由式的女性主义，实质上将女性主义当作"一种生活方式、一种态度、一种身份"，从而"竭力避免提及女性主义政治"（陶，1996：210）。

8.1.3 后女性主义及其反挫

运用后女性主义的第三种方式是指建构针对女性主义成就或目标的反挫话语（法路迪，1992）。苏珊·法路迪认为，"后女性主义"观点最先是在 20 世纪 20 年代为针对 20 世纪初叶的妇女运动提出的，不过到 20 世纪八九十年代才达到高潮。

80 年代，从《纽约客》《名利场》到《民族报》，出版物形成了一股持续控诉妇女运动的潮流，出现了诸如这样一些头条标题《女性主义失败之时》

---

① 又译《荒野女医情》。

《有关妇女解放的可怕真相》。他们举行活动呼吁女性对几乎每个身处困境的悲伤妇女都负有相同的责任——从情绪低落到经济困顿，从少女自杀到饮食紊乱、肤色不良。不过，让妇女们在近来几十年里感到不快乐的，并非是他们的"平等"——她们还没有得到这平等，而是逐渐增加的阻止甚至反转女性平等诉求的压力（法路迪，1992：3）。

反挫话语具有多种矛盾的形式。他们不仅把所有女性的不幸都归诸女性主义，而且还暗示说后女性主义"已经赢得所有战役"，或者相反，"你们不能得到一切——有的东西还得付出"；"政治正确"已成为一种新的专横形式；（白人）男子是新的受害者等。在此意义上，虽然后女性主义在某种程度上与女性主义是敌对的，但后女性主义话语决不能简单地被理解成反女性主义。这是因为他们对女性主义是有所诉求的。如朱迪斯·斯塔西所说，后女性主义"对于第二波女性主义提出的许多基本观点"是"不合作的、修正的和去政治化的"（斯拉西，1987）。

依曼达·威尔里翰对于性别歧视逆转问题的重要讨论也与对女性主义的反挫紧密相关。通过考察许多当代媒体的怀旧特征，她认为，女性表达"从被禁到明显的侵犯"都正在"防御性地彻底改造女性生活中的文化变革"（威尔里翰，2000：11）。例如，对威尔里翰而言，"新小伙儿"是"通过重新肯定——即使是讽刺性地——性别关系和性别角色不可改变的本质，怀旧复活古老的父权制，直接挑战女性主义对社会变革的呼吁"（威尔里翰，2000：5）。

朱迪斯·威廉姆森也认为，当代性别歧视是潜伏在时代环境中与日俱增的，并且以60或70年代的样式和形象呈现出来。她认为，这是"以托词来为性别歧视开脱：它同时呈现为过去和现在，'无知'而又'有知'，有意指向另一时代，而非无意识地导向我们自己"（威廉姆森，2000：1）。因此，两位作者所表达的意思就是，这是穿着怀旧或复古形象外衣的父权意识对女性的险恶攻击，以反驳（含蓄地）对其性别歧视的谴责。这一诉求也在关于粉红色复归和当代电影中的50年代形象讨论（例如格利特，2004）中变得更加广泛。

这些讨论非常重要——反讽和博识的提法为批评和理解当代媒体性别歧视变化的核心问题提供了一层保护。然而，实际上我并不肯定这种性别歧视总是以"重返"过去来做到的，仅强调这点或许会错失当代男女叙事中的新东西。例如，对于大学中的年轻人来说，学生会俱乐部邀请女生"来做你最爱的情色明星"、参加俱乐部派对，或者报名参加"钢管舞"培训班（这个颇受欢迎），公正地讲，这些都不是怀旧或反讽的，而是当代女性被当作可知的、积极的、异性恋的性欲望主体这一整体状况中的一个部分。这种表达也是（后）现代化的或后女性主义对年轻女性的要求中的一部分，这些要求包括把情色明星加入其简历中——有的杂志文章常把这些放在简历里，必要的技巧条件包括脱衣舞表演或者把避孕套塞进她的嘴里——以引起男人们的性趣。在我看来，这不是那种在男人就是男人、女人就是女人的时代无须怀旧这一托词就能实施的性别歧视，而是有别于前的一种新的性别歧视。这已经不仅仅是一种反挫，一种对于女性主义的反动，而是一种新型话语现象，它与新自由主义密切相关。下文正是要转向这一话题。

8.2　后女性主义情感

我想提出的是，最好不要将后女性主义理解为一种认识论视野，或者一种历史变迁，或（简单地）将其理解为一种反挫，这些理解把它的涵义都预先设定了。相反，后女性主义应当被视作一种情感，后女性主义传媒文化应当是我们的批评对象，是分析者必须加以探究质询的现象。这种路径不需要以权威女性主义为比照的静态概念，而是由后现代主义和建构主义视野所形成的，试图检验什么是当代传媒中性别表达的区别性特征。

在我看来，21世纪初媒体中的性别表达具有很高的重复性和相对稳定的主题、修辞和建构，它包括这样一些观点：女人性是身体性，从客体化到主体化的转变，强调自我监控、自我监督与自律，聚焦于个人主义、个人选择和个人赋权，化妆模式是主导模式，女性主义和反女性主义观点相互"接合"、纠缠，自然的性别差异观念复兴，文化的性化明显，强调消费主义和差异的商品化。我想说的是，这些问题与有关种族、族群、阶级、年龄、性、残疾以及性别等问题的持续的赤裸裸的不平等和排他性是并存的。

8.2.1　女人性作为身体性

后女性主义传媒文化中一个令人瞩目的方面就是，摆脱不了对身体的专注。早期的表达变化显现出与其说女人性并非是身体性的，毋宁说其是社会结构或心理性的。不是关心他人、培育后代或履行母职被认为是女人性的核心（当然，这是很成问题的、排他性的），在今天的媒体中，拥有"性感的身体"才被呈现为女人身份的关键（如果不是唯一的）资源。身体同时被呈现为女人权力的资源，而且总是难以被驾驭，需要被不断地监督、监控、规训和重塑（以及消费性支出），以确保这种对女性魅力的狭隘判断的长久性。

监控女性身体（而非男性身体）或许是最大的一类媒体内容，涵盖了所有的文类和媒体形式。女性身体被男人和女人估值、细查、解剖，总是处于"有过失"的危险之中。这在对名人的文化痴迷中表现得最为清晰，其相关内容绝大多数是专门呈现女性身体。《热度》杂志就基本上是由女名人身体的大幅彩照组成的，并附有对其身体几乎所有要素的严苛评论——从腋窝的毛发到裤子的线条，不过通常特别聚焦于"肥胖"。经由这些媒介，对于女性身体的规训是如此过分、如此具惩罚性，以至于认为富于魅力的女性会被批为"脚踝肥大"或"线条可笑"。没有任何毛病看起来是太小而不被狗仔队摄影师和作者挑出来加以严厉批评的。评论的口气常常非常苛责，例如"是的，那绝对是梅兰妮·格瑞弗斯皱巴巴的皮肤，而不是布料""安吉拉·胡斯顿的裙子布料太多，看起来可以在寒夜用来给小动物做一个小窝。尽管如此，裙子仍然紧绷在安吉的腹部，她穿起来像是贴肤的紧身衣裤"（《热度》，2005 年 3 月 19 日）。

普通女性（非名媛）也不例外。像"别这样穿着"和"年轻十岁"这样的时装秀使得女性对自己的身体、身姿和行头进行抗拒式的审视和评估，比如"松垮的乳房""简直是丑八怪"之类。安吉拉·麦克罗比根据她对"别这样穿着"秀的观感写下了以下评论：

> "好沉闷的声音""看她走路的那个样子""她不该用炸土豆条蘸番茄酱""她看上去像个多嘴婆""她的裤太长了""那个跳来跳去的人就像是老太太的钩针编织的东西，放在桌子上会好些""她的衣服没洗""你的头发让你看起来就像毛发疯长的狮子狗""你牙太黄，是吃草了吗？""噢，上帝呀，她看起来就像个德国女同。"最后这句辱骂是如此滑稽，以至于在播出之前的差不多两个星期里，整个 BBC 电视台都在对此予以追踪以深化这个节目（麦克罗比，2004b：118）。

重要的是，在后女性主义传媒文化中，女性身体被建构为窥视个人内在生活的一扇窗口。例如，当布里吉特·琼斯每天吸 40 支烟或消费了多余的尼古丁时，我们就会看到"这表明她精神崩溃了"这样的心理学表达。圆滑、成熟、富于掌控力，这是今天成功者形象的普遍特征。与之相矛盾的是，人们认为，身体只不过是支撑某一形象的一张帆布，与其内在并无多大关联。例如，分别与布拉德·皮特和汤姆·克鲁斯分手之后，詹妮弗·安妮思顿和妮可·基德曼首次出现在公众面前时就被媒体报道为"胜利者"，意思是她们成功地表现得光彩照人且自信满满，不管事实上她们是多么受伤或不堪打击。人们并不这样比较性地关注男士。

8.2.2 性化了的文化

与关注作为女性气质的女性身体密切相关的是当代文化的普遍性化。关于性化，我指的是遍及所有传媒形式的有关性与性征的话语特别繁荣，也指在公众场合越来越多的对女孩、女人和男人（相对少些）身体的色欲化呈现。这种观点在本书中反复出现，贯穿其中。第四章我们考察了报纸利用强奸故事作为一整套刺激性爆料的一部分这一方式，还讨论了所有女性身体——不管她们是政治家、外国通信记者还是严肃新闻主播——都被加以性化编码。论及脱口秀时，我们从福柯的理论视野中审视了当今对性的"开放"即"自由"这一观念。在福柯看来，从强迫接受到坦白承认是权力得以实现的核心部分。不仅如此，这一章还讨论了那些存在于正常话语框架内却明显非正常的性化表达（比如双性恋者或性工作者）方式，这些话语会造成相关人员的心理问题。

在第六章对比男人杂志与女人杂志中的性话语时也有对性化问题的进一步讨论。不同于男性杂志连篇累牍地谈论年少轻狂的、毫无自觉的寻欢作乐，以少女和少妇为目标的杂志却被设计成需要持续关注的某种东西，比如规矩、自我监视以及情感性的工作。女孩和女人被质询为所有性关系和情感关系的监督者，其责任在于成为异性恋的欲望主体、以性愉悦男人、防止怀孕和性传染、捍卫她们自身的性荣誉、顾及男人的自尊。相反，男人则被男性杂志当作只是想要"那一撮蓬松的毛发"的享乐主义者。这些性话语的不均衡分布，即便在绝对的异性恋语境中也会被认为是性化的。简单来讲，在以女性为直接目标的杂志中，男人被表现为复杂的、脆弱的人类；而在以这些男人为目标的杂志中，女人却总是在谈论她们的内衣、性幻想、"最下流的刹那"或者身体的某部分（图尔纳，2005）。

小伙杂志是在过去十几年里色情文学与其他文类之间界限消弭的标志。（如我们第三章所见）"情色少女"在广告、杂志、网站、有线电视中已成为主要的代表。即便儿童电视也在其观众和主持人之间采用了性化的表达。性化的商业驱动本质在那些以五岁女孩子为目标人群的服装公司的手段中都可以看到——画面中这些女孩扎着皮带（遮羞布），穿着露脐上装和T恤，上面写着一些挑逗性的口号，比如"我坏的时候很坏很坏，不过在床上时我会好些"。以低幼市场为目标的衣物、文具和铅笔上的流氓兔图像，只不过是精心将孩子（女孩）性化的例子之一。成年妇女的"女童化"，如 Kylie Minogue 和 Kate Moss，正是传媒文化轻率无礼的一面，因为它将女孩子提升为最合意的性象征（见汀克纳尔在 2005 年对这一现象的细致入微的讨论）。

8.2.3　从性对象到渴望成为性主体

过去女性在传媒中的性表达被呈现为被动的、假定为男性眼光所凝视的沉默对象，而今天的性化作品则在许多方面有所不同。女性不再被直接对象化，而是被表现为主动的、渴望成为性主体的形象，她们选择将自己表现为一种看似被动的样子，因为这符合她们的解放利益（戈德曼，1992）。这在广告中最清楚不过了。广告以建构新形象来回应女性主义的标准，以便将商品卖给年轻妇女：具有性自治权的异性恋年轻妇女玩弄起性权力来，永远"游刃有余"（up for it）。

这一变化对于理解后女性主义的意义至关重要。它代表女性气质的现代化，包括希拉里·拉德纳所说的新"性技术"，其中性知识和性行动是核心。不仅如此，它还代表权力运作的转变方式：从外部的、男性判断的凝视到自我审查的、自恋的凝视。我认为，这代表了一种更高级别或更深层次的利用形式，而不是对象化——在这种形式下，对象化的男性凝视被内化，以形成一种新的规范体制。在这种体制下，权力并非来自上面或外部的压迫，而是来自建构起我们自己的主体性。我们被邀约成为一个特殊的自我，被代理人赋予一些条件，用于建构一个主体自我，这个主体自我近似于色情文学中的异性恋男性幻想对象。正如詹尼斯·泰纳所认为的：

> 色情与真正的人类性行为曾经是无法区分的。即便色情文学最著名的提倡者也不会暗示说一张色情照片描写了这样的现实，即女人会被矫正来一刻不停地进行7天的性交，或者女性会在仅得到一点点邀约的情况下就脱衣顺从于粗暴无名的性行为。不过随着色情文学渗入主流文化，二者间的界限已变得模糊不清。对于男性杂志的编辑们而言，他们很明显相信，近年来在一定程度上色情文学已变为事实。毕竟，性解放了的现代妇女结果就像——如你所知道的——满足男人幻想的充气娃娃（泰纳，2005：2）。

这一变化的早期例子被泰纳以幽默的口吻表现出来——例如第三章中讨论过的胸罩广告，那些广告模特自信而又嬉戏地凸显出她们的性权力或性感——这并不意味着这种变化不存在，事实上，这种变化非常严重，并且很成问题。在过去的十几年里，这种方式已经从一种用于女性（比如描绘年轻女性）的新颖而精致的表达策略变成了被广泛而众多地用于女性建构自我的方式：电视主持人迪尼斯·范·欧顿在电视访谈中透露说，"我的确有一对好乳房，我希望到 60 岁时人们还会为我的乳峰拍照";"主妇读者"向小伙杂志写信讲述她们最喜欢的性经验，如"他把我的身体转过来，让我趴在栏杆上，从背后用力操我";西部的女孩和妇女们排队买 T 恤，上面印着"porn star""fuck me""fit chick unbelievable knockers"，或者如我所在的大学里出现的，"LSE babe"（伦敦大学经济学院宝贝）——这种设计可能是用来提倡女孩们将才智、美貌与热辣性感集于一身。

这一变化的关键在于，这并非是在"反性"——虽然在后女性主义传媒文化中，这一姿态（故作正经的女人）是唯一为另类话语所允许的（这本身就是问题之一，消灭了批评空间），毋宁说这是为了指出一种文化中这种女性表达的危险性，在这种文化里，性暴力是一种习俗。这凸显出这种表达行为的特殊性——只有一些妇女被塑造成积极的、渴望成为性主体的形象，即那些渴望与男性发生性行为（女同为男性"表演"除外）以及年轻、苗条而美丽的妇女。正如迈亚·麦克唐纳（1995）指出的，年长的妇女、高大的妇女以及皱纹满脸的妇女等女性形象从未被当作性行为的主体，且仍然是易受侵犯的角色以及品行不端的代表。的确，那些想要性伴侣的毫无吸引力的女人仍然是很多大众文化形式所轻视、诽谤的对象之一。最重要的是，批评这一现象就是为了突出这一表达的变化与新自由主体之间的恶性关联，其中，性的客体化可以被呈现（表现）为不仅是一些男人对女人所为，而且是作为女性自身对积极、自信而坚定的女性主体的自由选择。

8.2.4　个人主义、选择与赋权

选择、成为自我和取悦自我是后女性主义的意义核心，我认为这弥漫于当代西方传媒文化之中。在有关脱口秀的讨论中，这与对赋权和掌控的强调产生了有力的共鸣。个人主义的规则巩固支持着所有这类提法——比如即便是种族主义、恐同症或家庭暴力都被纳入绝对个人话语的框架之中，把个人的观念转移到政治的头上。路易斯·麦克雷（1992）称之为处心积虑的问题"再私己化"。这个问题只有到近年来才变得政治化了。

在传媒文化中，后女性主义情感的一个方面就是对具有政治或文化影响提法的几乎整体的疏离。这不仅可见于新闻、脱口秀和真人秀残酷无情的个人化趋向中，而且见于由个人选择和自决观念所折射出的生活的方方面面。例如这样的现象，妇女拥有巴西蜡的数量激增（用以根除阴毛，恢复其前青春期生殖器的模样），或者十几岁的女孩子做隆胸手术被广泛地描述成是女性"愉悦自己""利用美来使自己感觉良好"。很少人去关注导致少女决定以手术解决她的问题的压力可能是什么，甚至少有关注那些支持这一趋势蔓延的商业利益链，比如美容手术诊疗所的定向广告以及母女特享升级包、"美胸"双人共享折扣等。

"我们所有的行动都是自由选择的"这种说法很适合更广义的后女性主义话语，它把女性呈现为自主者，认为她们不再受制于任何不平等或权力失衡。如费·威尔顿所说，"年轻女孩看起来比任何时候都更美。这是对女性气质的回归，不过对我来说，貌似多数女孩子并不在乎男人们。美有关她们自己的健康而不是为了男人"（《观察者》，1996 年 8 月 25 日，重点为原文所加）。当然，那种认为过去女人穿着特别仅仅是为了取悦男人的观念是荒谬的：它暗示着某种傲慢又明显的权力观作用于完全驯服的主体，同样也暗示着所有女性都是异性恋者和为男性认同所主宰的人。不过，这个钟摆的另一端是女人只是"愉悦她们自己"，这种说法不能替代前者。它将女性呈现为完全自由的主体，不计较缘由。如果女性只是为了愉悦自己或顺从于她们自己自主产生的欲望，结果就不会使其宝贵的"外貌"变得如此相似——无毛的身体、细瘦的蛮腰、坚实的臀部等。不仅如此，这只是回避了有关表达与主体性之间关系的所有有趣而重要的问题，以及有关社会建构和大众传媒理想的美是如何内化并使得我们成为自己这样复杂而又关键的问题。

最为明显的是，自主的后女性主义主体与新自由主义所要求的心理主体之间相符合的程度很高。二者的核心都在于"生理选择"这一说法以及当代对自由选择和自主性叙事的禁止，这种叙事使得某个人的生活为人所知、变得有意义——不管实际上这个人可能受到了多少束缚（罗斯，1996；沃尔克迪恩和露西等编，2001）。

《魔力》杂志中的"关系"专栏在 2005 年 10 月有这样一个典型例子：

> 使第一次约会的愉悦延续下去是可能的。巴尔弗尔说，在开始的几周里，最好抢先结束约会，"使他想得到更多"。然后记得这条黄金法则：别没完没了地谈你的性，抱怨男人或者你糟糕的工作、家庭和生活。多数男人认为，自信、有安全感、乐观快乐的女人比生活艰苦而又神经过敏的女人更容易坠入爱河。"这无关于'我需要为他更加性感，他才会更爱我'，这关乎你的自信心。"

正如我们在第三章讨论过的《布里吉特·琼斯日记》和时尚文学，在异性恋环境下，要获得魅力很明显被理解为要以做你自己而不是取悦男人为目的。在这种现代的新自由主义的女性气质中，一个人的性行为或约会被呈现为自由选择绝对是必要的（不论她们可能有多传统、老套或者多赞同不平等）。在这个例子中，其立场的某种张力清晰可见——传统的和新自由主义的话语混乱缝合在一起，很明显这里既要否定一种潜在的意思，即"你"应该这样做来取悦男人，又要试图为"让他想得到更多"这一摩登又有力的姿态作注解。

8.2.5　自我监督与自我规训

与个人选择的压力密切相关的是后女性主义传媒文化对于自我监视、自我监督和自我规训的强调。对成功女性的言行举止进行自我监督与监视的要求大概已经很长时间了——在修饰打扮、姿态言谈以及"提供"给女性的"礼貌"等方面的建议，使得她们更尽力地去效仿上层白人的理想目标。在女性杂志中，女性气质总是被描述成偶然的、因情况而定的——需要持续以及急切地关注、经营和警惕，不管是从整理妆容到收拾好完美的胶囊衣柜，还是从隐藏起"不可见的"面疱、皱纹、年斑到竭力主办一场成功的晚宴。然而，使下或此刻变得特别的是如下三个要素：第一，对自我监视的急剧加强，表明女性规范的强度（伴随着对这些规范的拒绝）；第二，对整个新的生活领域和效仿产品的监视范围；第三，聚焦于心理——对改变自我和重塑自我内在生活的需要。

在第六章里，我们谈论了自我监督与自我规训的强度和广度问题，讨论了身体的外形尺寸、肌肉的色调、盛装打扮、性行为、职业、家庭、经济等是如何成为女性的"问题"的，她们对此必须加以实时地、持续地监督与操控——在极其灵巧的观念之手中，这绝不会遭到暴露，反而一定会被理解为"好玩""纵容"或者"沉迷自我"。杂志为女孩子和年轻女性提供贴士，以使她们得以保持女性气质而又表现得完全自信和无所谓——对自我表现满不在乎（因为现在这是女性独立的重要方面）。例如，在一个重要的商务午餐中（在那儿其他人都在喝酒）如何解决坚持节食的问题，就是要一杯汽酒（并偷偷告诉侍者多兑点水）。《J17》杂志对女孩子发短信给"小伙爱人"的建议是："调情——没有小伙子能抵御本能的信息，在他上床之前发给他——你会是他脑子里最后的印记，置入一个精心的错误以表明'我不是那么令人厌烦的阿保茶餐'，等10分钟再回复——对，就是10分钟"（《J17》，2001：3）。从发一个简短的信息到预订饮品，女性的生活空间没有哪里是免于被自我监视和自我说服的。她们的身体越来越多地被置于监视之中：你以为与你的身体相处得很舒服？好好再想想！你最后一次检查你"上臂的清晰度"是什么时候？你忽视了你的腋窝和脚底了吗？你时常会有令人不快的气味吗，尤其是在性事之后？

不过，不仅是身体的表面需要被不断地警戒——自我同样如此：你是什么样的朋友、情人、女儿、同事？你笑够了吗？你与人交流的情况如何？你情商如何？在浸透着个体自助话语的文化中，自我已经成为被估量、被建议、被规训和被驯良或被"重新发现"的对象。然而，最令人惊讶的是，这些准疗法话语的分布是如何的不均衡。在杂志、当代小说和电视剧、脱口秀中，是女人而不是男人有这种待遇，她们被要求说服和改变自我。再次申明，正如我们之前表明的，新自由主义的理想规训主体乃是女性气质，新自由主义和后女性主义传媒文化之间清晰的配合正在形成。

8.2.6　换装模式

在更广意义上，我们要讨论构成后女性主义传媒文化的换装模式。这要求人们（绝大多数是妇女）首先相信他们或他们生活的某些方面是缺失的或者有缺陷的，其次相信和遵从两性关系、生活方式专家的意见和建议，或者相信更好地改善消费习惯会同时改变这种缺失或缺陷。这不仅是许多杂志、脱口秀和其他传媒内容中的隐含信息，而且还是"换装接管"（豪赖斯，2000b）的鲜明焦点，它在当代电视中占据主导地位。这种"换装"从食品、家居和园艺开始，现在延伸到了服装、清洁、工作、约会、内科手术以及育儿等方面。

这些"秀"以制造"有毒的羞愧"（佩克，1995）来让她们的参与受辱——她们没有足够大的公寓放衣柜、保持洁净、约会和育儿，快意而又窥阴似地展示她们在观众面前的失败（比如，"噢，上帝呀——那是什么呀？不，不！她在做什么呀？"）。参与者很明显是通过被劝说、被哄骗、被欺凌或"被教育"来改变他们的原有方式，以使他们的自我变得更加"成功"（比如看起来更年轻、搞好第一次约会、改善与孩子之间的关系等）。这些"秀"中常出现的"第三部分"，是让倒霉的受害者闲待在一边（比如约会时或购买衣物时），隐藏的摄像机则大张着观察之眼，而那些"专家们"则给出自己的判断。

正如海伦·伍德和贝弗利·斯格格斯（2004）指出的，这类无所不在的"秀"制造了"新的伦理自我"，其中，现代化的、提升过的自我的特殊形式，被呈现为当代生活困境的解决之道。这种景观被复杂地分层并被性别化——如安吉拉·麦克罗比（2004b）指出的，从大量的排外现象看的话，它也是被种族化的。因为，如果这是白人专家对黑人的身体、行为和生活所做出的判断话，通常由白人职业妇女所做出的那种敌对性判断就常有被当作种族主义言论的危险。对于此时此刻被强迫的个体而言，这些"秀"重新造成了阶层之间的敌对，这种敌对不再以诸如职业或社会地位来进行分类，而是作用于女性的身体、家庭、烹调技艺以及做母亲的能力，并以高品位或文化资本的说法呈现出来：

> 选择代表品位，显示出自我之为自我的成功与失败，例如像《房间大变装》（BBC）、《房屋博士》（第四频道）、《家庭装修》（ITV）这样的生活方式类节目，旨在宣称家庭生活的每一天都通过享受"更好"的品位得到改变（伍德和思科戈斯，2004：206）。

麦克罗比指出过这种阶层敌对令人震惊的肮脏与邪恶——性别化阶层间的仇恨出现了，人们被怂恿去嘲笑那些比他们自己更不那么走运的人。然而，在《换妻》这个节目中，两个已婚妇女（通常出自差异非常大的阶层背景）互换生活，被编排在一起，其中的伦理有时更为复杂。对于中产阶级的"职业妇女"，其主要攻击目标在于，她们没有花足够的时间和注意力在她们的孩子身上（如麦克罗比所描述的，与此相伴的，还有批评这些劳动妇女准备的饭食很差、无法辅导孩子家庭作业等）。这些"秀"中令人诟病的场景清晰地表明，女人不能只是"赢"，而且是不可避免地会输。不过，与其说这些"秀"质询了女性气质或社会关系或我们对女性的社会期待——并不能提供任何理解这些问题的方法，不如说这些"秀"是将两个女人间的矛盾奇观化了。

如我之前所说，这些"秀"的绝大多数参与者和拟享受众都是妇女。有个例外是《另眼观直男（异性恋男）》，其中，"五个同性恋者分别从事于时尚、装修、室内设计、文化、餐饮和红酒等行业，他们聚集在一起作为一个团队来帮助全世界的直男找工作、开眼界、找女孩子"（该节目执行制片人，引自阿拉忒森，2004：209）。在这里，这几个同性恋男的地位很明显是女性化了，他们提供的意见建立在他们的文化资本如财富、成功、中产之上，当然最重要的是要时髦。这里没法细论这个"秀"，比如它把同性恋与时髦画等号、对女"同性恋"视角的排除、在支持异性恋的敌人问题上的角色等。不过值得指出的是，这个"秀"与以改变妇女为目标的同类节目之间的差异——特别是《另眼》所标示出的讽刺性距离以及惩罚性规则的缺失。这在一些以男性参与者为特征的"秀"里面也很突出：这些"秀"很微妙地标示为"不是那么严肃认真"，即一种对男性的象征性报复。这在每个"秀"（比如《年轻十岁》）当中的标志性时几乎都可以看得很清楚，其中，男性牺牲者会被告知必须剃除其背部（有时是胸部）的毛发。这个过程被摄影机拍下来，看起来是为吸引女性受众而设计的，她们被假定为经常使用蜜蜡或电动剃毛器。2005年高居票房前列的《搭便车旅行》一片中，威尔·史密斯充当了漂亮而愚笨的凯文·詹姆斯的人生与人际关系导师，表现出同样的特征，这里也隐藏了使男性观看者顾虑全消的叙事，这种自我转变并不真正是必需的：做你自己（不被改变）是赢得女人心的全部条件，"权威的男性气质"大获全胜。

8.2.7　重张性差异

如果说在 20 世纪七八十年代这样短暂的时间内，男女平等、男女基本相同这样的提法在大众文化中得以固化下来，那么到 90 年代这种说法就完全被打破了。从报纸到广告，从脱口秀到通俗小说，在所有传媒中，自然性别差异这一观念的复活成为后女性主义的主要特征。如我们在第六章中所看到的，在对男性气质的讨论部分，在我们说到新男人形象时受到男人和女人的抨击，认为其缺乏性征，不够男人。新男人形象被谴责为虚假做作，很多人认为那是在女性主义霸权支配下的男性的装腔作势或搔首弄姿，与男人真实的状况没有多大关系。与此相反，90 年代崛起的新小伙儿被广泛描写成对自由的坚持，被用以反对女性主义的束缚，重要的是，它被描写成对真实或真正的男性气质的无耻颂扬，使其从"政治正确"的束缚中获得了解放。新小伙儿支持并主张好色的、有力的、迥异于女性气质的男性气质。这种清晰的表达所具有的文化力量与美国"创造神话的男人"运动相一致，经高度可视化而得到进一步强化，这项运动旨在重申和重建男人范儿、赞美男性气质。

重要的是，这些性差异（sexual difference）话语不仅在人们对之兴趣日增的心理学中得以滋长，而且在以确定所有人类性格的基因基础为愿景的基因科学中得到进一步发展。这些研究包括关注"同性恋基因"的存在以及试图辨识出掌管冒险的大脑组织（证明男人的这一大脑组织要大于女人的），以配合报刊、电视上的大量报道。重要的是，这也是与报纸上生活栏目部分的大幅扩展相一致的，这些扩展版面大部分充斥着关注性别本质及性别关系的文章。

性差异的提法也从大量出现的自我奋斗文献中得到滋养。这些文献，或者至少是这些文献的次文本提出了这一问题——为什么"性别之战"（battle of the sexes）会持续存在，并且对女性主义不管不顾（或者说是由于二者之间的交互影响）。在众多文本中，有一种答案甚嚣尘上、清晰无比：因为男人与女人从根本上就不相同。人们认为女性主义已经迷失了方向，它试图将并不恰当的意识形态偏见强加于人。这些文献认为，我们所需要的是坦率地承认这些差异而不是否认它。这一运动的先锋人物（至少在出版界）是约翰·格雷（John Gray），他的"金星与火星"系列文章迅速红遍整个行业。格雷的才华在于，他将性差异定位于心理差异而不是本质上的生理差异问题，以行星间的差异这样新鲜的比喻改变了古老陈腐的说法，（至少表面上）避免了受到谴责和批评（进一步细读会完全不同）。

格雷的论著本身就已成为后女性主义传媒文化的重要组成部分，从普通杂志到时尚文学，它在许多其他流行文化文本中被引用，还开创了（行星间的）"译文"的说法。其观点是，男人和女人之间只不过是不能互相理解罢了（这在更多明显倾向女性主义的文本中也可发现，如迪波拉·坦嫩 1992 年关于语言的论著）。这样，大众传媒的主要角色，就在于翻译和传递男女之间的交流、习惯以及"有趣的方式"（我认为，在某种程度上这仍然是有系统的男权优先思想）。

性差异话语也被用于使男女之间的权力关系色情化（再色情化）。在一定程度上，这仅仅意味着差异是由性征建构起来的。从另一个角度来讲，如第三章可见，自然性别差异的说法可以被用于冻结那些存在不平等的地方，并将之表现为不可避免的——如果解读正确的话——和令人愉悦的。

8.2.8 反语与心照不宣

关于传媒中后女性主义情感的讨论，倘若不涉及反语与心照不宣问题就不算完整。反语具有多种功能。第三章里，我们讨论了广告是如何运用反语来表达戈德曼所谓的"符号疲劳"的——把受众当作心照不宣的复杂消费者，称赞他们会认出互文性的注释，说他们能够真正"看穿"操纵他们的企图。反语也用于在自我与特定的观点或信念之间建立安全的距离，特别是当对某事激情满怀或过于关心而被视为粗野的时候。如伊安·帕克关于示爱的论述，后现代和反语版本的"我爱你"或许就是这个样子的——"如芭芭拉·卡特兰所说，'我爱你爱得发狂'"（帕克，1989）。这种引用或注释在说话者与示爱行为之间设置起保护性距离。杰克森、斯蒂文森和布鲁克斯（2001）就讨论过，反语有助于人们形成内心对于自相矛盾的感情的抵抗，对外则拒绝非常严肃地对待某事——甚至更糟的是，反思被用以对待自己。

然而，更为重要的是，在后女性主义传媒文化中，反语已成为一种"见风使舵"的方式，它以讽刺性的形式表达性别歧视、恐同症或其他令人不快的情绪。

反语的方式多种多样。如威尔里翰（2000）和威廉姆森（2003）所论，复古形象和异域情调是建构当代性别歧视的关键。为一个过去的时代作注解成为一种重要方式，这意味着性别歧视被安全地尘封于过去之中，并与此同时建构起一些会遭到批评的情节，用这些情节代表着当代。例如，在最近推出的雪铁龙 C3 系列轿车广告"幸福时光"中，第一个部分就展示了一个年轻女人脱掉她的裙子露出鲜红色的内衣（与车的颜色相搭配）。她尖叫，不过这个动作马上就切换了，因为人们的兴趣所在是她的身体而不是她的窘态。"幸福时光"电视节目中的上世纪 50 年代肖像和配音都是为了使之免于遭到潜在的批评：似乎整件事情都是讽刺和幽默的符号引用。

流行文化符号中"totty"（发昏的、喝醉的）这个词的回归与复原是另一个例子，使得中产阶级的电视节目主持人得以以一种非人化和客体化的方式来指称妇女，并暗示性别歧视是无须认真对待的。这个词具有异域情调色彩，令人想起"调皮的"海滨明信片。

反语也可以以"愚蠢的"（silly）这个新词来使用。这通常见于小伙儿杂志。比如，《男人帮》（FHM）评估读者女友的胸部照，就用了这样的评语，如"如果我们挑剔点的话，右胸（chesticle）比左胸要大一点点"——"chesticle"（胸部）这个词愚蠢至极，引得人不禁莞尔，这样，人们就可能也会忽略这是一种竞争（胸部问题）这个事实——去发现英国"最棒的双乳"。

第六章里我们论道，反语也被用于极端的性别歧视表达：即便如女人被比作"生锈的老破车"或竞相争做"最为沉默的女友"这样明显的事情，也不存在性别歧视的（确凿）证据（也就是说，极端的性别歧视正是不存在性别歧视的证据）。杂志编辑们总是炫耀那些"无损的玩笑"（曾几何时"无损的"与"玩笑"会如此有力地结合在一起），一些学术评论者认同这一说法：大卫·冈特里特认为，这些杂志里的性别歧视是"狡黠的荒谬，其前提是认为性别歧视者是愚蠢的（因此也是愚蠢得可笑的）"（2002：168）。

如果把对"那只是个玩笑"这种说法的不信任悬置起来，我们就会发现一个正在迅猛发展的传媒内容领域（它本身受到其他传媒的深刻影响），即令人毛骨悚然的对女性的厌恶、邀约男人们仅仅将女人当作性对象来估价。最近《男人帮》杂志对男人们提出的一个问题就是："你为性付了多少钱？"读者受邀来计算他们在这些物品上的"支出"，如酒品、电影票、鲜花，然后除以该月他们得到的性交次数，以此来计算他们"为每一次性行为付费多少"。每次性行为"付费"数额在五镑以下的是"非常便宜的——她的价格约等同于柬埔寨妓女"，11~12 镑则约等于"塞浦路斯妓女现在的价格"。每一次性行为都会与从购买一个新 CD 中得到的愉悦和价值来进行比较。如果想得到比这个更昂贵的东西，你就得寄期望于受到很好训练的性感表演女郎的一场表演。

很难想象社会上其他任何群体会受到如此系统的敌对、攻击、贬低，而又遭到如此微小的反对——这正告诉我们反语的力量。任何试图针对这种文章的批评标准都会遭到拒绝，批评者被当成是丑恶的、愚蠢的或是"女性主义思维方式"的。通常情况下，评论暗示文章作者期待来自"妇女委员会"的粗笨的咆哮，而批评被这样的评论所左右。在这种语境下，确立批评标准就变得愈加困难，而且，看来这恰恰是其假装的东西。

8.2.9　女性主义与反女性主义

最后我想转向论述女性主义的建构，这是这里思考的后女性主义涵义的全部特征。如我在本书开篇所说，使当今的媒体区别于20世纪60至80年代的电视、杂志、广播或出版机构的是，女性主义已经成为文化领域的一部分。也就是说，女性主义在传媒中得以表达，而不只是外在的、独立的批评声音。女性主义所激发的理念，从我们的收音机、电视屏幕和印刷媒体中爆发出来，如关于约会强奸和性幻想的电视辩论，关于妇女的战争经验或年轻女孩整容压力的报纸文章，关于家暴或厌食的脱口秀等。的确，也有人认为，今天西方国家中许多的女性主义讨论都只是停留在传媒之中，而非延伸到了传媒之外。

然而，认为传媒在某种程度上已经变成了女性主义的，或者认为其毫无疑问地采用了女性主义的视野，这是完全错误的。相反，认为媒体提供了矛盾的但模式化的建构则更为恰当。在后女性主义时代，正如朱迪斯·斯坦西（1984）所说，女性主义观念同时又是"不合作的、相互抵触的、非政治化的"。我想加上一点，它还是"受攻击的"。安吉拉·麦克罗比（2004c）将此视为当代有关性别、性征、家庭生活的新自由价值观与女性主义的"双重纠缠"，这在过去曾是常识的一部分，虽然这也曾让人感到惧怕、憎恶以及遭受过激烈的批判。

使当代传媒文化变得如此后女性主义而非前女性主义或反女性主义的，正是女性主义与反女性主义观念的纠缠。本书中关于广告、脱口秀和杂志的讨论都涉及这个问题。不过可能最明显的是第七章对当代影视和平装本罗曼司的讨论。在这些讨论中，女性主义没有被忽略甚至还遭到攻击（如一些反挫理论所做的），但又被认为是理所当然的然后对此加以否定和批判。一种自由主义女性主义视野被当作了常识，而与此同时，女性主义和女性主义者又被建构成激进的、惩罚性的和非权威性的，不能表达女性的真实欲望（塔思科尔和尼格拉，2005）。成功的系列时尚小说（第七章讨论过其中之一）的作者玛丽安·可耶斯（Marian Keyes）在最近的访谈中把她自己当作"后女性主义的一代"中的一员，她们在被女性主义者"责备""将所有粉色的东西都扔出我的房子"的恐惧之中长大（《一周新开端》，BBC电台四台，2004年6月7日）。这幅讽刺漫画很好地抓住了伊塞尔·索内特所谓的"调皮捣蛋而又很好"的效果，这不同于"'大姐姐'浓缩了秘密的、令人有罪感的愉悦，和提供给'后女性主义'消费者们以旧脑筋的'女人'（feminine）禁止享受的欢愉"（索内特，2002）。

也许这也与小伙儿杂志中的性别愉悦有关——其目标是那些"应该了解更好的东西"的男人们（借用《阔佬》杂志封面上的话）。理解意味着后女性主义情感的"侵犯"（transgression）一词非常重要，它伴随着对女性主义和反女性主义观念深思熟虑的表达。的确，如我们在第六章所见，小伙儿式性别歧视的话语刻意与自由女性主义话语相一致，以用来反驳批评。

如我们所见，与上世纪七八十年代流行文化中的前辈相比，后女性主义英雄们常常是更为活跃的主角。她们看重自主和身体的完美以及个人选择的自由。然而，有趣的是，她们看起来是被迫使用了被赋权的后女性主义方式，这在许多女性主义者看来会是有问题的——认为她们是被定位于标准的女性气质的。例如，她们选择白色的婚礼、减肥、放弃工作，或婚后用她们丈夫的姓（麦克罗比，2004c）。对这些现象的解读或许会凸显出第二波女性主义所排斥的东西，意味着这代表了"被压抑的回归"，比如家庭欢愉或传统的女性气质的回归（豪赖斯，2003）。另外——并不必然相反——也可以解读为想要强调前女性主义观念正在（充满诱惑地）被重新包装成后女性主义的自由（普罗宾，1997），其方式与质疑标准的异性恋女性气质无关。然而，有两点很清楚：第一，后女性主义建构了一种表达，或者说缝合了女性主义与前女性主义观念；第二，这完全是受到了与新自由主义完美匹配的个人主义规则的影响。

8.3 结论

在本章中，我试图将本书的讨论整合在一起，提出后女性主义涵义的重要组成部分，对我而言，它代表着当代传媒文化的特征。这里的讨论必然简明扼要，因而对于这种涵义里有关包括性别在内的差异（特别是阶级阶层、种族、性征以及年龄的差异）的处理并没有给予充分注意。不过，我希望本书其他地方已经进行的有关于此的充分讨论可以弥补这里的不足。如第一章所言，我相信，今天的女性主义传媒研究需要交叉学科的方式方法，以理解那些总是不可避免地交织在一起的各种各样的压迫和差异形式。

不过，作为总结，我想回到本书开篇提出的问题：换句话说，哪种文化政治适宜于研究后女性主义传媒文化？第一章中，我讨论了 20 世纪七八十年代的女性主义者们所采取的抵抗和行动策略：呼唤积极形象、呼吸运动和示威游行、要求更多妇女在媒体工作、呼吁妇女的独立空间、发展另类媒体、试图运用已有的规则机制来挑战和改变女性表述。这些策略的优势与弱点、成功与失败在这里都进行了检视。

要批判当代传媒表达，怎样运用这些策略才是恰当的呢？将之与后女性主义问题结合在一起时，这些策略又会有怎样的影响？在我看来，这些都是亟待解决的问题。本书所努力做到的，是退后一步——倒带、暂停、更新。目的在于追问一个先锋的——不过在我看来绝对是重要的——问题，有关今天传媒中女人、男人和性别关系表达的本质问题。这是我讨论的全部，只有理解了当代性别歧视的变化，我们才能理解，在这个文化领域做研究，哪种政治工具可能是必需的或有用的。

看来，于我而言，当开始写这本书时我就意识到，较诸早期的传媒批评的自信与肯定，今天的女性主义传媒学者更加踌躇而更少确定。她们比刚刚过去的时代多了安全的制度基础和更丰富的理论语言词汇，却更不能确定其批评的目标何在——如果有的话。凯瑟琳·温娜（1999）认为，传媒研究越来越复杂，似乎针对某种书写的表达越来越困难。的确，如朱迪斯·威廉姆森（2003）所指出的，"sexism"（针对女性的性别歧视或男性至上主义）这个词已经开始戴上"古雅的"戒环，成为一个来自更早时代的概念：

> 性别歧视（sexism）并不只是个现象，而是一种观念——这个词曾经被停止使用，这种观念也过时了。过时的实际上并非是性别歧视，它正当其时，不过在广告和其他传媒中性别歧视这个概念过时了（威廉姆森，2003）。

与威廉姆森一样，我相信"性别歧视"（sexism）这个提法需要继续关注并被重新给予重视（不管它听起来有多老套）。本书就是在开始完成这一任务，开始辨识当代传媒中的性别歧视。本书已经论明，在过去几十年里，性别歧视在表达实践中已经发生了很大变化，部分地回应了女性主义的批评。当今的传媒文化具有显著的后女性主义特征，其围绕着选择、赋权、自我监督、性差异组织起来，以反语和心照不宣的方式来表达，其中，女性主义被视作理所当然而又同时遭到否定排斥。现在面临的挑战是，清晰地表达一套政治纲领以有效地研究这个问题，以使女性关系向更为开放、平等，充满希望又宽容大度的方向发展。

参考书目

Acland C R, 1995. Youth, murder, spectacle: the cultural polities of youth in crisis [M]. Boulder: Westview Press.

Alice L, 1995. What is postfeminism? Postmodernism, postfeminism: conference proceedings [M]. New Zealand: Massey University.

Allatson P, 2004. Queer eye's primping and pimping for empire [J]. Feminist Media Studies, 42: 208—211.

Althusser L, 1984. Essays on ideology [M]. London: Verso.

Amos V, Parmar P, 1984. Challenging imperial feminism [M]. Black british feminism. London: Routledge.

Amy-Chinn D, 2006. This is just for men: lingerie advertising for the post-feminist woman [J]. Journal of Consumer Culture: 62.

Anderson P, 1983. In the tracks of historical materialism [M]. London: Verso.

Ang I, 1985. Watching dallas: soap opera and the melodramatic imaginarion [M]. London: Methuen.

Ang I, 1990. Melodramatic identifications: television fiction and women's fantasy [M]. Brown M E, ed. Television and women's culture. London: Sage

Ang I, 1996. Living Room Ways: rethinking media audiences for a postmodern age [M]. London: Routledge.

Ang I, 2001. On not speaking Chinese: living between Asia and the west [M]. London: Routledge.

Arthurs J, 2003. Sex and the City and Consumer Culture: re-mediating post-modernist drama [J]. Feminist Media Studies: 31.

Arthurs J, 2004. Television and sexuality: regulation and the polities of taste [M]. Maidenhead: Open University Press.

Arthurs J, Grimshaw J, 1999. Women's bodies: discipline and transgression [M]. London. Cassell.

Asaro C, 1997. A quickie with Catherine Asaro: on feminism and romance [M/OL]. Likesbooks. com.

Ashcroft B, Griffiths G, Tiffin H, 1995. The post colonial studies reader [M]. London: Routledge.

Assiter A, 1988. Romance fiction: porn for women? [M]. Bloom C, eds. Perspectives on pornography: sexuality in film and literature. Basingstoke: Macmillan.

Attwood F, 2004. Pornography and objectification: re-reading the picture that divided Britain [J]. Feminist Media Studies, 41: 7—19.

Baehr H, 1980. Women and media [M]. Oxford: Pergamon.

Baehr H, 1996. A woman's place? Broadcast 7 June.

Baglietto V A, 2002. The Wrong Mr. Right [M]. London: Coronet.

Ballaster R M, 1991. Women's worlds: ideology, femininity and the women's magazine [M]. London: Macmillan Education.

Bardin L, 1977. L' analyse de contenu [M]. Paris: PUF.

Barile P, Rao G, 1992. Trends in italian media law [J]. European Journal of Communication (7): 261—281.

Barker M, 1981. The new racism: conservatives and the ideology of the tribe [M]. London: Junction Books.

Barnard S, 1989. On the Radio: music radio in Britain [M]. Milton Keynes: Open University Press.

Barnes C, 1992. Disabling imagery and the media: the exploration of the principles for media representations of disabled people [M]. Keele: Keele University Press.

Barrowcliffe M, 2001. Inifidelity for First Time Fathers [M]. London: Headline.

Barthes R, 1973. Mythologies [M]. London: Paladin.

Bartky S L, 1990. Femininity and domination: studies in the phenomenology of oppression [M]. London: Routledge.

Bausinger H, 1984. Media technology and daily life [J]. Media culture & society (64): 343—351.

Beasley M H, 1992. Newspapers: is there a new majority defining the news? [M]. Oaks Calif: Sage.

Beck U, Beck-gernsheim E, 1995. The normal chaos of love [M]. Cambridge: Polity.

Benedict H, 1992. Virgin or vamp: how the press covers sex crimes [M]. Oxford: Oxford University Press.

Bennett T, Martin G, mercer C, et, 1981. Culture ideology and social process [M]. BT Batsford Ltd.

Benwell B, 2003. Ambiguous masculinities: heroism and anti-heroism in the men's lifestyle magazines [M]. Masculinity and men's Lifestyle magazines. Oxford: Blackwell.

Berger J, 1972. Ways of seeing [M]. London: Penguin Books.

Berger W, 2001. Advertising today [M]. London: Phaidon.

Betterton R, 1987. Looking on images of minity in the visual arts and media [M]. London: Pandora.

Beynon J, 2002. Masculinities and culture [M]. Philadelphia: Open University.

Bhabha H K, 1990. Nation and narration [M]. London: Routledge.

Bhabha H K, 1994. The location of culture [M]. London: Routledge.

Bhavnani K K, 2001. Feminism and race [M]. Oxford: Oxford University Press.

Bhavnani K A, 1994. Shifting identities shifting racisms: a feminism & psychology reader [M]. London : Sage.

Biddulph S, 1995. Manhood: an action plan for changing men's lives [M]. Sydney: Finch.

Billig M, 1987. Arguing and tinking: a rhetorical approach to social psychology [M]. Cambridge. Cambridge University Press

Billig M, 1991. Ideology and opinions: studies in rhetorical psychology [M]. London: Sage.

Blackman I, 1995. White girls are easy black girls are stud studs [M]. London: Lawrence & Wishart.

Blackman L, Walkerdine V, 1996. Mass hysteria: critical psychology and media studies [M]. London: Palgrave.

Bogdan R, 1988. Freak show: presenting human oddities for amusement and profit [M]. Chicago: Chicago University Press.

Boggs C, Dirmann T, 1999. The myth of electronic populism: talk radio and the decline of the public sphere [J]. Democracy and Nature (5): 65—94.

Bordo S, 1993. Unbearable weight: feminismwestern cultureand the body [M]. Berkeley: University of California Press.

Bordo S, 1999. The male body: a new look at men in public and in private [M]. New York : Farrar Straus and Giroux.

Bourdieu P, 1984. Distinction: a social critique of the judgement of taste [M]. London: Routledge.

Brah A, 1996. Cartographies of diaspora: contesting identities [M]. London: Routledge.

Branston G, 2002. September 11 thas we now call them [J]. Feminist Media Studies (21): 129—131.

Brooks A, 1997. Postfeminisms: feminism cultural theory and cultural forms [M]. London: Routledge.

Brown B, Greenet N, 2005. Wireless world: social and interactional aspects of the mobile age [M]. London: Springer—Verlag.

Brown M E, 1990. Television and women culture: the politics of the popular [M]. London: Sage

Brown M E, Gardetto D, 2000. Representing hillary rodham clinton: gender meaning and news media [M]. Gender politics and communication. New Jersey: Hampton Press.

Brunsdon C, 1987. Feminism and soap opera [M]. Out of focus: writings on women and the media. London: Women's Press.

Brunsdon C, 1993. Identity in feminist TV criticism [J]. Media culture and Society (15): 309—320.

Brunsdon C, 2000. The feminist the housewife and the soap opera [M]. Oxford: Clarendon Press.

Brunsdon C, Morley D, 1978. Everyday television: nationwide [M]. London : British Film Institute.

Buchbinder D, 1998. Performance anxieties: re-producing masculinity [M]. St Leonards: NSW Allen & Unwin.

Bull M, 2000. Sounding out the city: personal stereos and the management of everyday life [M]. Oxford: Berg.

Bull M, Back L, 2003. The auditory culture reader [M]. Oxford: Berg.

Butler J, 1990. Gender trouble: feminism and the subversion of identity [M]. London: Routledge.

Butler J P, 2004. Undoing gender [M]. London: Routledge.

Caputi J, 1987. The age of sex crime [M]. Ohio: Bowling Green State University Press.

Carby H, 1982. White woman listen! black feminism and the boundaries of sisterhood [M]. The empire strikes back: race and racism in 1970s Britain. London: Hutchinson.

Carpignano P, Anderson R, 1990. Chatter in the age of electronic reproduction: talk telesivion and the "public mind" [J]. Social Text, 25: 33 −35.

Carringtonb B, 1999. Too many St. George's crosses to bear [M]. The ingerland factor: home truths from football. Edinburgh: Mainstream Publishing.

Carter C, 1998. When the "extraordinary" becomes "ordinary": everyday news of sexual violence [M]. Carter C, Branston G , Allen G. News gender and power. London: Routledge.

Carter C, Weaver K, 2003. Violence and the media [M]. Buckingham: Open University Press.

Carty V, 1997. Ideologies and forms of domination in the organization of the global production and consumption of goods in the emerging postmodern era: a case study of Nike Corporation and the implications of gender [J]. Gender Work and Organization (4).

CCCS Women's group, 1978. Women Take Issue [M]. London: Hutchinson.

Chambers D, Steiner D, et al, 2004. Women and journalism [M]. London: Routledge.

Chambers L, 2004. Bridget Jones and the Postfeminist Condition: towards a genealogy of thirtysomething femininities [D]. Goldsmiths College, University of London.

Chapman R, Rutherford J, 1988. Male Order: unwrapping masculinity [M]. London: Lawrence & Wishart.

Charles H, 1995. Not compromising: inter-skin colour relations [J]. Pearce L, Stacey J, eds. Romance Revisited. London: Lawrence & Wishart.

Cohan S, Hark R, 1993. Screening the male: exploring masculinities in Hollywood cinema [M]. London: Routledge.

Cohen S, Young J, 1973. The Manufacture of news deviance and social problems in the mass media [M]. London: MacGibbon & Kee.

Coles J, 1997. Boy zone story [J]. Guardian, 28 April.

Comella L, 2003. Safe sex and the City: on vibratorsmasturbation and the myth of "real" sex [J]. Feminist Media Studies 31: 109−112.

Connell W, 1987. Gender and power: society the person and sexual politics [J]. Cambridge: Polity.

Connell W, 2000. The Men and the boys [J]. Cambridge: Polity.

Corber J, Valocchieds S, 2003. Jeer studies: an interdisciplinary reader [M]. Oxford: Blackwell

Cortese P, 1999. Provocateur: images of women and minorities in advertising [M] . Lanham: Md Rowman & Littlefield.

Coward R, 1984. Female desire [M]. London : Paladin.

Cowie E, 1978. Woman as sign [J]. M/f (1): 49−73.

Creedon P J, 1993. Women in mass communication [M]. Newbury: ParkCalif. Sag.

Crewe B, 2003. Masculinity and editorial identity in the reformation of the UK men's press [M]. Benwell B. Masculinity and Men's Lifestyle Magazine. Oxford : Blackwell.

Crisci R, 1997. Italian neo-TV and the private in public: romance family and melodrama in container programmes and people shows [D]. Goldsmiths College, University of London.

Culdanz L M, 1996. Rape on trial: how the mass media construct legal reform and soaal change [M]. Philadelphia: University of Pennsylvania Press.

Culdanz L M, 2000. Rape on Prime Time: television masculinity and sexual violence [M]. Philadelphia: University of Pennsylvania Press.

性别与传媒 ......

Cumber batch G, Negrine R M, 1991. Images of Disability on Television [M]. London: Routledge.

Curran J, 1997. Television journalism: theory and practice [M]. Holland P. The Television Handbook. London: Routledge.

Curran J, Seaton J, 1981. Power without Responsibility: the press and broadcasting in Britain [M]. London: Fontana.

Currie D H, 1999. Girl Talk: adolescent magazines and their readers [M]. Toronto: University of Toronto Press.

D' Acci J, 1994. Defining Women: television and the case of Cagney & Lacey [M]. Chapel Hill: University of North Carolina Press.

De Lauretis T, 1984. Alice Doesn't: feminism semiotics cinema [M]. Bloomington : Indiana University Press.

De Lauretis T, 1989. Technologies of Gender: essays on theoryfilm and fiction [M]. Basingstoke: Macmillan.

Dent G , Wallace M, et al, 1992. Black Popular Culture [M]. Seattle: Bay Press.

Dines G, Humez J M, 2003. Gender Race and Class in Media: a text reader: 2nd edition [M]. London: Sage.

DotyA, Gove B, 1997. Queer representation in the mass media [M]. Medhurst A, Muntedsand S. Gay Studies Reader. London: Cassell.

Dovey J, 2000. Freak Show: first person media and factual television [M]. London: Pluto.

Dow B J, 1996. Prime-time Feminism: television media culture and the women's movement since 1970 [M]. Philadelphia: University of Pennsylvania Press.

Dowd H J, 1983. The mind that burns in each body: women rape and racial violence [M]. Snitow A, Stansell A, Thompson S, eds. Powers of Desire: the politics of sexuality. New York: Monthly Review Press.

Du Gay P, 1997. Doing Cultural Studies: the story of the Sony Walkman [M]. London: Sage.

Dyer G, 1982. Advertising as Communication [M]. London : Methuen.

Dyer R, 1982. Don't look now: the male pin-up [J]. Screen 233−234: 61−73.

248

EdwardsT, 1997. Men in the Mirror: men's fashion masculinity and consumer society [M]. London. Cassell.

EdwardsT, 2003. Sex booze and fags: masculinity style and men's magazines [M]. Benwell B, ed. Masculinity and Men's Lifestyle Magazines. Oxford: Blackwell.

Ehrenreich B, 1983. The Hearts of Men: American dreams and the flight from commitment [M]. London: Pluto

Ehrenreich B, 1995. In defence of talk shows [J]. Time magazine, 4 December.

Eie B, 1998. Who Speaks on Television? A European comparative study of female participation in TV programmes [M]. Oslo: NRk.

Epstein D. and D. Steinberg 1996. "All het up": rescuing heterosexuality on the Oprah Winfrey show [J]. Feminist Review, No. 57.

Epstein S, 1996. A queer encounter: sociology and the study of sexualit [M]. Seidmaned S. Queer/Sociology. Oxford: Blackwell.

Fairclough N, 1989. Language and Power [M]. Harlow: Longman.

Fairclough N, 1995. Media Discourse [M]. London: Arnold.

Faludi S, 1992. Backlash: the undeclared war against women [M]. London: Chatto & Windus.

Featherstone M, 1991. Consumer Culture and Postmodernism [M]. London: Sage.

Feldman S, 2000. Twin Peaks: the staying power of BBC Radio 4's Woman's Hour [M]. Mitchell C, ed. Women and Radio: airing differences. London : Routledge.

Fielding H, 1996. Bridget Jones's Diary [M]. London: Picador.

Fielding H, 2000: The Edge of Reason [M]. London: Picador.

Fine M, 1996. Off White: readings on race power and society [M]. New York: Routledge.

Fine M, 2004. Off white: readings on power; privilege and resistance [M]. New York : Routledge.

Firestone S, 1971. The Dialectic of Sex: the case for a feminist revolution [M]. London: Jonathan Cape.

Fiske J, 1987. Television Culture [M]. London: Routledge.

Fiske J, 1990. Television and women's culture: the politics of the popular [M]. Brown M E. Television and Women's Culture. London Sage.

Fleming J, 1996. Hello Boys [M]. London: Penguin.

Foster H, ed, 1985. Postmodern Culture [M]. London: Pluto.

Foucault M, 1978. The History of Sexuality [M]. New York: Pantheon.

Foucault M, 1980. Power Knowledge: selected interviews and other writings 1972—1977 [M]. New York: Pantheon.

Frankenberg R, 1993. White Women Race Matters: the social construction of whiteness [M]. Minneapolis: University of Minnesota Press.

Franklin B, 1997. Newzak and News Media [M]. London: Arnold.

Franks S, 1999. Having None of It: women men and the future of work [M]. London: Granta.

Fraser N, 1989. Unruly Practices: power, discourse and gender in contemporary social theory [M]. Minneapolis: University of Minnesota Press.

Frazer E, 1987. Teenage girls reading Jackie [J]. Media Culture and Society 19: 407—425.

Friedan B, 1963. The Feminine Mystiqu [M]. London: Gollancz.

Frosh S, Phoenix A, Pattman R. 2000. But it's racism I really hate': young masculinities racism and psychoanalysis [J]. Psychoanalytic Psychology 17: 225—242.

Frosh S, 2002. Young Masculinities: understanding boys in contemporary society [M]. Basingstoke: Palgrave.

Furnham A, Skae E. 1997. Changes in stereotyped portrayal of men and women in British advertisements [J]. Sex Roles 29: 297—310.

Gallagher M, 2001. Gender Setting: new media agendas for monitoring and advocacy [M]. New York: Zed Books.

Galtung J, Ruge M. 1973. Structuring and selecting news [M]. The Manufacture of News Deviance Social Problems and Mass Media. London: Sage.

Gamson J, 1998. Freaks Talk Back: tabloid talk shows and sexual nonconformity [M]. Chicago: University of Chicago Press.

Gauntlett D, 2002. Media Gender and Identity: an introduction [M]. London: Routledge.

Gayle M, 1998. My Legendary Girlfriend [M]. London: Flame.

Gayle M, 1999. Mr. Commitment [M]. London: Flame.

Geraghty C, 1991. Women and Soap Opera: a study of prime time soaps [M]. Cambridge: Polity.

Giddens A, 1991. Modernity and Self Identity : self and society in the late modernage [M]. Cambridge: Polity.

Gilkes M, Kaloski-Naylor A, 1999. White Women: critical perspectives on race a nd gender. NewYork: Raw Nerve Books.

Gill R, 1993. Justifying injustice: broadcasters' accounts of inequality in radio [M]. Discourse Analytic Research: Readings and Repertoires of Texts in Action. London: Routledge.

Gill R, 2003. Power and the production of subjects: a genealogy of the new man and the new lad [M]. Masculinity and Men's Lifestyle Magazines. Oxford: Blackwell.

Gill R, 2006. Rewriting the romance? New femininities [J]. Feminist Media Studies, 6.

Gill R, Henwood K, McLean C, 2000. The tyrranny of the six pack? [M]. Culture in Psychology. London: Routledge.

Gill R, Henwood K, McLean C, 2005. Body projects: the normative regulation of masculinity [J]. Body and Society 111: 37—63.

Gillespie M, 1995, Television Ethnicity and Social Change [M]. London: Routledge.

Gledhill C, 1978. Recent developments in feminist criticism [J]. Quarterly Review of Film Studies 34: 457—493.

Glynn K, 2000. Tabloid Culture: trash taste popular power and the transformation of American television [M]. NC: Duke University Press.

Gofman E, 1979. Gender Advertisements [M]. London: Macmillan.

Goldman R, 1992. Reading Ads Socially [M]. London: Routledge.

GrayA, 1987. Behind closed doors: video recorders in the home. [M]. Boxed in: women and television. London: Pandora.

Gray A, 1992. Video Playtime: the gendering of a leisure technology

[M]. London: Routledge.

Gray J, 2002. Meηare from MarsWomen are from Venus: how to get what you want in your relationships [M]. London: Harper Collins.

Green J, 2002. Babyville [M]. London Penguin.

Greer G, 1999. The whole Woman [M]. London: Doubleday.

Griffin G, 2001. Visibility Blues: representations of HIV and AIDS [M]. Manchester: Manchester University Press.

Grimshaw J, 1999. Working out with Merleau Ponty [M]. Women's Bodies: discipline and transgression. London: Cassell.

Grindstaff L, 2002 The Money Shot: trash class and the making of TV talk shows [M]. Chicago: University of Chicago Press.

Grint K, Gill R, 1995. The Gender Technology Relation: contemporary theory and research [M]. London: Taylor & Francis.

Gunter B, 1995. Television and Gender Representation [M]. London: John Libbey.

Harman J, 2001. Performing talk [M]. Television Talk Shows. NJ: Lawrence Erlbaum

Habermas J, 1992. The Structural Transformation of the Public Sphere: an inquiry into a category of bourgeois society [M]. Cambridge: Polity.

Hakkala U, 2001. Masculinity in Advertising: a semiotic analysis of Finnish and US print advertising [D]. Turku School of Economics and Business Administration.

Hall S, 1973. A world at one with itself [M]. The Manufacture of News Deviance and Social Problems. London: Hutchinson.

Hall S, 1980. Recent developments in theories of language and ideology: a critical note [J]. Culture Media Language: working papers in cultural studies 1972−1979. London: Hutchinson.

Hall S, 1982. The rediscovery of "ideology": return of the repressed in media studies [M]. Culture Society and the Media. London: Methuen.

Hall S, 1986. Cultural studies: two paradigms [M]. Media Knowledge and Power. Milton: Keynes Open University Press.

Hall S, 1988a. New ethnicities [J]. Black Film British Cinema. London BFI/ICA Documents 7.

Hall S, 1996. When was "the postcolonial"? Thinking at the limit [M]. The Post-colonial Question: common skies divided horizons. New York: Routledge.

Hamill L, Lasen A, 2005. Mobile world: past, present and future [M]. London: Springer Verlag.

Harding S, 1993. Rethinking standpoint epistemology: what is "strong objectivity"? [M]. Feminist Epistemologies. London Routledge.

Hare D, 1992. The Late Show, BBC 2, 15 October.

Harvey D, 1990. The Condition of Postmodernism: an enquiry into the origins of cultural change [M]. Oxford: Blackwell.

Hebdige D, 1988. Hiding in the Light images and things [M]. London: Routledge.

Hemmings C, 2002. Bisexual Spaces: a geography of sexuality and gender [M]. New York: Routledge.

Henley J, 2003. Ads with arrogance [N]. Guardian, 8 October.

Hennessee J. and J. Nicholson 1972. NOW says: TV commercials insult women [N]. New York Times Magazine 13: 48—51.

Hermes J, 1995. Reading women's Magazines: ananalysis of everyday media use [M]. Cambridge: Polity.

Hevey D, 1992. The Creatures Time Forgot: photography and disability imagery [M]. London: Routledge.

Hill D, 1997. The Future of Men [M]. London: Phoenix.

Hill Collins P, 1989. The Social Construction of Black Feminist Thought [J]. Signs 44: 745—773.

Hill-Collins P, 1991. Black Feminist Thought: knowledge consciousness and the politics of empowerment [M]. New York: Routledge.

Hodges1, 2001. A problem aired: radio therapeutic discourse and modes of subjection [J]. Theoretical Issues in Psychology. Massachusetts: Kluwer.

HodgesL, 2003. Broadcasting the audience: radio therapeutic discourse and its implied listeners [J]. International Journal of Critical Psychology 7: 74 —101.

Holden W, 2000. Bad Heir Day [M]. London: Headline

Hollows J, 2000. Makeover takeover on British TV [J]. Screen 413:

299—314.

Hollows J, 2003. Feeling like a domestic goddess: postfeminism and cooking [J]. European Journal of Cultural Studies 62: 179—202.

Ingraham C, 1999. White Weddings: romancing heterosexuality in popular culture [M]. New York: Routledge.

Jackson S, 1995. Women and Heterosexual Love: complicity resistance and change [M]. Romance Revisited. London: Lawrence & Wishart.

Jaddou L, Williams J, 1981. A theoretical contribution to the struggle against the domination representations of women [J]. Media Culture and Society 32: 105—24

Jameson F, 1984. Postmodernism or the cultural logic of late capitalism [J]. NewLeft Review 146: 53—92.

Jeffords S, 1994. Hard Bodies: Hollywood masculinity in the Reagan years [M]. New Brunswick, NJ: Rutgers University Press.

Jenkins A, 2000. Honey Moon [M]. London: Flame.

Jhally S, 1987. The Codes of Advertising: fetishism and the political economy of meaning in the consumer society [M]. London: Pinter.

Johnson L, Lloyd J, 2004. Sentenced to Everyday life: feminism and the housewife [M]. Oxford: Berg.

Jones A , 1986. Mills & Boon meets feminism [M]. The Progress of Romance: the politics of popular fiction. London : Routledge.

Kaplan E A, 1992. Feminist criticism and television [M]. Channels of Discourse Re-assembled. London: Routledge

Keen S, 1991. Fire in the Belly: on being a man [M]. New York: Bantam.

Kennedy H, 1992. Eve was Framed: women and British justice [M]. London: Chatto & Windus.

Keyes M, 2002. Angels [M]. London: Penguin.

Kilbourne J, 1995. Beauty and the beast of advertising [M]. Gender Race and Class in Media. London: Sage.

Kilbourne J, 1999. Deadly Persuasion: why women and girls must fight the addictive power of advertising [M]. New York: Free Press.

Kilbourne J, 2000. Can't Buy my Love: how advertising changes the way we think and feel [M]. London: Touchstone.

Kim J, 2005. Global mediaaudience and transformative identities: femininities and consumption in South Korea [D]. London School of Economics.

Kimmel M, 2001. Masculinity as homophobia: fear shame and silence in the constitution of gender identity [M]. The Masculinities Reader. Cambridge: Polity.

Kinsella S, 2000. The Secret Dream world of a Shopaholic. London: Black Swan.

Kirkham P, 1998. Absolutely fabulous: absolutely feminist? [M]. The Television Studies Book. London: Sage.

Kitzinger J, 1998. The gender politics of news production: silenced voices and false memories [M]. News Gender and Power. London: Routledge.

Kivikuru U, 1997. Women in the Media: Report on existing research in the European Union available from author.

Klein N, 1999. No Logo: taking aim at the brand bullies [N]. New York Picador USA.

Knight I, 2002. Don't You Want Me? [M] London: Penguin

Laclau E, 1977. Politics and Ideology in Marxist theory: capitalism fascism populism [M]. London: New Left Books.

Laclau E, 1985. Hegemony and Socialist Strategy: towards a radical democnatic politics [M]. London: Verso.

Lafky S A, 1989. The progress of women and people of color in the US journalistic workforce: a long slow journey [M]. Women in Mass Communication. London: Sage.

Lafky S A, 1991. Women Journalists [M]. The American Journalist: a portrait of US news people and their work. Bloomington: Indiana University Press.

Langer J, 1997. Tabloid Television: popular journalism and the "other news" [M]. London: Routledge.

Lazar M, 2006. Discover the power of femininity!: analysing global "power f emininity" [J]. local advertising. Feminist Media Studies, 6.

Lazier-Smith 1989. A new "generation" of images to women. [M].

Women in Mass Communication: challenging gender values. London: Sage.

Lee V, 1996. Knickers in a twist [N]. Guardian, 14 May.

Lees S, 1996. Ruling Passions: sexual violence reputation and the law. Philadelphia: Open University Press.

Leiss W S, 1986. Social Communication in Advertising: persons products & images of well-being [M]. London: Methuen.

Levine I, 1988. High Brow Lowbrow: the experience of cultural hierarchy in America. Cambridge [M]. Massachusetts: Harvard University Press.

Light A, 1989. Putting on the style: feminist criticism in the 1990s [M]. From My Guy to SciFi: genre and women's writing in the postmodern world. London: Pandora.

Livingstone S M, 1986. Television advertisements and the portrayal of gender [J]. British Journal of Social Psychology 25: 149—154.

Livingstone S M , 1994. Talk on Television: audience participation and public debate [M]. London: Routledge.

Lorde A, 1984. Sister Outsider: essays and speeches [M]. NY: Crossing Press.

Lotz A, 2001. Postfeminist television criticism: rehabilitating critical terms and identifying postfeminist attributes [J]. Feminist Media Studies 11: 105—121

Lovdal L T, 1989. Sex role messages in television commercials: an update [J]. Sex Roles 21: 715—724.

Lupton D, 1994. Talking about sex: sexology sexual difference and confes—sional talk shows [J]. Gender 20: 45—65.

Lyotard J F, 1984. The Postmodern Condition: a report on knowledge [M]. Manchester: Manchester University Press.

McClintock A, 1995. Imperial Leather: race gender and sexuality in the colonial conquest [M]. London: Routledge.

McCracken E, 1993. Decoding Women's Magazines [M]. Basingstoke: Macmillan .

Macdonald M, 1995. Representing Women: myths of femininity in the popular media [M]. London: Arnold.

Machin D, 2003. Branding and discourse: the case of Cosmopolitan [J]. Discourse & Society 14: 453—471.

Mackinnon K, 2003. Representing Men: maleness and masculinity in the media [M]. London: Arnold.

Mclaughin L, 1993. Chastity criminals in the age of electronic reproduction: reviewing talk television and the public sphere. [J]. Journal of Communication Inquiry 171: 41—55.

McNa B, 2002. Striptease Culture: sex media and the democratization of desire [M]. London: Routledge.

McNay L, 1992. Foucault and Feminism: power gender and the self [M]. Cambridge: Polity.

McRobbie A, 1991. Feminism and Youth Culture: from "Jackie" to "just Seventeen" [M]. Basingstoke Macmillan Education.

McRobbie A, 1999. In the Culture Society: art fashionand popular music [M]. London: Routledge.

McRobbie A, 2004. Notes on postfeminism and popular culture: Bridget Jones and the new gender regime [M]. All about the Girl: culture power and identity. New York: Routledge.

McRobbie A, 2004. Notes on "What Not to Wear" and post-feminist symbolic v iolence [M]. Feminism after Bourdieu. Oxford: Blackwell/Sociological Review.

McRobbie A, 2004. Postfeminism and popular culture [J]. Feminist Media Studies 4 3: 255—264.

McRobbieA, 2004. "The rise and rise of porn chic". Times Higher Education Supplement 2, January.

Maddison S, 2002. The edge of reason: the myth of Bridget Jones. Paper presented at Transformation in Politics Culture and Society Conference Brussels.

Magor M, 2002. News terrorism: misogyny exposed and the easy journalism of c onflict [J]. Feminist Media Studies 21: 141—144.

Majors R, 1992. Cool Pose: the dilemmas of black manhood in America [M]. New York: Lexington.

Mansell J, 1997. Perfect timing [M]. London: Headline.

Marx K, 1970. The German Ideology [M]. London: Lawrence & Wishart. Mascariotte G J, 1991. C'mon Girl: Oprah Winfrey and the discourse of feminine talk [J]. Gender 11: 81—110.

Mather A, 1977. Born Out of Love [M]. London: Mills & Boon.

Mayes T, 2000. Submerging in "the rapy news" [J]. British Journalism Review 430—435 14: 30—35.

Media Watch 1995. Women's Participation in the News: global media monitoring project [M]. Toronto: Media Watch.

Mercer K, 1994. Welcome to the Jungle: new positions in black cultural studies [M]. New York: Routledge.

Merskin D, 2003. Fashioning foreplay: fashion advertising and the porno graphic imagination [J]. Feminist Media Studies 31: 106—109.

Meyers M, 1997. News Coverage of Violence against Women: engendering blame [M]. London: Sage.

Miller P, 1997. Mobilizing the consumer: assembling the subject of Consumption [J]. Theory Culture and Society 141: 1—36.

Minh-hat, 1991. When the Moon faxes Red [M]. New York: Routledge.

Mirza H S, 1997. Black British Feminism: a reader [M]. London: Routledge.

Mitchell C, 2001. Women and Radio [M]. London: Routledge.

Modleski T, 1982. Loving with a vengeance: mass produced fantasies for women [M]. New York: Routledge.

Modleski T, 1991. Feminism without Women [M]. New York: Routledge.

Mohanty C, 1988. Under Western eyes: feminist scholarship and colonial Discourses [J]. Feminist Review 30: 51—79.

Montgomery M, 1986. DJ Talk [J]. Media Culture and Society 8: 421—440.

Moore J, 2005. dot. Home [M]. London: Arrow Books.

Moore S, 1988. Here's looking at you kid! [M]. The Female Gaze: women as viewers of popular culture. London: Women's Press.

Moore S, 1991. Looking for Trouble: on shoppinggender and the cinema

[M]. London: Serpent's Tail.

Moores S, 1988. The box on the dress: memories of early radio and everyday life [J]. Media Culture and Society 10: 23-40.

Moorti S, 2002. Color of Rape: gender and race in television's public spheres [M]. Albany: State University of New York Press.

Morley D, 1980. The Nationwide Audience [M]. London: British Film Institute.

Morley D, 1986. Family Television: cultural power and domestic leisure [M]. London: Comedia.

Morley D, 1992. Television Audiences and Cultural Studies [M]. London: Routledge.

Morley D, 1995. Spaces of Identity: global media electronic landscapes and cultural boundaries [M]. London: Routledge.

Mort F, 1996. Cultures of Consumption: commerce masculinities and social space. [M]. London: Routledge.

Moseley R, 2002. Have it Ally: popular television and postfeminism [J]. Feminist Media Studies 22: 231-250.

Mulvey L, 1975. Visual pleasure and narrative cinema [J]. Screen 163: 6-18.

Munson W, 1993. All Talk: the talk show in media culture [M]. Philadelphia: Temple University Press.

Munson W, 1995. Constellation of voices: how talk shows work [M]. Gender Race and mass Media. London: Sage.

Myers K, 1987. Towards a feminist erotica [M]. Looking On: Images of Femininity in the Visual Arts and Media. London: Pandora.

Nathan M, 2001. Persuading Annie [M]. London: Piatkus Books.

Nixon S, 1996. Hard Looks: masculinities spectatorship and contemporary consumption [M]. London: UCL Press.

Nixon S, 2001. Resignifying masculinity: from "new man" to "new lad" [M]. British Cultural Studies. Oxford: Oxford University Press.

Nkweto-Simmond F, 1995. Love in black and white [M]. Romance Revisited. London: Lawrence & Wishart.

North F, 1999. Polly [M]. London: Arrow Books.

Ong A, 1988. Colonialism and modernity: feminist re-presentations of women in non-western societies [J]. Inscriptions 34: 79—93

Onwurah C, 1987. Sexist racist and above all capitalist: how women's magazines create media apartheid [M]. Out of Focus: writings on women and the Media. London: Women's Press.

Osgerby B, 2001. Playboys in Paradise: masculinity youth and leisure-style in modern America [M]. Oxford: Berg.

Osgerby B, 2003. A pedigree of the consuming male: masculinity consumption and the American "leisure class" [M]. Masculinity and Men's Lifestyle Magazines. Oxford: Blackwell.

Parker L, 1989. The Crisis in Modern Social Psychology and How to End it [M]. London: Routledge.

Parltin F, 1972. Class Inequality and Political Order: social stratification in capitalist and communist societies [M]. London: Paladin.

Parks A, 2001. Game Over [M]. London: Penguin.

Parry-Giles S J, 2000. Mediating Hillary Rodham Clinton: television news practices and image-making in the postmodern age [J]. Critial Studies in Media Communication 152: 171—207.

Parsons T, 2003. Man and Wife [M]. London: Harper Collins.

Pearce L, 1995. Romance Revisited. New York: New York University Press.

Peck J, 1995. TV talk shows as therapeutic discourse: the ideological labour of the televised talk cure [J]. Communication Theory 51: 58—81.

Pendergast T, 2000. Creating the Modern Man: American magazines and consumer c ulture1900—1950 [M]. New York: Columbia University Press.

Perry K, 1995. The Heart of Whiteness: white subjectivity and interracial relationship [M]. Romance Revisited. London: Lawrence & Wishart.

Petley J, 1993. After the deluge: public service television in western Europe [J]. wnnels of Resistance. London: British Film Institute.

Phoenix A, 1997. Theories of gender and black families [M]. Black British Feminism : a reader. London: Routledge.

Postman N, 1986. Amusing Ourselves to Death: public discourse in the age of show business [M]. London: Heinemann.

Potter J, Wetherell M, 1987. Discourse and Social Psychology: beyond attitudes and behaviour [M]. London: Sage.

PressA, 1990. Class gender and the female viewer: women's responses to Dynasty [M]. Television and women's culture. London : Sage.

Press A L, 1991. Women Watching Television: gender class and generation in the American television experience [M]. Philadelphia: University of Pennsylvania Press.

Press A L, Cole E R, 1999. Speaking of Abortion: television and authority in the lives of women [M]. Chicago: University of Chicago Press.

Priest P J, 1995. Public Intimacies: talk show participants and tell-all TV [M]. NJ: Hampton Press.

Pring-Ellis J, 2001. Harmless fun or cause for concern? The reputation of women in FHM magazine [M]. London: Masters dissertation LSE.

Probyn E, 1993. Sexing the Self: gendered positions in cultural studies [M]. New York: Routledge.

Probyn E, 1997. Michel Foucault and the uses of sexuality [M]. Lesbian and Gay Studies: a critical introduction. London: Cassell.

Probyn E, 1997. New traditionalism and post-feminism: TV does the home [M]. Feminist Television Criticism: a reader . Oxford: Blackwell.

Quinonez N, 2002. Decolonial Voices: chicana and chicanocul-tural studies in the 21st century [M]. Bloomington: Indiana University Press.

Rabinovitz L, 1999. Ms-representation: the politics of feminist sitcoms [M]. Television History and American Culture. Durham NC: Duke University Press.

Radner H, 1993. Pretty is as pretty does: free enterprise and the marriage plot [M]. Film Theory Goes to the Movies. London: Routledge.

Radner H, 1999. Queering the girl. [M]. Swinging S ingle: representing sexuality in the 1960s. Minnesota: Minnesota Press.

Radway J, 1984. Reading the Romance: women patriarchy and popular literature [M]. New York: Verso.

Rakow L, 1992. Gender on the Line: women the telephone and community life [M]. Chicago: University of Illinois Press.

Ramazanoglu C, 1989. Feminism and the Contradictions of Oppression [M]. London : Routledge.

Rapping E, 1995. Daytime inquiries [M]. Gender Race and Class in Media. London: Sage.

Rapping E, 1996. The Culture of Recovery: making sense of the selfhelp movement in women's lives [M]. Boston: Beacon Press.

Robb J, 1999. The Nineties: what the fuck was all that about? [M] London: Ebury Press.

Roiphe K, 1993. The Morning After: sex fear and feminism on campus [M]. Boston: Little Brown.

Romance Writers of America 2002. RWA defines the romance novel [oL]. www. rwanational. org.

Rose N, 1989. Governing the Soul: technologies of human subjectivity [M]. London: Routledge.

Rose N, 1990. Governing the Soul: the shaping of the private self [M]. London: Routledge.

Rose N, 1996. Inventing Our Selves: psychology power and peysonhood [M]. New York: Cambridge University Press.

Ross K, 2002. Women Politics Media: uneasy relations in comparative perspective [M]. NJ : Hampton Press.

Roventa-Frumusani D, 1995. Images of women in the postcommunist society and media: Romania's case [C]. A Paper at IAMCR conference Communication Beyond Nation State Potoroz Slovenia.

Rowe K, 1997. Roseanne: unruly woman as domestic goddess [M]. Feminist Television Criticism. Oxford: Oxford University Press.

Royal C, 2003. Narrative structure in Sex and the City: I couldn't help but wonder [OL]. Unpublished article available at www. cindyroyal. com/ ronalsex _ paper.

Said E W, 1985. Orientalism [M]. Harmondsworth: Penguin.

Sandoval C, 1991. "Us Third World Feminism": The Theory and Method of Oppositional Consciousness in the Postmodern world [J]. Genders, 10: 1−23.

Saussure F, 1974. A Course in General Linguistics [M]. London: Duckworth.

Sawicki J, 1991. Disciplining Foucault: feminism power and the body [M]. New York: Routledge.

Scannell P, 1989. Public service broadcasting and modern public life [J]. Media, Culture and Society, 11: 135—66.

Scannell P, 1991. Broadcast talk [M]. London: Sage.

Sebba A, 1994. Battling for News: the rise of the woman reporter [M]. London: Sceptre.

Sedgwick E K, 1991. Epistemology of the Closet [M]. London: Harvester Wheat sheaf.

Segal L, 1990. Slow Motion: changing masculinity changing men [M]. London: Virago.

Seighart M, 1998. The Cheaper Sex: how women lose out in journalism [M]. London: Women in Journalism.

Shalit W, 1999. Sex Sadness and the City [J]. Urbanities 94: 1—6.

Shattuc J, 1997. The Talking Cure: TV talk shows and women [M]. London: Routledge.

Silverstone R, 1992. Consuming Technologies: media and information in domestic spaces [M]. London: Routledge.

Simpson M, 1994. Male Impersonators: men performing masculinity [M]. London: Cassell.

Sinfield A, 1994. Cultural Politics: queer reading [M]. London: Routledge.

Skeggs B, 1997. Formations of Class and the Gender: becoming respectable [M]. London: Sage.

Snitow A, 1986. Mass market romance: pornography for women is different.

[M]. Desire: the politics of sexuality. London: Virago.

Sonnet E, 2002. Erotic fiction by women for women: the pleasures of post— feminist heterosexuality [J]. Sexualities 22: 167—187.

Soothill K, 1991. Sex Crimes in the News [M]. London: Routledge

Speer S, 2005. Gender Talk: feminism discourse and conversation analysis [M]. London: Routledge.

Spender D, 1985. Man Made Language [M]. London: Routledge &

Kegan Paul.

Spivak G, 1988. Can the subaltern speak? [M]. Marxism and the Interpretation of Culture. London: Macmillan.

Springer K, 2002. Third wave black feminsim? [J]. Signs: Journal of Women in Culture and Society: 274.

Squire C, 1997. Empowering women? The Oprah Winfrey Show [M].

Brunsdon J. Feminist Television Criticism: A Reader. O xford: Oxford University Press.

SquireC, 2003. Can an HIV positive woman find True Love? Romance in the stories of women living with HIV [J]. Feminism and Psychology 131: 73 −100.

Sreberny−Mohammadi A. , 2000. Gender Politics and C ommunication [M]. NJ: Hampton Press.

Stacey J, 1987. Sexism by a subtler name: postindustrial conditions and postfeminist consciousness [J]. the Silicon Valley. Socialist Review 176: 7 −28.

Stenner P, 2005. The Jerry Springer Show and the emotional public shere [J]. Media Culture and Society 271: 59−81.

Stevenson N, Jackson P, 2003. Reading men's lifestyle magazines: cultural power and the information society [M]. Masculinity and Men's LifestyIe Magazines. Oxford : Blackwell.

Storr M, 2003. Latex and Lingerie: shopping for pleasure at Ann Summers parties [M]. Oxford: Berg.

Tannen D. 1992. You Just Don't Understand: women and men in conversation [M]. London: Virago.

Tasker Y. 1991. Having it all: feminism and the pleasures of the popular. [M]. Off-centre: feminism and the cultural studies. London: Routledge

Tasker Y, 1993. Spectacular Bodies: gender genre and the action cinema [M]. London: Routledge.

Tasker Y, Negra D. 2005. "In focus" postfeminism and contemporary media studies [J]. Cinema Journal 442: 107−110.

Taylor K, 20. 96. Today's ultimate feminists are the chicks in crop tops [N]. Guardian, 23 March.

Thompson J, 1984. Studies in the Theory of Ideology [M]. Cambridge: Polity.

Thornborrow J, 2001. "Has it ever happened to you?" Talk show stories as mediated performance [M]. Television talk Shows. Hillsdale: Erlbaum Associates.

Tincknell E, 2005. Mediating the Family: gender culture and representation [M]. London: Hodder Arnold.

Tincknell E D, Chambers J, Van Loon, 2003. "Begging for it": new femininities social agency and moral discourse in contemporary teenage and men's magazines [J]. Feminist Media Studies 31: 27-46.

Tsagarousianou R, 2001. Diasporic audiences' media uses and constructions of "community": the case of London's South Asian and Greek Cypriot communities [M]. Black Marks: research studies with minority ethnic audiences. London: Ashgate.

Tuchman G, 1978. The symbolic annihilation of women in the media [M]. Health and Home: images of women in the mass media. Oxford: Oxford University Press.

Turkle S, 1984. The Second Self: computers and the human spint [M]. London : Granada.

Turner J, 2005. Dirty Young Men [J]. Guardian, Weekend 22 October

Tweedie J, 1984. Letters from the Fainthearted Feminist [M]. London: Picador.

Ussher J M, 1997. Fantasies of Femininity: reframing the boundaries of sex [M]. New York: Penguin Books.

Van Zoonen L, 1994. Feminist Media Studies [M]. London: Sage.

Van Zoonen L, 1998. One of the girls? The changing gender of journalism. [M]. News Gender and Power. London: Routledge.

Viner K, 1999. The personal is still political [M]. On the Move: feminism for a new generation. London: Virago.

Wajcman J, 1991. Feminism Confronts Technology [M]. Cambridge: Polity.

Walby S, 1990. Theorizing Patriarchy [M]. Oxford: Blackwell.

Walkerdine V, 1997. Daddy's Girl: young girls and popular culture

[M]. London: Macmillan.

Walkerdine V, Lucey H, Melody J. 2001. Growing up Girl: psychosocial explorations of gender and class [M]. Basingstoke: Palgrave.

Walkosz B J , Kenski H C, 1995. The year of the woman: how the national media portrayed women in the 1992 election year [C]. Consoleing Passions: television video and feminism conference. Tuscon Ariz. April.

Ware V , Back L. 2002. Out of Whiteness: color politicsand culture [M]. Chicago : University of Chicago Press.

Waugh D, 2002. The New You Survival Kit [M]. London: Harper Collins

Weed E, Schor N, eds. 1997. Feminism Meets Queer Theory [M]. Bloomington: Indiana University Press.

Weedon C, 1987. Feminist Practice and Poststructuralist Theory [M]. Oxford: Basil Blackwell.

Weibel K, 1977. Mirror Mirror: images of women reflected inpopular culture [M]. New York: Anchor Books.

Weir A, 1997. Does my Bum Look Big in this? [M]. London: Penguin.

Werkmeister M, 2003. Men's magazines in Germany [OL]. http: // theoryhead. com/gender/germany. htm.

Wernick A, 1991. Promotional Culture: advertising ideology and symbolic expression [M]. London: Sage.

Wetherell M, 1995. Romantic discourse and feminist analysis: interrogating investment power and desire [M]. Wilkinson S Kitzinger C, eds. Feminism and Discourse. London : Sage.

Wetherell M, Potter J, 1992. Mapping the Language of Racism: discourse and the legitimation of exploitation [M]. Hemel Hempstead: Harvester-Wheatsheaf.

Whelehan L, 2000. Overloaded: popular culture and the future of feminism [M]. London: Women's Press.

Whelehan L, 2002. Bridget Jones's Diary: a reader's guide [M]. London: Continuum.

Whelehan L, 2004. Having it all again? [C] ESRC Seminar on New Feminities LSE November.

Whitaker B, 1981. News Limited: why you can't read all about it [M]. London : Minority Press Group.

White S, Wetherell M, 1987. Fear of fat: a study of discourses concerning eating patterns and body shape [C]. the British Psychological Society annual Social Section conference Canterbury.

Wicke J, 1998. Celebrity material: materialist feminism and the culture of celebrity [M]. Landesed J B. Feminism the Public and the Private. Oxford: Oxford University Press.

Williams P J, 1997. Seeing a Color-blind Future: the paradox of race [M]. London: Virago.

Williamson J, 1978. Decoding Advertisements: ideology and meaning advertisements [M]. London: Marion Boyars.

Williamson J, 1986. Consuming Passions: the dynamics of popular culture [M]. London : Marion Boyars.

Williamson J, 1986. The problem being popular [J]. New Socialist 4: 14 −15.

Williamson J, 1986. Woman is an island: feminity and colonization [M]. Modleski T ed. Studies in Entertenment: Critical Approaches to Mass Culture. Bloomington: University of Indiana Press.

Williamson J, 2003. Sexism with an alibi [N]. Guardian, 31 May.

Wilton T, 1994. Feminism and the erotics of health promotion [M].

Doyal L Naidoo J, Wilton T, eds. AIDS: Setting a Feminist Agenda. London: Taylor & Francis.

Wing A K ed, 1997. Critical Race Feminism: a reader [M]. New York : NYU Press.

Winship J, 1978. A Woman's World: women and ideology of feminism [M]. CCCS Women's Studies Group Women Take Issue. Birmingham: Hutchinson.

Winship J, 1981. Handling Sex [J]. Media Culture and Society, 31: 25−41.

WinshipJ, 1987. Inside women's Magazines [M]. London : Pandora.

Winship J, 1991. The impossibility of Best: enterprise meets domesticity in the practical magazines of the 1980s [J]. Cultural Studies 52: 131−155.

Winship J, 2000. Women and outdoors: advertising controversy and disputing feminism in the 1990s [J]. International Journal of Cultural Studies 311: 27—55.

Wolf N, 1990. The Beauty Myth [M]. London: Chatto & Windus.

Wood H, 2001. "Noyou rioted!" The pursuit of conflict in the management of "lay" and "expert" discourse on Kilroy [M]. Tolson A ed. Television Talk Shows. NJ: Erlbaum Associates.

Wood H, Skeggs B, 2004. Notes on ethical scenarios of self on British reality TV [J]. Feminist Media Studies 42: 205—208.

Yeatman A, 1994. Postmodern Revisionings of the Political [M]. New York: Routledge.

Young L, 1996. Fear of the Dark: "race" gender and sexuality in the cinema. New York : Routledge.

Yuan F, 1999. A resource for rights: women and media in China [C]. at Women's World 99 International Interdisciplinary Congress on Women. Tromso : Norway.

Yuval-Davies N, 1989. Woman nation state [M]. London : Palgrave.